ASÍ ERES, ASÍ AMAS

Arantxa Coca Vila

Así eres, así amas

¿Eres compatible con tu pareja?

la esfera de los libros

Primera edición: enero de 2016

© Arantxa Coca Vila, 2016
© La Esfera de los Libros, S. L., 2016
Avenida de Alfonso XIII, 1, bajos
28002 Madrid
Tel.: 91 296 02 00
www.esferalibros.com

Ilustraciones de interior: Maria Mercè Baños Clotet
ISBN: 978-84-9060-535-6
Depósito legal: M. 36.105-2015
Composición: J. A. Diseño Editorial, S. L.
Impresión: Cofás
Encuadernación: De Diego
Impreso en España-*Printed in Spain*

ÍNDICE

7

SEGUNDA PARTE
CONOCE QUÉ ROL ADOPTAS EN PAREJA

TERCERA PARTE
DESCUBRE CÓMO RIVALIZAS CON TU PAREJA

Dedicado a Josep Lluís Camino,
último cátaro.
Gracias, maestro.

HOLA, ¿QUÉ TAL? ME LLAMO ARANTXA

La pareja es el tema universal por excelencia. A él se le han dedicado un sinfín de novelas, canciones, telenovelas y tratados de psicología. Y no estoy hablando del amor, sino de cómo este se vive en la práctica. O sea, estoy hablando de la relación amorosa. ¡Todos ansiamos tener una! (Hay quien varias). Pero no es fácil encontrarla y aún menos conservarla cuando ya la has encontrado. Por eso se escribe, se canta y se estudia tanto sobre las relaciones de pareja, porque son... realmente fascinantes.

Que todos buscamos el amor ya lo sabemos. Pero ¿sabemos qué hacer con él una vez creemos haberlo encontrado? Queremos dar nuestro cariño a alguien, pero ¿cómo lo hacemos? Deseamos que alguien nos dé su amor, pero ¿sabemos recibirlo? Entonces ¿por qué le hacemos determinadas cosas a la persona que se supone amamos? Mentirle, dejarla en ridículo, competir por quién es más listo, ya no te digo maltratarla... Al parecer, siempre es por culpa de la autoestima. Que uno es muy posesivo, diagnóstico: baja autoestima. Que eres un alérgico al compromiso, diagnóstico: baja autoestima. Eso, o algún trastorno de personalidad,

13

una de dos. Seguramente en algunos casos es así, pero ¿siempre, siempre?

Hola, ¿qué tal? Me llamo Arantxa y lo que te presento a continuación es el resultado de mis observaciones a lo largo de muchos años como terapeuta de parejas. En el ámbito de la psicología es habitual hablar de traumas y patologías, pero lo que a mí realmente me interesa es la persona sana. Esta, la que no tiene ningún trastorno mental que explique su comportamiento, ¿por qué fracasa tantas veces en sus relaciones personales? Y, sobre todo, ¿por qué en ocasiones parece tan inepta en el amor?

Debo reconocer que he sido una privilegiada. Como terapeuta conoces solo lo que la pareja te cuenta en la visita y lo que observas mientras conversas con ella. Y ya está, con eso trabajas lo mejor que sepas. De eso aprendes, desde luego, y mucho. Pero yo he tenido la oportunidad de hacer algo que, créeme, muchas veces un terapeuta desearía tener el don de hacer: colarme en la casa de muchas parejas y ser testigo directo de cómo se relacionan e intentan convivir. ¡Es como trabajar desde la misma fábrica y no desde el taller de reparación! Como investigador eso te ofrece una información de primerísima mano. Haber podido hacer eso se lo debo a mi trabajo como asesora experta en varios *realities* de televisión dedicados al mundo de la pareja.

Vaaale, antes de que abandones el libro déjame continuar un poco más. De veras, entrar en el hogar de dos personas con una cámara, grabar horas y horas sin guión, verlos en su día a día, escuchar sus anhelos, sus preocupaciones y frustraciones, ver cómo intentan que lo suyo funcione y ayudarles a que lo consigan, ese material en bruto y sin retoques es el verdadero valor que para mí ha tenido este tipo de programas como profesional. Claro, es la parte del trabajo que hay detrás del telón, el que no se ve. Luego está lo otro, la parte de edición y montaje final que vemos todos por la tele, pero ahí que el espectador juzgue el programa.

Si algo me ha quedado en claro después de mi experiencia televisiva, son dos cosas. Una, que somos capaces de cualquier cosa con tal de encontrar el amor. Y dos, que tenemos maneras muy extrañas de pedirlo y de demostrarlo. ¡Nos morimos por conseguirlo y luego parece que pongamos todo el empeño para perderlo! Yo había ocasiones en que alucinaba. ¿Pero no decía esta chica en la entrevista que estaba loquita por su novio? ¿Y por qué lo trata así en casa? Confieso que nunca conocí tanto el significado de que la realidad supera la ficción hasta ese momento.

Recuerdo que cuando se estaba emitiendo el primer programa en el que participé, *Terapia de pareja* (La Sexta Televisión), la gente que me reconocía en la calle me paraba y me decía sobre los participantes: «¡Seguro que son actores, confiésalo!». ¡Que no, que no, que son parejas de verdad, gente corriente como tú y como yo llevando su vida de cada día! Bueno, no sé si alguien llegó a creerme alguna vez, aún hay quien todavía me lo pregunta. Ahí tuve la oportunidad de observar por primera vez sobre el terreno cómo las parejas son capaces de llamarse más la atención el uno al otro o lo que llegan a inventarse para evitar intimar (el truco de «esta noche me duele la cabeza» no es el único, doy fe). Y empecé a analizar la compatibilidad que tienen diferentes maneras de ser cuando conviven, según cómo se comunican y según qué necesidades tiene cada uno de ellos.

Durante la entrevista que Andreu Buenafuente nos concedió en su *late-night show* para promocionar el programa, comentamos animadamente algunas situaciones surrealistas que habíamos presenciado con las parejas, y el presentador, con su habitual ironía, dio en el clavo cuando exclamó: «¡Qué cosas más extrañas somos capaces de hacer cuando nos aburrimos!». No sabes hasta qué punto, pensé yo. «Ay, la rutina, ¡qué gran mal!», bromeaba. Sí, la rutina, las ganas de llamar la atención del otro y los deseos de controlarlo, todo juntito, lo agitas bien, y ya tienes una discusión-distracción que mantendrá ocupada a la pareja.

Aunque no podemos generalizar, ya que no siempre la culpa la tiene la manera como dos usan el tiempo en su relación. En muchas ocasiones los problemas vienen del papel que uno adopta dentro de ella. Después de aquella experiencia, vinieron otras participaciones en espacios dedicados a la pareja con entrevistas en riguroso directo. De gran valor fueron para mí las que tuve ocasión de hacer en el espacio dedicado al mundo de las parejas del programa matinal *La mañana de la 1* (TVE). Recuerdo que su presentadora, Mariló Montero, estaba muy sensibilizada por las mujeres que habían dejado su trabajo para cuidar de los hijos y solía insistir en que se trajera ese tipo de testimonio al plató para dar voz a las mujeres. Hombres que abastecen económicamente a la familia mientras la esposa lleva el peso de la crianza de los hijos y la casa. Pero ¿qué sucedería si a alguna de estas mujeres la sacas de ese lugar? ¿Sabría sobrevivir en una relación de pareja sin esa ocupación? Y no estoy hablando de mujeres de determinada generación que se han dedicado «a sus labores» toda la vida, sino de mujeres jóvenes que pronto se sacrifican por la vida familiar. Yo discutía sobre esto con algunos colegas dentro y fuera del programa. A veces no es una cuestión de libertad, a veces los papeles están tan impregnados en cada uno de nosotros que es muy difícil despojarnos de ellos aunque tengamos la oportunidad. La manera de entender el mundo y el lugar que cada uno cree que tiene en él también es un factor de suma importancia que determina el grado de compatibilidad entre dos individuos.

Pude observar esto también en el programa diario que conducía Agustín Bravo, *¿Qué salió mal?* (Canal Català), donde los asesores podíamos acercarnos a testimonios de relaciones «límite» de pareja: abandonos, maltratos, secuestros de hijos, jóvenes viudos... Aquel directo trepidante, con llamadas de hombres y mujeres explicándonos sus historias de amor y desamor pidiéndonos ayuda ha sido una de las experiencias que más me han marcado como profesional. Allí fui nuevamente consciente de cómo la posición que adopta un individuo dentro de una relación, así como la manera que tiene de entender la vida, es lo que determinaba muchas veces el desarrollo feliz o dramático de sus días.

Mi faceta posterior como comentarista de temas de pareja ha tenido también suma importancia para mí. Intercambiar opiniones y puntos de vista con otros colegas y compañeros sobre asuntos del corazón ha sido instructivo y estimulante a la vez. ¡De vez en cuando hay que hacer aterrizar el análisis de las relaciones a los momentos más tópicos y típicos del día a día de una pareja! Eso se nos daba de maravilla en los debates populares con Susana Griso (*Espejo público*, Antena 3): ¿qué le pasa a las suegras? ¿Por qué ellos siempre se olvidan de bajar la tapa del váter? Ver a políticos y economistas opinando sobre estos temas estuvo realmente muy bien... Con Albert Om (*El club*, TV3) fuimos un poco más allá y montábamos guerras de sexos entre hombres y mujeres: ¿se puede ser amigo de tu ex? ¿El Facebook acaba con las relaciones de pareja? ¡Todavía recibo algún correo acordándose de aquellos debates!

Con Gloria Serra (*3D*, Antena 3) tuve la oportunidad por primera vez de abordar las relaciones de pareja conjuntamente con las noticias de la prensa rosa. Y ahí me tenías, sentada entre periodistas del corazón hablando del famoso de turno en clave psicológica (o eso buenamente se pretendía...). Era una fórmula interesante porque nos permitía debatir sobre temas importantes como el divorcio, la infidelidad o la crianza de los hijos a partir de la actualidad que nos aportaba «el mundo del corazón». Debo hacer una especial mención a la periodista Rosa Villacastín, por su generosidad y complicidad cuando uníamos las historias del papel *couché* con la psicología social y de pareja. ¡Sin duda fue todo un reto!

Hay hambre de amor. Los *realities* sobre el mundo de las parejas proliferan y siempre enganchan. No puedes imaginarte las colas de *casting* que se forman para poder participar en alguno de ellos. Algunas personas se presentan por las ganas de salir en la tele, otras buscando fama y notoriedad, pero una gran mayoría, y esto te lo aseguro, buscando el amor. Hay de todo, sí, pero muchos son hombres y mujeres como tú y como yo, con vidas corrientes que no pretenden otra cosa que mostrarse al mundo y encontrar a alguien. Mi última colaboración televisiva como experta asesora me lo ha vuelto a demostrar. En *Casados a primera vista* (Antena 3) los participantes debían decidir si estarían dispuestos a casarse con un desconocido si se les aseguraba que era la persona ideal para ellos. Pensando en frío, desde donde estés leyendo esto, ¿tú lo harías? Parece una locura, ¿verdad? Pues el trabajo fue del equipo de asesores para disuadir a algunos participantes de tal idea y escoger a las parejas más compatibles porque… ¡todos estaban dispuestos a casarse a ciegas! Sí, hay mucho hambre de amor y mucha soledad también. Pero la parte más dura viene después: entenderse, respetarse, poner expectativas en el otro y saber reaccionar cuando se ven frustradas, hablar abiertamente de los sentimientos y pensamientos sin temor, atreverse a los cambios, salir de la zona de confort individual… Cuando encuentras el amor, luego viene esa parte, la de la convivencia, la del esfuerzo, donde realmente demuestras de qué pasta estás hecho.

Bueno, ¿y ahora qué? ¿Qué hacía con todo ese material? Solo se me ocurría intentar ordenarlo en mi cabeza y usarlo en mis reflexiones sobre el mundo de las relaciones de pareja unido a los conocimientos que me ha aportado mi formación como terapeuta. No he tenido mejor oportunidad para hacer este trabajo de síntesis y poder divulgarlo que en mi colaboración como especialista en el programa *Arucitys* (8TV). De alguna manera mi participación en él ha representado un antes y un después en mi trabajo televisivo, porque si bien hasta el momento tenía la impresión de haber ido recogiendo, a partir de entonces tenía un lugar donde poder ir dando lo aprendido. Mi eterno agradecimiento por esa oportunidad a Alfonso Arús, su director y presentador.

La verdad es que tener acceso a esta diversidad de parejas ha sido todo un lujo para mí. Tanto las que he conocido en platós de televisión como las que he conocido en mi despacho, a todas les debo mi máxima gratitud por la confianza depositada en mí al haberme dejado entrar en su esfera más íntima. El trabajo que ahora presento en este libro se debe en gran parte a lo mucho que he aprendido de todas ellas.

He podido ver que existen diferentes patrones de conducta que son comunes en varios individuos y que algunos son más compatibles entre sí que otros si se juntan para formar una pareja. También me he dado cuenta de que tenemos muchas formas diversas y variopintas de pedir afecto a la persona que amamos y que en ocasiones somos capaces de jugar un auténtico juego de rol con nuestra pareja con tal de obtener su atención y cariño. Y también he tenido la ocasión de conocer una parte muy oscura de la naturaleza humana: el ansia de poder. Lo tenemos todos, queramos reconocerlo o no, y podemos verlo en una relación amorosa cuando la pareja rivaliza entre sí tratando de demostrar su valor y su superioridad por encima del otro. Leído así parece absurdo, ¡pero lo hacemos!

Con este libro no quiero únicamente explicar todas estas cosas… Mi pretensión va un poco más allá. De nada sirve tener conocimiento si luego no hay autocrítica, así que mi propuesta es que las descubras por ti mismo invitándote a que reflexiones sobre cómo entiendes tú las relaciones de pareja, seas hetero u homosexual, y cómo te manejas en ellas. Si tienes ganas de ponerte a prueba, este es tu libro. Por eso te presento tres sencillos cuestionarios que te ayudaran a conocer tres aspectos cruciales que sin duda marcan la compatibilidad y la longevidad de una relación de pareja. Y a partir de ahí, tú mismo.

Verás, es que yo creo mucho en el trabajo personal. Para mí es el núcleo que hace que todo lo demás funcione. Mucha gente me dice: «Vaya, con lo que tú sabes, debes de ser la pareja perfecta». Yo sonrío y siempre respondo: «Sobre eso, mejor pregúntale a mi chico». Soy tan perfecta como lo llega a ser cualquiera que vive, fracasa y aprende de sí mismo. He ido haciendo y creciendo, trabajando en mi piedra bruta. No tengo más mérito que ese. Espero y deseo que el trabajo que ahora presento ayude a tomar conciencia sobre la importancia que tiene que todos hagamos esto para tener relaciones sanas y felices con nuestro entorno, pero sobre todo con nuestra pareja, ya que esta puede ser el cimiento de una nueva familia.

Debo decir que este es un libro que viene después de haberme dedicado a escribir durante muchos años sobre el fenómeno del SAP (Síndrome de Alienación Parental), la custodia compartida y el divorcio. Y los últimos cinco años los he dedicado principalmente a la investigación y publicación en revistas científicas y volvía a tener el gusanillo de publicar más divulgativamente. Pero ya no sobre divorcios y cosas espantosas que les pasan a los hijos de padres que se odian y litigan en los tribunales (¡por Dios! Qué inhumano es eso, nunca me cansaré de decirlo). No sobre cosas que suceden cuando la relación ya ha terminado, sino sobre lo que pasa *durante* la relación. Allí se cuece todo, el amor o el horror. Quizás así, reflexionando antes sobre cómo vivimos el amor, podemos evitar algunas rupturas o al menos impedir que sean tan horripilantes como las que he tenido ocasión de conocer como terapeuta. Por eso, cuando Lluís Cassany, mi editor, me llamó para proponerme una publicación, pensé ¡me vienes como anillo al dedo!

Así que mi enorme agradecimiento a Lluís y Mía, mis editores de Mosquito Books, por llamar a mi teléfono, por apostar por mí y por vuestra paciencia infinita… Por la complicidad, las risas y esos cafés tan terapéuticos en el barrio de Gràcia de Barcelona. ¡Pedazo de creativos! ¡Sois una pasada! Y, por supuesto, gracias a La Esfera de los Libros por vuestro interés y dedicación.

Gracias Claude Steiner por tu apoyo en esta publicación y darme tu consentimiento para usar o, mejor dicho, deformar a mi manera tu magnífico análisis sobre los juegos de poder. Espero que te guste el resultado final (cruzo los dedos).

A mis grandes amores, con los que tengo el privilegio de convivir y disfrutar cada día. Amores así no son fáciles de encontrar, desgraciadamente lo sé por muchas personas que los buscan con ansia. Soy muy afortunada y le doy gracias a la vida por teneros. Sois maravillosos. Os amo.

Y a ti solo decirte lo que a mí siempre me ha funcionado. Trabaja duro, ama intenso.

AMAMOS COMO SOMOS. ¿Y CÓMO SOMOS?

Cuando el médico psiquiatra Eric Berne escribió *¿Qué dice usted después de decir hola?*, la que fue su obra más conocida, la describió como un libro que habla de las cosas que las personas se hacen unas a las otras en vez de decirse «hola». Pues bien, el libro que tenéis en las manos habla de las cosas que las parejas se dicen en vez de decirse «te amo». No se me ocurre una manera más sencilla y directa de resumir el contenido de este trabajo. Gracias Berne.

¡Cuántas personas hay que se hacen la vida imposible pero a la vez son capaces de jurar que se aman con locura! Seguramente has conocido a algunas cuantas o esto mismo te ha pasado a ti. Muchas de ellas acuden a mi despacho pidiendo ayuda y me dicen: «No sé por qué me pasa todo esto, porque no creo que yo tenga ningún problema mental». En muchas ocasiones tienen toda la razón y yo les contesto: «Es cierto, pero tu personalidad tiene unas características que si no conoces y aprendes a gestionar, pueden traerte más de un problema en tu convivencia, como habrás comprobado». Amar es una emoción hermosa, pero demostrarla ya es otra cosa y la mayoría de las veces lo hacemos fatal… Nuestro perfil de personalidad tiene gran culpa de ello y cuando digo «personalidad» me refiero a todo lo que uno ha aprendido en su infancia y primera juventud y que ahora está grabadísimo en el interior de nuestra mente. ¿Hacemos un *reset*? ¡No, hombre, no es necesario! Bastará con conocerse un poco más a fondo y poner mucha, pero que mucha atención a la manera como uno se comunica. ¿Quieres manejarte mejor en el amor? Observa cómo lo pides, qué esperas de él y cómo hablas de él. Y luego pon atención también a cómo lo hace tu pareja. Quizás te darás cuenta de que entendéis de manera distinta la vida, el amor y la vida en pareja. Si es así, será como si hablarais idiomas diferentes y de ahí la baja compatibilidad y las broncas.

Anímate. Déjame que te diga una cosa: todas las parejas son compatibles si se lo proponen. Creo que esta afirmación la repito varias veces a lo largo del libro, pero es que estoy convencida de ella, y la experiencia me da la razón. ¿Cómo puede ser que dos personas tan diferentes se atraigan? Mmm… Lo siento, a esta pregunta no sé responderte, las leyes de la atracción física todavía son un misterio. ¿Y cómo puede ser que dos personas tan diferentes se lleven tan bien? ¡Sí, a esta sí puedo responder! Porque han encajado sus dos perfiles de personalidad, de manera que ambos brillan sin necesidad de someter al otro. Hay quien eso lo ha hecho sin darse cuenta y entre los dos han encontrado una zona de confort común. Esos son unos afortunados. Pero para una inmensa mayoría la cosa no es tan fácil y han de esforzarse por ampliar su compatibilidad si quieren tener una convivencia en paz.

Vale, y eso cómo se hace, puedes preguntarme. En este libro encontrarás tres cuestionarios que tienen como objetivo ayudarte a reflexionar sobre cómo eres, cómo vives el amor y cómo te comunicas en pareja. Son muy sencillos y breves de hacer y te guiarán hasta tu perfil, donde podrás leer más extensamente sobre sus características y forma de comportarse en pareja.

El primero que vas a encontrar es: «¿Cuál es tu perfil como pareja?». No voy a avanzarte su contenido para no condicionar posteriormente tus respuestas, pero, como habrás adivinado por su título, te ayudará a conocer tus características más notables cuando estás en pareja. Los psicólogos tenemos comprobado que ante una situación de evaluación, las personas disimulamos y tendemos a exagerar o a minimizar nuestras conductas para intentar ofrecer siempre la mejor imagen. Si haces esto cuando respondas los cuestionarios, de nada te van a servir. Así que sé sincero, o mejor dicho, sé humilde y responde a las preguntas lo más auténticamente posible.

Diseñé este cuestionario en 2008 y que lo hiciera se lo debo al programa *Arucitys* (8TV). Por entonces yo tenía una sección sobre relaciones de pareja y cada semana traía un tema en concreto sobre el que hacía una exposición y respondía a las preguntas de mis compañeros. En una ocasión me preguntaron acerca de la compatibilidad en las relaciones de pareja. ¿Es un mito o realmente existe? ¡Por supuesto que existe!, contesté. Y ni corta ni perezosa les propuse que haría un cuestionario sobre personalidad y compatibilidad en pareja. Y aquí tienes el resultado.

Es un cuestionario que destaca por su simplicidad a la hora de responder. No tiene preguntas, sino afirmaciones que deberás decidir en función de si te sientes más o menos identificado con ellas y tienes tres opciones de respuesta, «a», «b» y «c». Cuando describo los perfiles, hay dos apartados. Por un lado está la descripción de cada perfil. Posteriormente presento un cuadro con el nivel de compatibilidad que existe entre ellos y paso a describir todas las combinaciones posibles de perfiles que podemos encontrar en una pareja.

Debes realizar el cuestionario solo, sin tu pareja, y una vez tengas el resultado, empieza el juego.

A quien no tenga pareja le servirá para conocer su perfil de personalidad cuando se relaciona con otras personas, por ejemplo en familia, con amigos o en el trabajo. Y desde luego, con la pareja cuando la tuvo en el pasado o la tenga en el futuro. Algunos de los ítems hacen referencia a la vida en pareja, pero otros se relacionan con acciones cotidianas del día a día con lo cual se puede responder con facilidad aunque uno no mantenga una relación amorosa actualmente. Según el resultado obtenido busca tu perfil entre los diferentes que describo. Aunque no tengas pareja, te recomiendo que igualmente eches un vistazo a la parte de análisis de compatibilidad entre perfiles. Es posible que conociendo ahora las características de cada perfil hayas podido reconocer a algunas de las personas que han pasado por tu vida, por lo que ahora tienes la oportunidad de enterarte de más características de lo que hubiera sido una relación entre vosotros.

Quien tenga pareja, sería interesante que ambos hicieran el cuestionario (siempre por separado) y una vez identificados los perfiles, buscarán la combinación resultante y sus características. Leedlo con atención y reflexionad sobre algunos temas que os propongo.

De los tres cuestionarios que presento en el libro, el primero es el que he modificado menos desde que lo creé. He ido haciendo algún ajuste, sobre todo de forma más que de contenido. Cuando lo presenté por primera vez en el programa de Alfonso Arús tuvo una gran acogida y recibí buenas críticas y muchos *feedbacks* que me ayudaron a pulir mejor algunos aspectos. Al poco tiempo lo colgué en mi página web y a día de hoy sigue siendo una de las entradas más consultadas. En el primer formato que realicé del cuestionario y que aparece en internet la descripción de los perfiles y su compatibilidad es relativamente sencilla y apenas profundizo en cada uno de ellos. En este libro presento una descripción mucho más ampliada de cada uno, detallo más los aspectos de su compatibilidad y aporto como novedad consejos y sugerencias a todos los tipos de parejas.

El segundo cuestionario es: «¿Cuál es tu rol en la pareja?». Este lo elaboré tiempo más tarde después del primero, en el año 2010, y en parte debido a las peticiones que recibí de muchas personas para que volviera a hacer otro cuestionario de pareja. Cuando lo tuve acabado también lo presenté en mi espacio de *Arucitys,* y de nuevo la acogida fue muy buena por la crítica recibida. Con el tiempo he ido haciendo modificaciones en algunas preguntas y respuestas y en este libro aparece una versión más extendida de la descripción de los roles y sus combinaciones que en la versión que originalmente efectué. Ahora también aporto consejos a cada uno de ellos para que mejoren la calidad de su relación que en su momento no incluí.

Consta de ocho preguntas, cada una de las cuales tiene cuatro opciones de respuesta. El objetivo del cuestionario es conocer qué papel adoptas cuando estás en una relación de pareja y lo pueden realizar tanto los que tengan pareja como aquellas personas que actualmente quizás no la tengan pero sí en el pasado. El apartado de análisis de resultados también consta de dos partes. Por un lado, la descripción detallada de cada rol y, por otro lado, el resultado de la combinación de cada uno de ellos con los demás. Haz el cuestionario tú solo y, si tienes pareja, invítala a que haga lo mismo, identificad vuestro rol y luego buscad el resultante de vuestra combinación.

Y el tercer cuestionario es: «¿Qué trucos utilizas en pareja?». La versión original la diseñé a finales del 2010 y es el que más cambios ha sufrido. En realidad, no fue concebido como un cuestionario, sino como un juego para desarrollar en pareja. Lo que oyes. Confieso que la idea fue un antojo mío. Ya había hecho los dos cuestionarios anteriores y quería probar con una herramienta que obligara a la pareja a interactuar mientras repasaba alguna de sus conductas y no se me ocurrió nada mejor que crear un juego. Lo llamé «*quick check* de pareja» (algo así como «revisión rápida de pareja») y, aunque te cueste creerlo, venía con su tablero de juego y las fichas que los participantes tenían que imprimir, recortar y pegar (el dado debían aportarlo ellos). Creo que les di demasiado trabajo a las parejas con tanto recorta y pega y cuando lo colgué en mi web su acogida no fue tan masiva como con los cuestionarios anteriores. Eso me llevó a hacer algunos retoques y a que lo fuera simplificando hasta la versión en formato cuestionario que ahora presento en el libro.

Consta de treinta y cuatro preguntas con doble respuesta, «sí» o «no», cada una de las cuales debes marcar en el caso de que hayas elegido «sí». Las preguntas marcadas se trasladan a una tabla que te informará de los trucos de comunicación que usas en tu relación de pareja y posiblemente también en tus relaciones sociales en general. Por eso este cuestionario lo pueden hacer tanto personas que estén en pareja como aquellas que actualmente no lo estén. Aquí no tiene sentido hablar de niveles de compatibilidad ya que se trata de acciones concretas y no de perfiles, por lo que únicamente describo las características de cada truco, la razón por la cual se utiliza y sus múltiples formas de ser usado.

He intentado que los tres cuestionarios recojan de forma sencilla y práctica las características de cada perfil, de cada rol y de cada truco para que luego sea posible identificarlos a partir de los resultados obtenidos. Pero si no es tu caso, si haces alguno de los cuestionarios y no te ves reflejado en el resultado final, es que algo no ha ido bien. O las preguntas no han sido las más acertadas para ti, o tus respuestas no han sido las más acertadas en cada pregunta. Sea como sea, no te detengas y lee las diferentes opciones de respuesta, seguro que encontrarás enseguida y sin necesidad del cuestionario el perfil, rol y trucos que más te caracterizan.

Todos los ejemplos que utilizo en la descripción de los perfiles, los roles y los trucos son verídicos, aunque te cueste creerlos. Los diálogos de las parejas que describo son reproducciones de conversaciones y discusiones reales que o bien he tenido oportunidad de ver con mis propios ojos o bien me las ha explicado la pareja en mi despacho. Únicamente he modificado el nombre de los testimonios.

Existen muchos métodos de análisis y diagnóstico en el ámbito de la psicología, el mío es el Análisis Transaccional (centrado en analizar las relaciones humanas y los diferentes registros que usamos al comunicarnos). Todo lo que vas a leer a continuación tiene como base esta forma de entender el ser humano. Si conoces este método es posible que identifiques algunos de sus instrumentos en este libro; si no es el caso, no te preocupes, no es en absoluto necesario para que puedas seguir la lectura. Si quieres conocer más ampliamente este enfoque, verás que a lo largo del libro te propongo algunas lecturas fundamentales sobre Análisis Transaccional.

Mi editor me decía: «Eres muy dura, describes cada perfil sin piedad y lo enganchas con una chincheta en la pared una vez diseccionado. Espero que luego traigas buenas noticias». ¡Por supuesto! Luego viene lo mejor, que consiste en cómo-sacar-el-mejor-partido-a-mi-perfil-sin-matar-mi-relación-en-el-intento. Y créeme, ¡es posible! Lo reconozco, puedo parecer un pelín dura… Pero se debe trabajar a fondo cuando hay un «nosotros» de por medio y eso empieza por hablar claro y ser sinceros con nuestras virtudes pero, sobre todo, con nuestras debilidades. En pareja, decir «yo soy así» y quedarse tan ancho no sirve si después no paramos de quejarnos de lo mal que estamos. Echar las culpas al otro siempre es más fácil que mirarse las propias miserias, ¿verdad? Por eso, ser exigente con uno mismo es el primer paso para que una relación funcione (el segundo paso es que el otro quiera hacer lo mismo y, entonces, éxito garantizado).

¡Empecemos de una vez! Conócete a ti mismo, suaviza algunos rasgos si es preciso y busca con tu pareja dónde os convertís en el complemento perfecto el uno para el otro. Fíjate cómo pides y das amor y, sobre todo, observa cómo te comunicas con tu pareja. Espero que estos tres cuestionarios te ayuden a todo ello.

PRIMERA PARTE

CONOCE TU PERFIL EN PAREJA

CUESTIONARIO NÚMERO 1:
¿CÚAL ES TU PERFIL COMO PAREJA?

A continuación verás grupos de tres frases. De cada grupo escoge aquella frase con la que más te identifiques o creas que mejor te define.

---

a) En una pareja pido una relación larga y estable, sin lugar para la infidelidad de ningún tipo. ❏

b) En las relaciones de pareja el amor no dura eternamente y tarde o temprano acaba gustándote otra persona. ❏

c) No soporto que mi pareja no me cuente las cosas, no deben existir secretos. ❏

---

a) Mantengo lo que he prometido aunque luego me arrepienta. ❏

b) Nadie tiene derecho a decirme lo que tengo que hacer. ❏

c) Preparo y planifico los trabajos futuros. ❏

---

a) Soy de la opinión, a menudo, del último que ha hablado. ❏

b) No me molesta decir lo que pienso. ❏

c) No admito fácilmente que me contradigan. ❏

→

a) No sé decir no a lo mandado por mis superiores. ❑
b) Suelo aceptar mal la autoridad. ❑
c) Me gusta aplicar las normas, hay que confiar en ellas. ❑

---

a) Me gusta buscar la aprobación de mi entorno. ❑
b) Prefiero guiarme más por la intuición que por la razón. ❑
c) Sé qué debo decir y cómo debo actuar en cada momento. ❑

---

a) Tengo tantos compromisos que no doy abasto,
   pero no puedo renunciar a ninguno. ❑
b) Mi tiempo es oro, por eso yo decido siempre
   qué hacer con él. ❑
c) Si no siento que soy productivo me agobio fácilmente. ❑

---

a) Me cuesta hacerme entender. ❑
b) Soy claro en mis planteamientos, no hay espacio
   para ambigüedades. ❑
c) A veces me expreso con tanta determinación
   que puedo llegar a molestar (o eso dicen). ❑

---

a) Me gusta devolver un favor. ❑
b) Me encanta hablar de mi trabajo y enseñarlo a los demás. ❑
c) Soy de los que ayudo dando consejos y advertencias. ❑

---

a) En la pareja me gusta sentirme protegido por el otro. ❑
b) En la pareja lo más importante es que ninguno
   ponga límites al otro. ❑
c) En la pareja me gusta que el otro se deje cuidar
   por mí y que confíe plenamente. ❑

Fíjate si has obtenido mayoría de respuestas «a», «b», «c» o un empate entre las tres opciones.

En el siguiente capítulo busca el perfil correspondiente a la opción de respuesta más elegida o el perfil que se obtiene del empate entre las tres.

En el caso de que hayas obtenido un empate entre dos opciones de respuesta, debes buscar el siguiente perfil:

❑ Si has obtenido empate entre «a» y «b»: busca el perfil de «b».
❑ Si has obtenido empate entre «a» y «c»: busca el perfil de «c».
❑ Si has obtenido empate entre «b» y «c»: busca el perfil de «c».

1

LOS PERFILES EN PAREJA

La personalidad de un individuo está formada por tres grandes partes de reflexión y acción que se van desarrollando durante la infancia hasta que están perfectamente completadas a los doce años de edad aproximadamente. Estas tres partes de la personalidad se llaman Estados del Yo y todos y cada uno de nosotros los tenemos, solo que quizás uno más predominante que otro.[1]

---

[1] Los tres estados se llaman: Estado del Yo Padre, Estado del Yo Adulto y Estado del Yo Niño. Sí, sé que te pueden sorprender sus nombres, pero esta es una característica de los transaccionalistas: nos gusta la sencillez y ser directos e inteligibles. Una parte de nosotros mismos experimenta sentimientos, emociones y deseos, ese es nuestro Estado Niño; otra parte prohíbe o da permisos en función de lo que hayamos aprendido, ese es el Estado Padre; y la tercera es reflexiva y toma decisiones lógicas, nuestro Estado Adulto. Eric Berne las definió en 1961 en su artículo «Transactional Analysis in Psychotherapy». Si quieres ampliar tus conocimientos sobre el Análisis Transaccional o en concreto sobre los tres estados del Yo, lee directamente a E. Berne y su obra más importante: *¿Qué dice usted después de decir hola?*, Grijalbo, Barcelona, 1999. Si prefieres una obra menos técnica y que recoja los principales fundamentos de este método de trabajo, te recomiendo sin duda a J. L. Camino, *Los orígenes de la psicología humanista. El Análisis Transaccional en psicoterapia y educación*, CCS,

Pues bien, según el Estado del Yo que tengamos más acusado y de qué manera, he definido cuatro perfiles diferentes de personalidad. El cuestionario que acabas de hacer te ayudará a conocer cuál de estos cuatro perfiles es el tuyo y sus características dentro de las relaciones de pareja. En realidad, todos tenemos un poco de cada perfil, por tanto es normal que hayas contestado diferentes opciones de respuesta (a veces «a», otras «b» y otras «c), pero siempre tenemos uno más desarrollado que los otros, y esa es nuestra marca personal en las relaciones que mantenemos.

Los cuatro perfiles de personalidad son el Sumiso, el Antidependiente, el Crítico y el Ponderado. El primero es obediente y muy correcto en sus modales, si no se siente aceptado por su entorno se deprime y necesita una pareja en la que apoyarse para tener iniciativas y tomar decisiones. El Antidependiente es el perfil de la espontaneidad: juguetón, caprichoso, comunicativo… Un espíritu libre que necesita una pareja que no le exija demasiado y respete su individualismo. El perfil Crítico es un amante de los valores tradicionales, las normas y las leyes. Tiene un sentido de la rectitud muy desarrollado y eso a veces le provoca ansiedad y necesita una pareja a la que cuidar, proteger y que lo admire. Y por último, al perfil Ponderado le gusta separar sus emociones de sus acciones, por eso no es impulsivo sino reflexivo. Se muestra auténtico en sus sentimientos y opiniones sin esconderlos ni juzgar los ajenos y necesita una pareja que se adapte bien a los cambios, sea muy autónoma y con la que conversar amistosamente y sin prisas.

Madrid, 2013 y a F. Valbuena (ed.), *Eric Berne. Teórico de la comunicación*, Edipo, Madrid, 2006.

¿Y el perfil se puede cambiar? ¿O uno ya es así para toda la vida? ¡Claro que se pueden cambiar! En eso consiste el crecimiento personal, en suavizar los rasgos del propio perfil o transformarlo en otro si está generando muchos problemas en la vida del individuo. De hecho, cada perfil es producto de un aprendizaje, el que hicimos interactuando con nuestra familia y amigos y observando cómo a la vez aquellos interactuaban entre sí. Así es como uno aprendió lo que puede esperar de la vida, de la gente y de sí mismo a la vez que aprendió a entenderse con ellos de una determinada manera. Y de igual manera puede volver a aprender lo que es la vida, la gente y el valor de sí mismo y desarrollar otras maneras de comunicarse con su entorno. Para eso justamente sirven las crisis personales que tenemos en la vida y a eso nos lleva de forma irremediable una crisis aguda de pareja, a preguntarse por el otro pero, sobre todo, por uno mismo. Espero que la descripción que a continuación haré de cada perfil te ayude a reflexionar sobre el tuyo y su compatibilidad con una vida relacional sana y de calidad con tu pareja.

Los perfiles pueden ser más o menos «puros» según la cantidad de respuestas escogidas de una misma opción. Por ejemplo, si alguien ha obtenido mayoría de respuestas «a», y teniendo en cuenta que el cuestionario tiene en total nueve preguntas, ese perfil será muy severo si ha elegido ocho o nueve respuestas «a», será un perfil moderado si solo ha elegido seis o siete respuestas «a» y en cambio será un perfil más bien suave (aunque todavía dominante frente a los otros perfiles) si solo ha elegido cuatro o cinco respuestas «a». Es decir, que puede ser un perfil sumiso muy severo (o puro), moderado o suave en sus atributos.

En el siguiente capítulo te descubro la compatibilidad que podemos esperar entre dos perfiles de amantes, explicaré el tipo de convivencia resultante entre ambos y, lo más importante, daré claves para que ambos sepan lo que pueden esperar el uno del otro y puedan mejorar su compatibilidad o bien reforzar la calidad de la relación en caso de que su compatibilidad ya sea alta.

Sea cual sea tu perfil, recomiendo leer las características del perfil ponderado así como su compatibilidad con los otros perfiles, ya que este en concreto posee cualidades que le permiten hacer de la convivencia en pareja una tarea fácil y por tanto todos, sea cual sea nuestra personalidad, podemos aprender mucho de él.

Por último, quiero dejar claro una cosa. No hay perfiles «buenos» y «malos», todos son bellos, repito, todos son extraordinarios y todos tienen su parte «oscura» que los hace, digamos, «complejos» a la hora de amar y convivir. Espero que identifiques el tuyo y que le saques todo el potencial que guarda dentro.

El Sumiso

Has obtenido mayoría de respuestas «a».

Debes reconocer que hay en ti un ser vulnerable que en ocasiones puede sentirse inseguro. Este carácter dubitativo hace que te sientas atraído/a por personas que se muestren firmes, seguras de sí mismas y, lo más importante, que sepan aconsejarte a la hora de tomar decisiones. Este aspecto es clave.

Eso te convierte en una persona poco autónoma y a la vez llena de matices. Me voy a explicar. Por un lado, notas que a veces los demás no confían en ti y te tratan como un crío (o esa es la impresión que crea tu baja autoestima), pero por otro lado no sabes manejarte bien en la soledad y menos en la soltería. En tu versión más radical, confundes amor con apego o, lo que es lo mismo, dependencia. Para garantizar el amor, eres capaz de aceptar situaciones que no son de tu agrado, o bien callar y no expresarte libremente, no sea que crees controversia y los demás se alejen de ti. Pero vayamos poco a poco. Ya que hemos mencionado la autoestima, empecemos por ahí. La tuya es como una montaña rusa, sube y baja en función de tus relaciones con los demás.

Vives del saludo, de los buenos días, del detalle, del gesto del otro. Igualito que una criatura que necesita que le presten atención, solo que tú no vas a hacer ruido para atraerla, no sea que molestes a alguien y crees un conflicto. Tú más bien esperas a que los demás se acerquen a ti y depositen de por sí su atención en tu persona. Tus complejos no giran alrededor de la belleza, sino más bien alrededor de tus actos. Haber hecho bien tu trabajo, ser un padre cariñoso a quien sus hijos besan, en fin, que se diga de ti que eres buena gente. Ese es el principio que marca tu guión de vida. El dilema buena/mala persona es tu condición; el pánico a no ser valorado por los demás, tu talón de Aquiles.

Lo más curioso es que lo mismo esperas de la vida. Cuando ves la maldad o las desgracias que existen en el mundo, puedes llegar a deprimirte mucho. No es extraño que te emociones viendo las noticias del telediario y ya no te digo con una película... En cierta manera, debes reconocer, tienes un concepto de la vida y de las personas algo ingenuo, quedas bloqueado ante el dolor y sobre todo ante quien provoca ese dolor. Es probable que hayas desarrollado un miedo a lo desconocido y cierta cautela ante los demás al darte cuenta por experiencia propia de que existen malas personas en este mundo. Aunque siempre acabas acercándote a todos, porque esa candidez tan pura que tienes de forma natural dentro de ti acaba imperando y dominando tus actos respecto a los demás. Y claro, si tienes la mala suerte de dar con mala gente, la bofetada que sentirás será dolorosa y, en tu caso, más. «¿Por qué la gente es así?». «¿Por qué la vida te da esto?». Y otra vez: «¿Por qué la gente es así?». Son preguntas que con frecuencia te puedes formular durante los días en que te dura la patada recibida.[2]

Tus expresiones más utilizadas son: «¿Me dejas probar?», «Ya lo intento», «Por favor», «Gracias», «Gracias» (otra vez), «Perdón», «Perdón» (otra vez) y «No puedo». Tu tono de voz suele ser quejosa o bien apaciguadora con una actitud dócil y en ocasiones avergonzada. Y hay un gesto que hacéis la mayoría de este perfil y que os delata sin dudas, y es poner una mano debajo de la pierna cuando estáis sentados. Fíjate y verás que lo haces sin darte cuenta, inconscientemente. ¡Este es tu gesto de sumisión más evidente! Si además te gusta colocar tu mano bajo la pierna de tu pareja o de uno de tus padres (acostumbra a ser la madre), significa que tienes un lazo emocional fuerte con esa persona, a la que necesitas agradar a toda costa. Dicho de otra manera, dependes de otro para tomar decisiones, pero sobre todo para mantener sana tu autoestima.

Tu emoción preferida es el miedo. ¡Vaya si lo es, con ella lo haces todo! No hablas cuando deberías hablar, dices sí cuando deberías decir no y picas el cebo de cualquier chantaje emocional que te hagan. Todo eso gracias al miedo. Por eso, tu psicopatología

---

[2] El perfil Sumiso tiende a caer en el pesimismo, por eso debe cuidar mucho su vitalidad especialmente si convive en pareja. La posición existencial es el conjunto de creencias que un individuo tiene sobre sí mismo, los demás y la vida. Si las creencias son muy negativas o pesimistas, la manera como esa persona conducirá su vida también lo será; en cambio, si son más bien positivas, estas le conferirán una actitud más optimista. Hay un libro maravilloso que te recomiendo si quieres saber más sobre el tema, de J. L. Martorell, *El guión de vida*, Desclée de Brouwer, Bilbao, 2000.

preferente es la depresión, porque ella es fruto de un diálogo interno fallido entre tu parte que te grita: «¡Sé tú mismo!» contra esa otra parte que replica: «¡Sé bueno!». Cuando la presión entre ambas sea insostenible, entonces enfermarás. Empezarás por una caída en picado de tu autoestima y si no le pones freno lo siguiente es la depre. ¿Y qué me dices de esas jaquecas que a veces te atacan? Reflejan la lucha de tus impulsos internos y la presión que aguantas proveniente de tus dilemas. También es reflejo del excesivo trabajo que haces en el plano mental (con tu bla-bla-bla interminable) debido a tu dificultad en pasar al plano de la acción. Sobrecargas tu mente y te quedas inmóvil y eso es peligroso porque tiene un efecto bucle, porque cada vez aumenta más tu inmovilidad, y por tanto tu apatía, y por tanto tu parloteo interior y por tanto tu depresión. Ese es el bucle, esa es tu perdición.

Y cuando amas… ¡eres un romántico! Dependes de la pareja, es cierto. Te llegas a fusionar con ella, pero no te conviertes en una persona obsesiva del control de su vida. Más bien dejas que el otro haga y deshaga, maneje vuestra vida amorosa, tire del carro en cuestión de afecto y, por tanto, en el fondo dejas en sus manos que mantenga viva la llama del amor. Que te busque, que te sorprenda, que tenga algún detalle contigo, que se acuerde de vuestro aniversario, que se fije en que te has cortado el pelo o que estrenas zapatos nuevos. En definitiva, que te mire. Y si dejas de esperar eso, es que ya has entrado en depresión. Eso sí, el miedo tiene un papel destacado en tu forma de amar. Puedes no amar a alguien, haber perdido la chispa con tu pareja, y sin embargo sentir miedo, verdadero pánico, a que te abandone o rechace. Esta idea puede llegar a ser tan agobiante que eres capaz de girar tu vida alrededor de las necesidades de tu pareja, en vez de escuchar y seguir las tuyas. Por eso siempre estás alerta, de lo que ves, de lo que oyes, pendiente del qué dirán, de si tu pareja ha puesto mala cara, de si tu amigo ya no te llama tanto, de si tu madre se enfadará si cancelas tu visita, de si a tu pareja hoy le gustas menos, de si… ¡Ay, ese «y si»! ¡Ay, ese miedo, cómo llega a condicionar tu vida! Eres como un conejillo, siempre con las orejas en alto, con los ojos bien abiertos y con la nariz intentando captar cualquier sutileza.

Como hijo, es posible que provengas de un núcleo familiar sólido, muy compacto. Si no existe un matriarcado o patriarcado muy marcados, tu familia actuará como un grupo de apoyo donde los hijos podrán acudir cuando necesiten a lo largo de sus vidas. Estos padres ofrecen a sus hijos un modelo perfecto de pareja unida por y para los hijos, en una educación basada en los valores de la bondad y generosidad. Ahí es donde desarrollaste una admiración, a la vez que idealización, de lo observado en tus padres que buscarás replicar en tu vida de pareja.

Pero si tus padres han sido autoritarios, bien la madre o bien el padre, seguramente habrás ejercido una carrera larga para ganarte el afecto de ellos, carrera que aún en la vida adulta es probable que todavía no hayas terminado. Si es así, siento decirte una cosa: eres carne de cañón de chantajes emocionales, empezando por los que practiquen tus padres. Tu madre es capaz de frenar tus motivaciones con solo una mirada de esas suyas; puedes sentir taquicardia cuando le informes a tu padre de una decisión que hayas tomado; puedes sentirte muy infeliz cuando compartas con tu padre un libro que hayas leído y no te preste toda la atención; te puedes llegar a sentir un verdadero ignorante al lado de tu padre aunque hayas hecho un excelente carrerón académico. ¡Nada parece ser nunca suficiente para ellos! Siempre puedes leer más, ganar más dinero, casarte con alguien mejor, estar en una casa más grande, conseguir un mejor puesto de trabajo. «Mi padre era policía y le habría gustado que yo siguiera sus pasos —me contaba Marcos, un alto cargo de la Administración, de perfil sumiso—. Cuando le dije que quería ser asistente social se quedó callado, no me dijo nada. Eso me dolió horrores, hubiera preferido un sermón antes que ese silencio. Aunque no me rechazaba, nunca me preguntó cómo me iban las cosas durante mi carrera. Ahora sé que intenté llegar a lo más alto solo para demostrarle que mi elección había sido acertada y que mi trabajo valía la pena. Él sonreía, pero seguía guardando silencio. Le había defraudado, yo no era como él». Deja que te dé un consejo: no luches contra eso, no intentes buscar de qué forma puedes conseguir el tan ansiado reconocimiento de tus padres (una mirada diferente de tu madre, un gesto nuevo de tu padre). Tu liberación de hijo sumiso de padres autoritarios ya no depende de ellos, de que finalmente te den su aprobación y te respeten, así que deja de buscarlo ahí. Tu liberación ya solo depende de ti mismo.

Y no tendrás otro remedio que hacerlo, porque cuando estés emparejado tendrás un verdadero problema al intentar conciliar los tiempos de convivencia en pareja con las visitas de rigor con tus padres, y eso será un calvario… Y si tienes hijos, entonces prepárate, alguno de sus abuelos exigirá verlos o tenerlos en casa y, en múltiples ocasiones, por no decir casi siempre, te desautorizará como padre delante de tus hijos. Sí… Una verdadera batalla con tus progenitores, convertidos ahora en abuelos rivales.

Con independencia de cómo fuera tu familia, si eres el primogénito, seguramente habrás sido un hijo muy colaborador y cuidador de tus padres, con el temor de hacer algo moralmente feo (y, por tanto, de ser un mal hijo) y sintiendo una gran responsabilidad en tus deberes hogareños y escolares. Si tienes hermanos, tal vez vivieras los celos con tristeza en vez de con rabia (ya que esta última es una emoción prohibida en tu perfil), pero les habrás ayudado en todo lo posible. Si no eres el primogénito, puede que quedaras eclipsado por la grandeza de tu hermano mayor, al que admiras (aunque a veces lo rechaces por inalcanzable). Eso pudo hacerte sentir más débil y haber tocado tu autoestima, lo que te habrá empujado a buscar refugio en el cariño de tu madre para asegurarte de tu valor como persona. Si tu madre no estaba disponible para darte su cariño de apoyo, es probable que de adulto tengas problemas importantes con tu autoestima y algunos síntomas depresivos. Y si estás en pareja, ten aún más cuidado con establecer lazos de dependencia.

Si eres mujer, solo te doy un consejo. Cuidado con la maternidad. Hay muchos puntos para que sea el fin de tu vida sexual. Sencillamente ¡flis! Un día la libido se largó, y ni sabrás explicarte por qué. Estas mamás siempre me cuentan que quieren a sus maridos, que quieren amarlos, pero no les sale, no encuentran el hambre sexual, y si se ponen a ello les cuesta una barbaridad. Estas mamás llegan a verbalizar que necesitan que ellos sean más románticos, pero a la hora de la verdad, cuando el chico hace el esfuerzo y monta esa cena en el *bistrôt* de moda o el *forfait* de fin de semana con la intención de ofrecerle el tan ansiado gesto romántico que ella dice necesitar para su libido… Maldición, tampoco funciona. «Lo que necesito es que me eches una mano y no te quedes en el sofá cuando preparo la cena de los niños». Ah, vale. Era eso, no una cena con velas. Oído cocina. Porque, en el fondo, recuerda, tu libido la tienes desplazada en el nido desde el momento en que aparecen los niños. Si tu marido quiere llegar a tu sexo, deberá poner energía en la casa y en la crianza. Y hacerlo con alegría, desinteresadamente (no para hacerte un favor ayudándote o conseguir un revolcón). O sea, deberá estar enamorado de la vida y del nido que cree contigo. Y entonces, quizás os toquéis... o quizás no. Porque tu zona de confort está en la vida que os habéis dado el uno al otro, no en vuestra cama. Te gustará el sexo que tengáis, pero puedes apostar a que no será muy frecuente. Ya no lo necesitas tanto. Donde realmente se encuentra tu placer es en la casa, en la familia, en los hijos. Y con ello serás una auténtica mamá pato con sus polluelos. Te gustará hacer galletas y *muffins* con ellos, pintar y colorear dibujos, hacer manualidades y currarte mucho los disfraces de carnaval. Sí, serás un niño más como ellos y las Navidades serán unas festividades in-to-ca-bles donde seguro no faltarán los adornos, la sopa de caldo y los villancicos. Todo muy clásico, de toda la vida, muy familiar. Acabamos de encontrar tu libido.

Si eres hombre, tienes una sensibilidad muy especial y esa parte de ti les encanta a las mujeres, que quedaran prendadas por tu delicadeza y rapidez por entender sus necesidades. La gente puede decir muchas cosas de ti, de tus manías y de tus bajones de ánimo, pero siempre te perdonan porque eres un encanto y así te lo dicen. Es muy probable que tu pareja sea muy pragmática, tanto que a veces te puede exasperar que sea tan poco cuidadosa en los detalles, porque tú eres don detalles, no tanto con las cosas como con las personas. «Llama a tus padres, que hace mucho que no lo haces. He envuelto tu regalo con papel del color que a ti te gusta. Te he comprado tu postre preferido».

Y claro ¡quién puede resistirse a un hombre con esa memoria para cada detalle y con esa sensibilidad! En cuanto a tu paternidad, pueden pasar dos cosas. Que te gusten los niños y quieras ser padre, o que te gusten los niños pero solo para un rato. Eso es porque llevas un niño interior muy despierto (y no te estoy llamando criatura, aunque quizás te han llamado eso en unas cuantas ocasiones) y, o bien le encanta vivir con otros niños, o bien se incomoda cuando ve que estos otros niños acaparan la atención de otros adultos. Dicho de otra manera, si en tu infancia has tenido pocas atenciones de tu familia, es posible que sientas celos de tus propios hijos y rivalices con ellos por el amor de tu pareja o sencillamente rechaces la idea de convertirte en padre. Si te gustan y quieres tenerlos, serás cariñoso con ellos, bromista y muy apañado en cuestiones de logística y organización. Si de estas cuestiones prácticas con los hijos se encarga más tu pareja, es probable que eches de menos sus atenciones sobre ti y que nazca en tu interior un sentimiento de soledad y melancolía que te llevará a ser demandante de cariño hacia tu pareja. Si ella no está por la labor, cuidado con tus cambios de humor, que serán bruscos y afectarán a tu autoestima. Y ya sabes, porque te he insistido, que tu falta de estima te llevará a la depresión. Así que, aunque lleves un niño muy mimoso dentro de ti, no dejes que se ponga al nivel de tus hijos y cuestione el amor de tu pareja. Confía en ella y, si tienes dudas, habla con ella antes de deprimirte.

Veamos ahora tus respuestas.

«En una pareja pido una relación larga y estable, sin lugar para la infidelidad de ningún tipo». Si esta es la respuesta que has escogido del primer bloque de frases, ándate con ojo, porque hay probabilidades de que literalmente te enganches a tu pareja, o sea, te conviertas en una persona dependiente de ella. Harás lo que sea para que tu relación funcione. Lo-que-se-a. Eres capaz de perdonar una infidelidad con una rapidez sospechosa e incluso de hacer ver que no sabes que tu pareja es infiel cuando lo presientes perfectamente. La capacidad para engañarte a ti mismo con el fin de conservar tu relación es digna de un monumento. He conocido parejas

que han vivido la crisis que acontece después de una infidelidad y si el engañado es de perfil sumiso, puedo apostar a que le perdona rápidamente y le acoge de nuevo en su cama. Y no suelo fallar en mi apuesta. Y eso es porque el fracaso de la relación, la separación, el divorcio, son vividos con verdadera vergüenza por los de vuestra naturaleza y sois capaces de aguantar y hacer lo necesario para que la relación no se disuelva. Vivís muy intensamente todo lo que rodea una relación de pareja y su festejo. Por eso mismo la mayoría de vosotros queréis casaros, *necesitáis* casaros. La convivencia no es suficiente, queréis un acto más de compromiso por parte de vuestra pareja y podéis vivir con verdadera ansia la espera de la pedida de mano al más estilo película de Hollywood. Y en los inicios de un festejo, os pueden asaltar mil dudas sobre la fiabilidad o no de la relación, tanto a los hombres como a las mujeres. Podéis retrasar los contactos con alguien, por mucho que os guste, solo por no estar convencidos de que sus intenciones son las mismas que las vuestras, o sea, intentar iniciar una relación formal. A ti no te van las relaciones de una noche, reconócelo. Si te arriesgas con alguien es porque crees que el otro va en serio. Si no, nada. Tal es el valor que le das a las relaciones sentimentales, porque para ti son para toda la vida.

Por eso es probable que también hayas escogido: «*En pareja me gusta sentirme protegido*». Porque la pareja, en tu caso, va más allá de dos. Ya lo he comentado antes, para ti un proyecto de pareja es sinónimo de un proyecto de familia. Porque vives la pareja como un grupo, un grupo compacto, un grupo-clan, un grupo que pasa a ser una unidad, un huevo, una cámara de refugio. Y un proyecto de familia, claro está, implica hijos. Sí o sí. Esto está bien, sin duda, pero debes ir con cuidado, porque ya te he dicho lo que os sucede a los de vuestro perfil con la libido cuando llegan los hijos. Que sencillamente se apaga. Es un mecanismo inconsciente, pero del todo coherente con lo que buscáis en pareja. Cuando la pareja se convierte en grupo y el grupo en unidad de protección y apoyo, tu satisfacción (especifico: tu autoestima y sentimiento de seguridad) es completa y ahí depositas tu libido, en hacer que la carrocería funcione porque te da estructura, te da apoyo. Eso es lo que satisface tus necesidades emocionales, el sexo no. Esto queda absolutamente en un segundo plano, en un divertimento ocasional en la pareja, a veces en una obligación por la que hay que pasar porque, bueno, es sábado y toca…

«Mantengo lo que he prometido, aunque luego me arrepienta». Si esta ha sido tu respuesta elegida, tienes un código ético que te impulsa a ser persona con honor. Hasta aquí, suena bien. La letra pequeña es que tu código ético es una trampa, una prisión que no te permite echar marcha atrás, ser flexible o algo tan sano como cambiar de opinión cuando ya te has comprometido con algo. Chungo. Quedarás atrapado/a en tus propias redes, no intentes culpabilizar a otros, en el fondo —y lo sabes— tu cobardía por no expresar libremente lo que piensas y tus deseos es la causa de que al final te arrepientas de lo que has dicho y hecho. Y vuelve a caer tu autoestima en picado (ya te lo dije, como una montaña rusa).

Por eso es probable que también hayas escogido esta respuesta: *«Tengo tantos compromisos que no doy abasto, pero no puedo renunciar a ninguno».* Efectivamente, de lo contrario tu eficacia y bondad se verían cuestionadas y al final el resultado es una agenda repleta que te impide ir al gimnasio al que juraste y perjuraste que irías para cuidarte y tener un espacio para ti. Espero que al menos sea *low-cost*, o pagarás por no ir. Y si además has marcado esta otra respuesta: *«Me gusta devolver un favor»,* tu caso empieza a ser algo grave, porque el sentimiento de deuda que creas con tus seres queridos te atrapará en un sinfín de malentendidos, intervenciones innecesarias en asuntos familiares y meteduras de pata con algún que otro amigo. Relájate. Cuando te hagan un favor, sencillamente di «gracias» y gózalo. No lo devuelvas. No busques compensar. Recibe y regodéate. Eso a ti te cuesta, ¿verdad?

«Soy de la opinión, a menudo, del último que ha hablado». Si esta es tu respuesta, es posible que también hayas elegido esta otra: *«Me gusta buscar la aprobación de mi entorno».* Bueno, seguramente tú dirás que es por prudencia o incluso que lo haces por humildad. Mi experiencia me dice otra cosa. Tu generosidad es tan grande, que te acoplas sin problemas a las iniciativas de otros, creyendo así que haces un regalo a los demás apoyando su opinión o elección y evitando entrar en controversias. ¿Qué hay que ir de cena con los amigos? Que no te pregunten dónde, lo que digan estará bien, tú te acoplas. Pero ¿te has parado a pensar que con esta actitud lo que realmente estas ofreciendo es tu baja implicación? No arriesgas, no defiendes posturas, no haces pensar al otro, no piensas tú, no te responsabilizas de lo que te proponen, preguntan o te piden. Hola, ¿hay alguien ahí? ¡Pues manifiéstate!

Y cuando lo intentas… es un desastre. Si es así, probablemente habrás marcado esta respuesta: *«Me cuesta hacerme entender».* Y no en todos los casos es porque no se tenga una buena oratoria. Una persona de un nivel de estudios superior puede ser un lumbrera en el plano cognitivo, pero un verdadero desastre en el plano emocional y no saber cómo hablar de sus emociones aunque las detecte y sea plenamente consciente de ellas. También puede suceder que sí sepa hablar de ellas, pero su código ético (ese del que ya he hablado antes) le impida ser transparente para no ofender y quedar bien. Sea como sea, no eres claro cuando te expresas, por comisión (hablas de lo que piensas y sientes pero con torpeza, no se te entiende bien) o por omisión (sencillamente, callas). Y si eres de estos últimos, de los que callan por prudencia o educación, llega un momento en que no puedes más. Puedes llegar a sentirte muy decepcionado si no encuentras en los demás un signo de reconocimiento a tu esfuerzo o al menos un acto de sacrificio o renuncia como los que tú sí eres capaz de hacer. Entonces decides manifestarte. Bien. Solo que ya es un pelín tarde… Y por tanto te manifiestas de la forma equivocada. ¿Cómo? Con chantajes. Fíjate: tú, que hasta ahora has sido pasto de los chantajes emocionales que otros, empezando por tu familia, te han hecho, ahora eres el que los hace. Vaya, vaya. Qué giro más inesperado. «Como parecía que no te importaba, me largué antes de la fiesta. Un día me encontrarán muerta en la habitación por culpa de los disgustos que me das». Toma esa… Puedes llegar a ser muy cruel y melodramático en tus extorsiones a tu pareja. De eso hablaré en el último capítulo. De momento, afloja con tales artimañas y aprende a ganar voz y asertividad para comunicar lo que necesitas.

«No sé decir "no" a lo mandado por mis superiores». Quizás sabes decir «no» en otros contextos, pero ante la autoridad te es sumamente difícil. Caben dos hipótesis: o uno de tus padres o tutores tenía un carácter fuerte, o bien le has tenido una gran admiración. La cuestión es que cuando identificas a alguien que consideras influyente, das un paso atrás y obedeces. A veces por miedo, a veces por fe ciega, a veces porque no se te ocurriría nunca cuestionar su valía. Da igual el motivo, el resultado es el mismo: en ese momento, desapareces. Tu falta de asertividad es otra marca inequívoca de tu perfil. Ese fue el motivo por el que Marcos, el alto cargo de la Administración del que os hablé antes, decidió dejar su lugar de

trabajo. Llegó a la conclusión de que no estaba hecho para mandar a la gente ¡y mucho menos para despedirla! Le sobrepasaba sin más. Por eso los de tu perfil no lleváis muy bien ser altos mandos en vuestro lugar de trabajo, os manejáis mejor si sois medios o sencillamente si no sois jefe de nadie. Demasiado estrés, mucha tensión controlando que todo el mundo esté contento e intentando no hacer las cosas mal y que la gente se disguste contigo. Empatizas mucho con las personas y eso puede ser un inconveniente a la hora de tomar determinadas decisiones que impliquen la vida de otros. En cambio, acostumbráis a ser buenísimos en puestos de atención al público, precisamente por vuestra sensibilidad y buen hacer a la hora de atender a los demás.

Puede suceder algo interesante. Puede suceder que un Sumiso quiera dejar de serlo. Mejor dicho, *necesite* dejar de serlo. Si estoy hablando de ti, quizás te has juntado con personas que ya te han tomado la medida, conocen tu permeabilidad y ductilidad, saben manejarte y tocarte la fibra, tienen un problema y saben a quién llamar (o sea, a ti) y aún peor, puede suceder que estés casado con uno de ellos. Y no eres feliz. Y estás deprimido. Si es así, me temo que tienes una crisis grave en tu vida de pareja. Porque con quien eras compatible hasta ahora, vas a dejar de serlo y como no cambiéis las directrices de vuestra relación las disputas van a aparecer y subir como la espuma… Enhorabuena. Un Sumiso venido a más es una bendición. Y lo digo en serio. Porque es ver luchar a alguien por lograr sus propios pilares que sujeten su autoestima para que esta ya no dependa de la aprobación de los demás; es ser testigo de cómo alguien aprende a darse los permisos para hablar, opinar, reír, gandulear u ofender; es ver cómo alguien toma la decisión de vivir sin miedo; y sobre todo, es comprobar cómo alguien crece de golpe, o sea, se acepta tal como es, acierte o cometa errores en su vida, exista bondad o maldad por ahí… Si este es tu caso, dale fuerte a tu trabajo interior, te valdrá mucho la pena aunque te cueste un divorcio. No es broma.

Pero también puede suceder que este no sea tu caso, que tu compatibilidad con tu pareja sea estable, o sea, que estés satisfecho en tu vida con ella. Perfecto, no tiene por qué no ser así. Quizás en otros planos relacionales sí tengas frustraciones, por ejemplo en el trabajo si tienes un compañero trepa o un jefe abusón, o en tu familia de origen si tienes un padre o una madre chantajista. En todo caso, cuentas con tu pareja que sabe darte el apoyo y la calma que necesitas. Únicamente asegúrate de tenerlo desde la amistad, no desde la dependencia.

Te va a sonar algo *friki* por mi parte, pero te recomiendo mucho que practiques artes marciales, en especial el *boxing*, porque te ayudará a ganar seguridad en ti mismo. También que hagas algún deporte en equipo (échale un vistazo al fútbol americano o vóley-playa) donde adquirirás roles de responsabilidad y sentimiento de éxito que ayudarán a mantener tu autoestima. Vigila con el deporte individual (natación o pilates), seguro que te irán bien para relajar tus músculos pero en tu caso acentúan tu excesiva baja conflictividad. Atrévete con el trabajo en grupo, entrena tu voz y tu asertividad, golpea, sé malo, rompe las reglas por una vez, aprovecha el juego para aprender a darte ese permiso que sin duda un perfil como el tuyo sabrá aplicar responsablemente en la vida cotidiana.

RECUERDA

- Tienes una gran sensibilidad y estás muy pendiente de cómo se siente tu pareja.
- Te gusta sentirte protegido y cuidado por tu pareja.
- Tu candidez es tu seña de identidad y te da cierto aire de ingenuidad.
- Eres muy romántico y detallista.

PERO...

- ¡Vigila! Eres muy dependiente de la pareja.
- Tiendes a la depresión si no te sientes suficientemente amado por ella.
- Tu asertividad es débil y puedes ser demasiado complaciente con tu pareja.
- Puedes perder la libido con facilidad, en especial después de la maternidad/paternidad.

Si quieres conocer el nivel de compatibilidad que tienes con los otros tres perfiles, pasa al siguiente capítulo.

El Antidependiente

Has obtenido mayoría de respuestas «b».

No te confundas y vayas a pensar que eres una persona independiente, porque nada más lejos. Un independiente no necesita de los demás para vivir, estar orgulloso de sí mismo y buscar su felicidad, aunque lo haga en compañía de otros. No es tu caso. Es cierto que te gusta vivir cuantas más experiencias mejor, conocer a gente diversa, viajar y más viajar… pero no soportas la soledad. Necesitas la admiración del otro, ganarte un puesto en el pódium de las personas «especiales», porque así te sientes tú, especial y único y no tienes pelos en la lengua para decirlo. Te gusta ser el centro de atención y que los demás sigan tus instrucciones, porque para eso eres el que sabe más, y si alguien no te sigue… iniciarás una campaña de reclutamiento y conquista hasta que acabe cayendo rendido a tus pies. Y cuando eso suceda, lo abandonarás. Así eres tú como amante, fogoso y luchador hasta que has conseguido tu presa; luego, vas perdiendo el interés. Eso del compromiso no es lo tuyo y mira que lo has intentado, pero es superior a tus fuerzas: después de la calentura y las cosquillas en el estómago, se acabó, ni hablar de convivencia ni tampoco de otras formas de compromiso (matrimonio, hijos, etc.). Tus palabras preferidas son «estupendo», «quiero», «divertido». Tu tono de voz es ruidoso, energético y tu actitud es de curiosidad y ambición. En alguna ocasión es posible que te hayan definido como una persona hiperactiva y difícil de saciar… Es cierto, eres exigente con todo y siempre quieres más, tu mayor miedo es morir sin haber sentido que has vivido, pero… ¿habrás sido capaz de vivir el amor verdadero?

¡Ay, el amor verdadero! Ese que pasa por encima de uno mismo, por el que sí darías la vida, con el te comprometerías hasta tu muerte… En las personas que he conocido como tú, he observado que tal amor solo consiguen sentirlo por un familiar (estadísticamente diría que alguno de los abuelos, pero solo es una estadística) y por un hijo. Pero vamos a ir poco a poco porque lo tuyo tiene algo de tela.

Muchos Antidependientes acuden al psicólogo pidiendo ayuda. Vienen muy angustiados y todos suelen decir siempre lo mismo. «Mis relaciones de pareja nunca duran más de cinco años y eso no puede ser normal. Mi familia dice que tengo un problema porque soy incapaz de comprometerme y formar una familia. Tengo pareja y la quiero mucho, de verdad, pero también me intereso por otras personas y no puedo evitarlo». En este sentido, los Antidependientes sufrís mucho, porque llegáis a pensar que sois raros o que estáis enfermos. ¡Nada más lejos de la realidad!

Por lo general, no tienes mucho apego a las cosas materiales. Eres libre como una paloma, o sea que no te aferras a muchas cosas porque también representan responsabilidad y sobre todo dificultad en el movimiento (no puedes empaquetarlas todas cuando te vas de viaje y eres de los que se mueve mucho). Las que tienes no están muy ordenadas (más bien nada). No están en mal estado, eres cuidadoso, pero las dejas donde quepan, ahí mismo, sin necesidad de buscar un orden concreto o una estética. Tu casa es sobria, tienes lo indispensable. No faltaran libros, recuerdos de viajes, muchas fotos y equipo de deporte (me apuesto a que una bicicleta, unos esquíes y, si eres de los atrevidos, una tabla de windsurf). No eres de excentricidades, no al menos en lo material, pero sí en lo experiencial: te gusta saber qué se hace en el mundo, cuál es la última moda en probar algo y, si está a tu alcance (que ya te encargarás tú de que lo esté), no dudarás en probarlo también. Por eso a veces a los de vuestro perfil os tachan un poco de esnobs, por pretender sumaros siempre a la última moda en vivir alguna gran experiencia. ¡Así es tu vitalidad!

Y por eso lees. ¡Lees mucho! Te gusta viajar a través de los libros y te gustan las obras de autoayuda, más que para conocerte a ti mismo, para conocer a los demás. Poder hablar de todo, saber cómo son las personas y opinar sobre ellas, conocer las estrellas y hablar del cosmos... Eres un entusiasta de la vida y estos conocimientos aún te enganchan más a ella. Sacian tu curiosidad y tu ambición por saberlo todo. Pero sobre todo te dan poder personal y atractivo ante los demás. Lo mismo sucede con los cursos o talleres de formación. ¡Haces multitud de ellos! Para cultivarte, entrenarte para ir por el mundo, saciarte de lo que se hace por el mundo... Y de igual forma sucede con los viajes. ¡Adoras viajar! Lo necesitas como una droga, alimenta tu espíritu de libertad y tu curiosidad por probarlo todo y estar en todas partes. Irte, volver y explicarlo es uno de tus mayores placeres. Te da igual marchar por un mes que por cuatro días (vale, puestos a elegir preferirás un mes), porque lo importante es poder decir *yo estuve allí*.

Sí. Viajar, mirar, vivir, soñar... y evadirte. Este tipo de vida también te sirve para poner tierra de por medio entre las personas (léase compromisos) y tú. Reconócelo, eres un poco castor, en cuanto algo te presiona fabricas cualquier excusa que te sirva de madriguera (un viaje, un curso, algo muy importante que debes hacer sí o sí) y adiós muy buenas. Y si encima es en forma de una actividad que te permita desconectar «mentalmente» durante un buen rato, mejor que mejor. Por eso os encanta hacer yoga y meditación. ¿Que estás agobiado? Vas a yoga. ¿Que vienes de un finde con tu pareja? Vas a yoga. ¿Que has tenido una mala jornada con tus jefes? Vas a yoga, o a meditación, o a hacer un intensivo de fin de semana de alguna actividad similar. Que no está mal (seguramente me dirás que todos deberíamos hacerlo de vez en cuando, y tienes razón), siempre que sea movido por la necesidad de reducir estrés, hacer descansar la mente o profundizar en el propio ser, pero no para conectar con el individualismo cuando uno siente que lo ha perdido por efecto de haber convivido con otros, como es el caso de un Antidependiente. Por eso apareces y desapareces como el Guadiana.

A veces te das una vuelta por ahí solo para sentir que dispones aún de tu tiempo, que no has dejado de ser tú abducido por otro, y por miedo a abandonar tus antiguos patrones de independencia (que no son más que patrones de retirada). Conocí a una mujer que consiguió ligarse a un cliente suyo que le gustaba muchísimo. El hombre se resistió bastante a los encantos de ella, pero finalmente sucumbió. Ella estaba pletórica de alegría, planificó el encuentro en un hotel y cuidó hasta el último detalle. Así me lo explicaba, orgullosa de sí misma por tal conquista y por la velada de ensueño que le hizo pasar a él. Realmente consiguió impresionarle y así se lo confesó él, para regodeo en la victoria de ella. Pasaron dos noches con sus dos días juntos. Al tercer día debían irse y ni corta ni perezosa ella recogió sus cosas por la mañana mientras él aún dormía, lo despertó y le dijo que le esperaba abajo en el *hall* del hotel, que así aprovechaba para dar una vuelta a su aire. Al parecer, el hombre se quedó atónito. «Necesitaba estar un tiempo a solas y para mí. Normal, ¿no?», se justificaba. «Además, él estaba casado, así que le hacía un favor demostrándole que no estaba muy enganchada», volvía a justificar. La primera justificación es la buena, la verdadera, necesitaba volver a sentir que solo se pertenecía a sí misma. La segunda justificación solo es la excusa para tapar la primera y encima quedar bien.

A ti te va el juego de me acerco y me alejo. Cuando crees que tu pareja te va a dejar, te acercas y te muestras más abierto en apariencia, porque es una estratagema para retenerla, ya que tú sigues siendo tú, eso no ha cambiado. Cuando esta se muestre confiada de nuevo contigo en la relación, volverás a las andadas, buscando tu espacio, tomando tus decisiones en individualidad. Y vuelta a empezar. Ese es el círculo dramático que se repite en todas tus relaciones, más tarde o más temprano. A tus ojos tus parejas pecan todas de lo mismo, qué casualidad: te agobian, te asfixian, te piden cada vez más y más, se quejan de que no estás lo suficiente por ellas, que no das más a esta relación. Puedes tacharlas de pesadas, de inmaduras, pero en parte (y lo sabes) tienen algo de razón. Pero o se adapta ella a lo que necesitas, o tus decisiones son inflexibles y las tomarás unilateralmente. Si llegas a esos extremos, eres un vampiro emocional: enganchas, te enganchas, te sacias y te apartas. Tu víctima se queda hecha polvo y con ganas de más. Eres buen amante, muy (pero que muy) buen sexo, buen amigo, mal oído, mal

compañero. Siempre se te perdona, porque el niño que llevas dentro derrite hasta el corazón más helado, pero pocos pueden retenerte durante mucho tiempo. Los hombres Antidependientes son tachados de coleccionistas de amantes y las mujeres Antidependientes de ninfómanas o devorahombres. Simples etiquetas para intentar explicar la mezcla de pasión por la vida y ambición por vivirlo todo que define a este perfil.

Los padres de un Antidependiente suelen ser una familia de lo más formal, buena educación en casa, padres comprensivos y en ocasiones excesivamente complacientes con sus hijos, no tanto por sobreprotección sino por comodidad (que el niño esté contento y no dé mucho la tabarra). Con lo cual, en tu caso, pelear para conseguir las cosas ha dado muy buen resultado. Así aprendes a ser perseverante en tus objetivos y sobre todo a no aceptar un «no» por respuesta. Si no es así, si tus padres fueron estrictos en su educación, entonces tu madre aún debe de estar preguntándose qué hizo mal contigo para que fueras tan desobediente. Nada, pobrecilla. Su único error fue intentar pretender que te mostraras dócil y satisfecho con lo que ella te ofrecía cuando lo que necesitabas era que te apuntara a teatro o baile para que sacaras ahí toda tu creatividad, o bien te apuntara a las colonias de verano para que saciaras tus ganas de relacionarte con el mundo. Si tu padre no entendió qué necesitaba su hijo o bien te dio la espalda o tiró la toalla contigo, entonces tu energía se habrá multiplicado hasta convertirse en una fuerza interior que en ocasiones puede aparecer en forma de una impulsividad desmesurada. He podido comprobar que son los padres, mejor que las madres, los que tienen más facilidad para ayudar a su hijo Antidependiente a regular su energía, siempre y cuando no pretendan reducirla, sino ponerle límites claros a través de una actitud de firmeza y sabiduría que haga que el hijo le admire. Entonces la fuerza masculina y superior del padre podrá conducir la fuerza masculina que caracteriza al hijo Antidependiente (aunque sea mujer) y le ayudará a que esta no se desborde y se convierta en un problema en el futuro

Si eres padre, tu hijo se convierte en un mini-tú. Muchos padres y madres solteros son Antidependientes. Primero argumentan que se decidieron por la maternidad/paternidad en soledad porque no encontraron la pareja ideal (o sea, responsabilizan a lo mal que está el mercado en cuestión de buenos candidatos); cuando son más mayores (y maduros) reconocen que solo con la monoparentalidad podrían haber tenido hijos ya que no están hechos para estar en pareja (o sea, por fin asumen su propia responsabilidad). Por lo general, el Antidependiente no se ajusta a la vida del hijo, sino es más bien este el que se ajusta a la vida de su progenitor. Que tienes un viaje no sé dónde, el niño te acompaña, no pasa nada si pierde clase, ya lo recuperará porque tu hijo, dices, es inteligente (como tú); que hay que mudarse de casa tres veces, no importa, el niño ya se adaptará y tendrá nuevos amigos (como a ti te gusta); que vas de pareja en pareja, no importa, al hijo no le afectará porque lo que quiere es que su papá o mamá sea feliz. Tienes argumentos para cada situación. Eres papá-canguro, en el sentido más literal de la expresión: donde tú vayas, la cría te acompaña. En fin, el egoísmo de un Antidependiente, como puedes ver, no tiene por qué aminorar por el hecho de la paternidad. Eso es así durante los años de infancia del hijo. Cuando llega a la adolescencia sigues observándolo de cerca pero no te inmiscuyes demasiado en sus relaciones y valoras positivamente que disponga de su tiempo y de sus propias actividades (como te gusta disponer a ti). Pero eso sí, el Antidependiente papá querrá ser el amigo confidente a quien su hijo cuente su vida. No en un sentido de convertirse en el único amigo o en el más importante, pero sí en ser uno más de los amigos cercanos del hijo. Para ello, es probable que te conviertas en el padre guay que los demás amigos de tu hijo envidiarán. El divertido, el moderno, el comprensivo. «Haz lo que tengas que hacer, hijo, pero explícamelo». Si no eres muy crítico con lo que te cuente y, sobre todo (toma nota ahí), no eres muy competitivo, tendrás a un hijo-amigo para toda la vida. «¿Vas a subir a los Alpes este finde? Yo ya he estado allí tres veces». Vaaale, ya sabemos todos que nadie te equipara en tus viajes, pero esto no es una carrera, no hagas sentir a tu hijo un enano que no llegará nunca a la altura de su progenitor. No compitas con él, no te midas con él. Mejor mide tus palabras.

Eres mal trabajador en puestos laborales donde debas seguir una normativa y horario muy estricto. Lo tuyo son trabajos con flexibilidad horaria y sobre todo con movimiento: lo de estar detrás de una mesa puede con tus nervios y acabas muy deprimido. Si trabajas por cuenta ajena, eres el candidato perfecto para hacerlo como comercial, relaciones públicas o deportista, porque convencer, conocer a gente y hacer deporte son tus grandes pasiones. Y también eres el candidato ideal para hacerte autónomo y abrir tu propio negocio, porque no es fácil encontrar un trabajo que satisfaga estos requisitos y, reconócelo, por más que lo intentes no consigues adaptarte a las normas que pone otro. Así que, en ocasiones, no hay más remedio que ir por cuenta propia. Y ahí eres bueno, muy bueno. Tu ambición te marcará los objetivos y garantizará tu disciplina a la hora de trabajar. No tener un horario fijo o trabajar desde casa no son inconvenientes para ti como lo podrían ser para otras personas. Tú te organizas y sales a la calle a por todas. Te gusta el dinero (quiero decir más que al resto de los mortales) porque es signo de poder. Aunque luego vayas de generoso y ayudes a todo el mundo o lo derroches en cualquier capricho. No te interesa conservar el dinero, no lo quieres para eso. Lo quieres para mostrarlo, darlo y gastarlo. Porque tú lo tienes y por eso tú puedes. Y porque tú lo vales. ¡Ay, ese ego tuyo! Cómo te quieres… ¡Estas encantado con lo que haces y vives! Libre como un pájaro, el mundo es pequeño para ti. Por eso mismo los Antidependientes sois maravillosos. Sabéis encender la llama de la pasión por la vida hasta en un muerto. Derrocháis energía y alegría vital por todos los costados. Ese es vuestro gran atractivo, por eso es casi imposible evitar caer en vuestras redes y amaros.

Veámoslo ahora en tus respuestas.

«Nadie tiene derecho a decirme lo que tengo que hacer». Es posible que muchos Antidependientes no hayan escogido esta respuesta. Lo entiendo perfectamente, porque suena mal, puede parecer de un egoísmo extremo que la convierte en repudiable. Sin embargo, no tiene nada de vergonzoso y refleja mucho el alma libre que habita en este perfil. No lo expresarás así, pero dentro de ti algo se remueve cuando coarta tus movimientos con un horario, una lista de tareas y ya no te digo cuando te marcan qué debes decir y cómo decirlo. En el fondo, tú te sientes capaz, fuerte y seguro en lo que te propones o tienes por delante y no le ves motivo para que te digan cómo ejecutarlo. Y si no sabes... ¡ya te espabilarás por tu cuenta! Pedirás consejo a quien consideres más digno para darlo o bien te leerás una pila de libros que te lo ilustren. Pero en todo caso serás tú quien vaya a por la información y no al revés. ¡Eres tan autosuficiente! De pequeño ya te lo decían. «Este niño va por libre, le dices una cosa y te la hace, pero a su manera». Eres rebelde, pero no en la tarea, sino en el método. Lo tuyo es experimentar, poner a prueba, ponerte a prueba, medir tus límites o, mejor dicho, comprobar que no los tienes.

Por eso es muy probable que también hayas escogido «*Suelo aceptar mal la autoridad*». Queda reflejado en tu capacidad para el trabajo en equipo. No eres antisocial, ni mucho menos, al contrario. Todo el mundo te conoce, porque te encanta que todo el mundo te conozca. Como dice el dicho, actúas como si no tuvieras abuela: hablas de tus proezas y éxitos con una facilidad pasmosa, no sabes lo que es la humildad, tú mismo dices que detestas la hipocresía y prefieres la sinceridad aunque duela u ofenda. Por eso, en un equipo puedes llegar a llamar demasiado la atención con tus comentarios o robando la palabra a otros. Y cuando te den directrices… Mejor que lo hagan con mano izquierda, que no parezca una orden sino una sugerencia o intercambio de igual a igual. O bien contestarás con una sonrisa de esas encantadoras que sueles tener, dirás «vale, vale», te darás media vuelta y lo harás como te plazca. Y si obedeces, entonces es que admiras mucho a quien te lo ha mandado. Porque esa es otra de tus características, que eliges con cuidado a tus amistades, no entra cualquiera en tu círculo de interés. Vamos, que eres clasista, pero en el sentido más amplio (no me refiero tanto en el socioeconómico, aunque este factor no es descartable). Seguir a alguien, leerlo o tomar con él un café… Tu tiempo es tu libertad y no lo vas a compartir con cualquiera, así que la persona elegida ha sido eso, elegida. Debe tener algo especial a tus ojos para que le dediques tiempo y ya no te digo para que le obedezcas. Si la autoridad no viene en estas condiciones, sencillamente no la aceptas. Queda claro, pues, que en un equipo mandarás sobre ti mismo, no sobre los demás. Por ese motivo, prefieres ser un compañero más y no sueles aceptar cargos de mando, porque eso representaría asumir la responsabilidad del trabajo de otros, cuidar de personas, comprometerse con un sinfín de cosas y, claro, reportarlas a otros mandos superiores que te evaluarán y dictarán y… un momento. ¿He dicho compromiso? Esta es la palabra clave. Compromiso. No te automarginas ni eres un lobo solitario ni nada de eso. Pero compromiso en tu caso tiene matices que hay que subrayar para poder entenderte. Debes tener garantías de continuar disponiendo de tu tiempo, tu forma de gestión, un mínimo de libertad de movimiento y sobre todo que no te estén todo el día encima… Entonces aceptas el compromiso, porque te consideran pero no te asfixian, y así sí que es aceptable. Como jefe, gustarás mucho precisamente por eso, porque no agobias a tus empleados. Pero también incomodarás porque no estás mucho por la oficina y en ocasiones los trabajadores necesitan que les manden o simplemente que haya alguien ahí para preguntar y aclarar las dudas. Y claro, tú no siempre puedes estar, porque has quedado para comer (como casi todos los días), has salido a correr o tienes una clase de pilates (como casi todos los días) o tienes entradas para la última función de moda (como casi todos los días... otra vez). Y llega un momento en que tus trabajadores pueden desesperarse un poco. No pasa nada, seguramente pedirás el traslado dentro de poco porque necesitas explorar nuevos horizontes laborales. Es raro que te mantengas en un lugar de trabajo por mucho tiempo (fíjate, te pasa igual con la pareja), así que la experiencia de llevar a un grupo de personas es probable que no dure mucho (o, al menos, no al mismo grupo de personas) y antes de que puedan quejarse más alto tú ya te habrás ido. Y puntualizo de nuevo, no es que no cumplas con tu compromiso. Lo haces y de forma intensa, excelentemente realizado (porque eres bueno en lo tuyo, tu listón es alto para contigo mismo), pero a tiempos cortos, breves. Mucha calidad en poca cantidad (fíjate, igual que con tu pareja, otra vez).

«Me encanta hablar de mi trabajo y enseñarlo a los demás». Esa es la actitud a la que me refería hace un momento. Tú sabes que dominas en tu terreno, y además eres consciente de que te has esforzado, no es gratis lo que consigues. Y, lo más importante, lo que haces lo haces movido por la más auténtica de las motivaciones, por el más profundo interés y amor a lo que te dedicas. Si no, no lo harías, no malgastarías tu tiempo (ese tiempo que tanto aprecias) en algo que no te llena o colma tu curiosidad. Tú trabajas, estás aquí o haces algo que te piden movido por el placer. Sí, he cambiado la palabra *amor* por *placer*. El placer es un elemento importante en tu vida (de él te hablaré más tarde) porque lo explica casi todo

en ti, el porqué haces la mayoría de cosas y el para qué. Y claro ¡cómo no vas a mostrar al mundo lo que has hecho, eso tan importante a lo que le has dedicado tu precioso tiempo y tu energía! Lo harás con orgullo, sin buscar cumplidos ni un reconocimiento exagerado, lo harás como ejercicio de asertividad personal, un «¡fijaos qué he conseguido!». Y con eso tendrás suficiente, ya te sentirás satisfecho. En una ocasión conocí a un Antidependiente que me dijo que al dicho popular «mi, me, conmigo» le había añadido una palabra más al final, «mi, me, conmigo mismo», porque así enfatizaba más quién realmente era lo más importante: él. ¡Esa es la actitud! Y con esa seguridad, en ocasiones soberbia, te mostrarás al mundo sin reservas.

Por eso es posible que hayas elegido la opción «*No me molesta decir lo que pienso*». Porque crees en la sinceridad y en que la vida es demasiado corta para ir escondiéndose detrás de disimulos y mentiras. Alguien podrá tacharte en algún momento de egoísta, y yo le respondería que sí pero que no a la vez. Sí, porque quieres vivirlo todo en primera persona, en muchas ocasiones incluso por darte el capricho; no, porque no te impulsa rivalizar con otros ni tampoco te falta empatía como para no atender la sensibilidad del otro, sino que te impulsa las ganas de vivir y de probarlo todo, todo y todo. No es avaricia en lo material, es en todo caso avaricia en lo vivencial. Por eso mismo, ¿por qué no hablar claro? Cuanto antes se dejen las cosas claras, menos tiempo perderemos (otra vez tu tiempo). Por la misma regla de tres puedes haber elegido la respuesta: «*Soy claro en mis planteamientos, no hay espacio para las ambigüedades*». O dicho de otra manera: puedes llegar a ser muy tozudo. Se te mete algo en la cabeza y vas a por todas para ponerlo a prueba, ponerte a prueba, conseguirlo. ¡Hay que vivirlo! Y por eso a veces puedes mostrarte algo radical en tus respuestas: sí/no, mucho/

poco, todo/nada. No sueles ser muy enjuiciador y por tanto lo de bien/mal no es algo que te preocupe mucho. Si algo está mal, pues está mal, lo importante es haber sido fiel a uno mismo. Vamos, que tú eso de vive y deja vivir sabes aplicarlo… y sobre todo exigir que lo apliquen contigo. Si estás ligando y de esa persona solo te interesa una noche loca y mañana adiós muy buenas, tú se lo dejas claro al nuevo amigo. «Ya estoy con alguien, pero me apeteces mucho». Ahí va esa. Si eres infiel lo más importante en ese momento es dejarle al otro las cosas claras de que el asunto no va a pasar más allá de esa noche. En pareja te podrán decir muchas cosas, pero no te podrán acusar de no haber sido claro desde un inicio de tus intenciones y de tus expectativas en la relación.

«Prefiero guiarme más por la intuición que por la razón». Esta es buena. Muchos Antidependientes acaban reconociéndolo. No sabes explicar por qué, pero muchas veces te mueves y tomas decisiones por impulsos sentidos a los que llamas intuición. Y la cuestión es que la tienes y no suele fallarte. Mi explicación para esto es que tienes una experiencia vital que daría para llenar dos vidas en otra persona y el conocimiento que has adquirido con tus viajes, intercambios sociales y demás aventuras que has vivido desde muy temprano, sumado a tu inteligencia (que la tienes, independientemente de tu nivel de estudios, no tiene nada que ver con eso, sino con los estímulos que han recibido tus neuronas y cómo estas se han desarrollado consecuentemente, convirtiéndote en un individuo inteligente, listo o perspicaz, llámalo como quieras), nos lleva al resultado de alguien que se huele las cosas, cala a la gente a la primera y se atreve a hacer pronósticos que casi siempre acierta. Y tú lo sabes, lo sientes así por dentro cuando tienes que tomar una decisión. No sueles ser impulsivo, el tiempo siempre juega a tu favor (ya te encargas tú de que sea así) por tanto te mueves rápido, nece-

sitas saber por qué haces lo que haces y eso te obliga a pensar unos minutos antes de tomar una decisión. Sí señor, eso es clave para ti, tú te consultas siempre a ti primero. «¿Quiero? ¿Me apetece? ¿Y qué obtengo yo con eso?». Tus preguntas preferidas. Y hasta que no tengas la respuesta no decidirás. Tú primero sientes el asunto con tu intuición, luego lo meditas con la razón, después lo comparas con el resto de tu agenda y lo vuelves a sentir con tu intuición, por último eliges a alguien como consejero para pedir su opinión y cuando la tienes vuelves a sentir el asunto con tu intuición, le das una vuelta más en tu agenda y por fin tomas la decisión. Eres eminentemente práctico, así que decides lo que tengas que decidir y a otra cosa mariposa. En mi vida como terapeuta solo he visto hacer semejante proceso y con la maestría que se requiere a perfiles como el tuyo, y es para quitarse el sombrero. Eso es conocer la vida y comérsela a mordiscos. Todos debiéramos aprender de ti en este aspecto.

«Mi tiempo es oro, por eso yo decido hacer qué hacer con él». Claro, cómo no. Esta debe ser una de las respuestas más escogidas de todos los Antidependientes. La angustia por el tiempo es el reflejo de cómo amas la vida que tienes, cómo la aprecias, cómo necesitas exprimirla. El lema «no te arrepientas de lo que has hecho sino en todo caso de lo que no has hecho» es posible que en ocasiones lo hayas citado. Es por eso que muchas veces te gusta visualizar tu futuro a largo plazo. ¿Dónde estaré? ¿Qué explicaré de mi vida? ¿Cómo me veo a mí mismo dentro de un tiempo si hago esto? ¡Ay, cuántas cuentas que te pasas! El compromiso que tienes contigo mismo es tan elevado que lo revisas constantemente. Y por eso mismo tu compromiso con los demás es leve, porque el fuerte está ya ocupado, ocupado con el contrato que has firmado contigo mismo que dice que vivas la vida con la mayor intensidad. Y por eso tú pasarás por delante de los demás y tus parejas se darán cuenta enseguida.

He dicho parejas en plural con toda la intención. Porque es muy raro que solo hayas tenido una pareja estable o importante en tu vida. Voy a ser muy franca, pero sobre todo lo que te voy a decir lo voy a hacer con todo mi cariño y respeto, porque no hay nada malo en ello. Tú no estás hecho para vivir una vida con una única pareja. Tus relaciones acostumbran a durar entre cinco y siete años a lo sumo, y con mucho esfuerzo. Amas a tu pareja, incluso sabes lo que es enamorarse, y tienes unos primeros años muy intensos donde parece que os vayáis a fundir (sobre todo en el terreno sexual) pero luego, de repente, ¡puf! Se fue algo, ya no es lo mismo, empiezas a mirar a otras personas, *deseas* a otras personas, pero quieres a tu pareja, pero el sexo con ella ya no es igual, pero la quieres, pero ya has besado a otra persona, ¡por Dios, qué lío! Y esto suele repetirse en cada una de tus relaciones, por eso algunos Antidependientes como tú toman la decisión de no convivir en pareja, de mantenerse juntos pero separados, e incluso muchos que ya conviven en pareja proponen volver a vivir por separado sin deshacer su relación, lo que podría suponer dar un paso atrás pero todo lo contrario, es el paso que necesitan para mantener viva la relación, salvarla de la crisis inevitable que ya sospechan que se avecina, dotándola de aire fresco, necesidad y admiración. La que necesitáis los que sois como tú para sentiros atraído por el otro.

Y es que con el tema de la pareja hemos pinchado un hueso contigo. No es un terreno fácil para ti, admítelo, a no ser que hayas encontrado una pareja que te conozca muy bien y te permita con pocos límites practicar tu particular *way of life*. «En la pareja lo más importante es que ninguno ponga límites al otro». Sip. Justo eso. Dicho de otra manera: donde la corriente os lleve. Así vives tú la relación, con deseo, con intensidad, con pasión, pero a capricho. Me apetece algo, lo cojo. Sin pedirlo. Tu decisión: «Este finde vamos a la nieve». Su respuesta: «No me apetece». Tu contrarrespuesta: «Tranquila, quédate que ya iré yo». De verdad, no exagero. Y es una pasada, porque en otras ocasiones tu pareja estará encantada de sumarse a tus decisiones (digo *decisiones*, no *propuestas*) y os lo pasaréis pipa y ella estará flipando contigo y por supuesto superenamorada. Porque eres increíble, porque eres libre como el viento y generoso con quien se quiera sumar a tus propósitos, pero egoísta hasta el individualismo con quien pretenda restarlos.

Tu estilo de amar es eminentemente lúdico. El lema del anuncio de un famoso refresco de cola lo llevas tatuado en tu corazón: ¡bienvenido al mundo, estás aquí para ser feliz! Así que salgan y disfruten, como diría Cruyff. No eres una persona de apegos, ni en pareja ni tan siquiera con tu propia familia. Los amas, eso sí, pero puedes vivir sin ellos al lado perfectamente (mientras haya wifi para conectarse cuando necesites, que tú la soledad no siempre la llevas bien y necesitas tirar de agenda de contactos de vez de cuando). Y tú sabes que no todo dura para siempre, lo has visto y vivido en tus múltiples viajes, es algo que asumes con deportividad, la vida está hecha de momentos que empiezan y acaban y ya no vuelven, esos no, en todo caso otros, pero aquellos se vivieron y se consumieron. Y que te quiten lo *bailao*. En el amor, por tanto, lo tienes claro: «*En las relaciones de pareja el amor no dura eternamente y tarde o temprano acaba gustándote otra persona*». Esta puede ser tu respuesta y no hay nada vergonzoso en ello, porque visto así es solo una cuestión práctica. Lo viviremos hasta que se acabe, y si no se acaba mejor, y si se acaba, pues qué se le va a hacer. Solo hay un pequeño problemilla: ¿hasta qué punto estás dispuesto a renunciar o a sacrificarte para que no se acabe? ¿Cuál es realmente tu espíritu de compromiso cuando las cosas no se ponen fáciles y empiezan los problemas? A veces te puede resultar muy doloroso ceder en tus convicciones, ya no digo en tus planes. Lo puedes hacer un par de veces, porque excepciones podemos hacerlas todos, pero no muchas más, porque entonces te plantarás y exclamarás una queja que puede ser frecuente en ti: «¡No me agobies!». Tu compromiso en pareja es muy, pero que muy relativo, porque el amor que tienes por la vida y por ti mismo eclipsa cualquier forma de compromiso con otros amores. Aunque luego lo lamentas porque esa persona era importante para ti y además porque ya te ha pasado en otras ocasiones y ves cómo la historia se repite... Y te plantas a los cincuenta años, soltero, y es cuando crees que tienes un problema y necesitas ayuda. No creo que haya ningún examante tuyo que no te recuerde con cierta melancolía y que no eche de menos verte, sobre todo tocarte. Tú amas fogosamente, igual que vives la vida. En la cama eres un todoterreno, lo das todo y lo tomas todo. Los encuentros sexuales contigo son difíciles de olvidar y enganchan... Vaya si enganchan, eso lo sabe bien tu ex, que aunque llegó a descubrir que no eres la persona que encaja con su estilo de vida, era incapaz de soportar el aislamiento sexual cuando intentó dejarte y vivir sin ti (que debió de ser en múltiples ocasiones). Eres un gran amante, un gran amigo, un gran explorador, pero un pésimo compañero leal, porque he dicho *explorador,* y la lealtad y la exploración no son muy compatibles.

En la historia han existido grandes Antidependientes, algunos de ellos artistas y estrellas de cine. El currículum amoroso variado que acumulan algunas estrellas del celuloide no siempre se explica por la complicada vida arriba y abajo que implica esa profesión (esa es la versión oficial). En ocasiones se trata de sujetos que, como tú, viajan por la vida, se enamoran de la vida y de algunas personas que encuentran por la vida, no se cierran a nada y solo bien entrada la edad madura (entiéndase a partir de los cincuenta y cinco) deciden casarse. Solteros de oro, se les llama. Pues eso, Antidependientes. En el terreno de la ficción, el personaje que mejor emula este perfil es el de Indiana Jones. Atractivo, intrépido, seductor, culto, explorador, insaciable por buscar nuevos retos. Si has visto la saga completa, ya sabrás que el hombre acaba casándose con una de sus primeras amantes, que tiene un hijo suyo de veinte años del que nunca se ocupó. Pero su antigua amante y nueva esposa sigue amándole. E incluso el hijo ignorado queda prendado por la grandeza de su padre. Solo cuando Indiana se jubila y cuelga el látigo, se ocupa de buscar una compañera con la que pasar los años que le queden de su vida. Ese es el espíritu del Antidependiente. Todo el mundo se queja de él, pero todo el mundo lo ama.

A veces os llaman injustamente Peter Pan. No estoy convencida del todo con tal comparación, porque el señor Pan es excesivamente crío y juguetón, vive solo en un mundo de fantasía y no creo que le guste ir a la escuela y cultivar su mente. Os llaman así por no poneros la etiqueta de inmaduros a la hora de comprometeros en pareja, y como sois tan juguetones, siempre viajando y en mil actividades, pues os confunden con una criatura caprichosa y... ¡Espera! Salvaría lo de «criatura caprichosa», pero no por la inmadurez de un crío, sino por las ganas de este de vivir mucho, aprender mucho y en poco tiempo, y eso os convierte en sujetos responsables y también comprometidos... aunque mayoritariamente con vosotros mismos.

Cuando un Antidependiente enferma, somatiza. Por lo general, sueles somatizar dos emociones: la rabia y el miedo. Francamente, no las manejas bien. No te gusta admitirlo, pero son emociones frecuentes en ti. ¿Las expresiones «es que no soporto...» o «necesito salir» te suenan? Realmente soportas pocas cosas durante mucho tiempo y llevas muy mal que no te entiendan y no respeten tus necesidades (que al fin y al cabo se resumen en dejarte mucho espacio).

Y eso a veces te llegas a encender por dentro (rabia) y otras veces a agobiarte (miedo). Te ayuda a despojarte de ellas el deporte, sobre todo el que implica contacto con la naturaleza: salir a correr por la playa, hacer senderismo por el bosque, surfear por las olas del mar... Eso te sirve para centrarte, para aflojar tu rabia interior y recuperar la sensación de libertad. Pero si no lo consigues y solo es una sensación de liberación pasajera, somatizarás. Muy probablemente serán problemas musculares por intentar descargar con exceso de deporte lo que debes aprender a solucionar con tu corazón, o bien problemas estomacales ya que no siempre tus órganos digestivos saben depurar y expulsar bien tu rabia. Estate atento a estos dos síntomas si son persistentes. Independientemente de si somatizas o no, tus bajones de energía, cuando suceden, son enormes. No es muy a menudo, pero cuando pasa no te asustes, hasta las pilas alcalinas se agotan tarde o temprano. Se cura durmiendo horas, ya lo habrás comprobado. Te pones de muy mal humor, algo poco habitual en ti (siempre tan encantador), y es porque no soportas apagarte, es una sensación incómoda, pero no tienes otro remedio que despedirte del mundo durante unas buenas horas y dormir a pierna suelta (tú, que con unas horillas de descanso siempre has tenido suficiente). Y si te resistes a ello, prepárate para un buen constipado y eso es rarísimo en los de tu naturaleza, que soportáis el frío de forma admirable (y envidiable) para el resto de los mortales, siempre tan calurosos y ligeros de ropa en pleno invierno. Raramente cogéis un resfriado, así que el día que te veas con la necesidad de un pañuelo, ya sabes, no te resistas más y duerme un día entero, no exagero.

Y cuando un Antidependiente quiere avanzar, se casa. O sea, se arriesga a renunciar a parte de sí mismo por otro. O sea, comparte. Esta es la palabra clave: compartir. Aparentemente eres una persona generosa: dejas tu casa a amigos, prestas dinero a veces sin preguntar, regalas ropa y otras cosas… Vamos, que muy agarrado a lo tuyo no eres. Pero no confundas dar con compartir. Compartir es hacer uso en común. Vivir con amigos en tu piso no es compartir, es dar un espacio pero cada uno tiene su vida. Compartir es llevar un vida en común con otro. El Antidependiente que avanza se ha dado cuenta de esto y seguramente no ha sido de la noche a la mañana, sino que el tiempo le ha servido para verse a sí mismo desde fuera, como espectador, y a calibrar entre sus propios impulsos de probarlo todo con pocas opciones al «no» como respuesta y a hacerlo consensuadamente con otra persona a la que ama, aunque eso represente renunciar a algunas cosas. Al fin y al cabo, se trata de hacer un pulso entre sí mismo y el ego que le hace no tolerar perderse cosas en la vida. El Antidependiente tiene que adiestrar el águila imperial que lleva dentro y lucha siempre por salir a volar, explorar y cazar. Deberá aprender a dejarla ir y otras veces a ponerle la caperuza y retenerla. En su trabajo interior por avanzar, el Antidependiente necesita aprender a compartir y, desde luego, ha de estar al lado de una pareja que le conozca y no pretenda aniquilar del todo su naturaleza sino que esté también dispuesta a compartir parte de ese espíritu.

¿Qué le puedo recomendar a un deportista como tú? Fácil: que seas pinche de cocina. Lo digo en el sentido literal y figurado. En el literal, seguro que no te has resistido a hacer algo de gastronomía, jugar con los fogones y acudir a algún taller súper *chic* de cocina o cata de vinos. Y seguro que se te da de maravilla y así lo habrán podido degustar tus amigos. Pues bien, de vez en cuando, no seas el cocinero, sé el que friega los platos. Deja que te conduzcan, que presuman otros, que luzcan otros, en especial si te parecen personas poco admirables (porque si son admirables a tus ojos el ejercicio no tiene mérito). En el sentido figurado, cede espacio, no solo lo pidas. Lo mismo con el tiempo, cédelo, no solo exijas el tuyo. Haz una actividad donde tu pareja «mande» de vez en cuando y no se midan fuerzas y donde tú simplemente seas uno más. Al finalizar, acuérdate de ser agradecido y piropear al otro. Es su momento, no el tuyo. Te recomiendo que de vez en cuando en tu repleta agenda encuentres un momento donde realizar algo con alguien, de segundón y no carente de ser algo aburrido para tu gusto. No te lo parecerá, pero relajará tu sistema nervioso porque ya no estará en la tensión que requiere estar siempre en activo, con algo excitante que hacer y exhibirse. Hay tiempo para todos: para el otro, para ti y para ambos. Busca el equilibrio entre los tres.

RECUERDA

- Tienes una gran vitalidad, te encanta viajar y hacer deporte.
- Tu encanto y carisma te convierten en un individuo con gran éxito social.
- Te gusta cultivar tu mente y eres selectivo en todo lo que haces.
- El tiempo, y cómo y con quién lo usas, es un valor primordial en tu vida.

PERO...

- ¡Vigila! Te agobias fácilmente con el compromiso.
- Tu convivencia en pareja es marcadamente individualista.
- Te gusta experimentar, por eso tus relaciones no suelen ser largas.
- No te gusta renunciar a nada y por eso llevas muy mal sacrificarte en pareja.

Para conocer el nivel de compatibilidad que tienes con los otros tres perfiles (aunque seguramente ya te lo imaginarás), pasa al siguiente capítulo.

El Crítico

Has obtenido mayoría de respuestas «c».

Tú no eres un romántico, aunque a veces lo parezcas. Tu amor es obsesivo. Te apegas a las personas que amas, te aferras, y tu afán por estar con ellas, que ellas estén contigo, ayudarlas o, mejor dicho, sentirte útil y necesitado/a, hace que te conviertas en un *controller* de tu entorno y, si te descuidas, en un obsesivo/a de los movimientos que hacen los demás (no te cuento de los de tu pareja). Y es aquí cuando empieza a nacer el gigante que llevas dentro. Sí, sí, no te ofendas. Ser un gigante no es tan malo. Tiene sus cosas buenas... y sus cosas horrorosas. No digo malas, digo lo siguiente. Porque eres de extremos. Blanco/negro. Simpático/borde. En ti no hay grises, porque cuando estás de buenas, estás para comerte a besos, eres encantador, sensible, juguetón, a veces casi como una criatura, mimosa y afectiva. Y ahí se te perdona todo, los demás olvidan los agravios que hayas cometido antes y reconocen que eres un diez. Ojalá estuvieras siempre de buenas, porque en este estado eres una pasada. Pero no, esa fuerza bárbara que reside dentro aflorará tarde o temprano. Y entonces que se prepare el mundo.

Vamos a hablar claro: tú eres ley. Lo que piensas y dices, de esa manera como tú lo piensas y lo dices, se convierte en principio absoluto que debe ser seguido. Eres contundente, no te andas con medias tintas. Tus palabras preferidas son «bien/mal», «debes», «siempre/nunca», «ridículo», «adecuado». Como un fiscal que evalúa la existencia o no de un delito, tu sentido crítico es afilado y los demás se preparan para oír tus comentarios (por no decir veredicto) porque ya conocen que eres inflexible. Puedes abusar de la ironía, tu tono de voz suele ser alto y claro, rara vez te han pedido que alces más la voz porque la tuya se deja oír de por sí. Tu expresión facial en reposo refleja concentración y un estado de alerta latente que se manifestará con un entrecejo arrugado o, literalmente, con una cara de pocos amigos, cuando estás en interacción.

En fin, ya ves. Tienes una personalidad que a veces muestra una cara muy dominante y otras, en cambio, muy cuidadora de los tuyos. Y esa dualidad en ti confunde mucho, pero que mucho, a los que conviven contigo. Tanto, que quedan atrapados en un sentimiento de ambigüedad respecto a ti: ahora te aman, ahora te odian, ahora eres el mejor amigo, ahora eres lo peor... Pobrecillos. Tú dirás que no hay quien los entienda, cuando en el fondo no son más que la consecuencia del gigante de dos cabezas que llevas dentro: una muy amable y cariñosa, otra dura y exigente.

¡Y es que te gusta tanto ser el abastecedor de tu entorno! Y no digamos del de tu pareja. Cuidarla, aconsejarla, guiarla e incluso darle alguna reprimenda si es necesario. Lo tuyo es tomar decisiones y liderar el equipo. No te importa tanto que los demás te valoren y reconozcan tu ayuda. No necesitas que te adulen. Lo que necesitas es que te obedezcan. Con eso tú ya te sientes seguro de tenerlo todo bajo control, y esa es la mejor recompensa para ti.

Al grano. En el amor, eres dependiente. No lo parece ¿verdad? Pues lo eres hasta la obsesión. Y la causa no son problemas con la autoestima. Tú no adoleces de eso precisamente aunque en ocasiones puede verse resentida si no consigues lo que quieres, pero en todo caso tu baja autoestima sería consecuencia pero no causa de tu dependencia. Lo que te convierte en una persona de gran apego por lo suyo es la ambición y la necesidad de control que de forma innata te caracteriza. Y eso no lo digo como problema. Es un don. Un don hermoso. Y como todos los dones, si no lo consigues dominar y utilizar de forma adecuada, se puede volver en tu contra. Y ahí es cuando pasas de ser un amigo, a ser un cuidador, y de ser un cuidador a ser un dominador, y de ser un dominador a ser un maltratador. Si controlas tu fuerza, serás un creativo; si no la controlas, serás agresivo.

Cuando una personalidad como la tuya enferma, lo hace con algún trastorno de ansiedad. Generalmente, crisis agudas de ansiedad con o sin pánico. Un día vas por la calle y te falta el aire, te mareas o crees que te vas a volver loco y que no podrás con todo lo que cargas a tus espaldas. Puede ocurrirte de viaje, cuando estás lejos de los tuyos o bien con ellos pero lejos de casa. Tienes algo extraño en el pecho, no puedes relajarte aunque lo intentes. Es posible que hayas descubierto que tomarte una copa te quita todo ese malestar de un plumazo. Has descubierto un ansiolítico natural, el alcohol, pero cuidado que engancha. Si bebes, no lo haces por baja autoestima. Lo haces para calmar el gigante de dos cabezas que llevas dentro, ese del que te he hablado antes. Y para dormir tu dependencia en caso de encontrarte lejos de casa. ¡Ay, sí! No tienes problemas de autoestima. Te conoces. Sabes lo que has luchado contra viento y marea. Sabes lo que quieres y seguramente cómo conseguirlo. Te cuidas. Y la gente sabe que puede recurrir a ti. No es falsa seguridad, sabes lo que vales y por tanto tu autoestima no es tu punto débil. No. Lo es la dependencia. Dependes de lo que ambicionas. Y tú precisamente no eres de los que ambiciona poco… ¡Quién lo diría! Con tu porte, con esa voz, la seguridad que emanas y con ese don de mando que tantas veces usas. Pues sí, puedes llegar a ser un gran dependiente de tu pareja, y cuando eso sucede es que has pasado la frontera entre interesarte por tu pareja y obsesionarte por ella. Ahí es cuando amas tanto que asfixias y acabas asfixiándote también a ti. Notas que muchas cosas dependen de ti, pero es tu ambición la que depende de ellas y por tanto tú. Ahí empieza tu ansiedad.

Por lo general, te gustan los niños y la idea de la maternidad y paternidad te atrae. Eso de ser paterfamilias tiene su punto y te ves rodeado de niños a los que ofrecer una educación y enseñar lo que has aprendido del mundo. Si de verdad te gustan y deseas tenerlos, pasa algo curioso con tu ansiedad, lo he podido observar en multitud de ocasiones con este perfil. Si ya has sufrido ansiedad con anterioridad, puede suceder que esta desaparezca con la llegada de tu primer hijo. Sencillamente, no vuelves a tener esas crisis de ansiedad que en ocasiones sufrías. Y eso es porque te metes en tu rol de cuidador de tus crías y eso ventila de un plumazo cualquier forma de debilidad que pudiera restarte habilidades en tu ejercicio como progenitor. Es posible que esporádicamente sientas algún malestar en forma de agobio difuso, pero ya no aquellas crisis de ansiedad que de vez en cuando te asediaban. Y también puede suceder lo contrario, que nunca hayas sufrido ansiedad y justamente empiezas a saber lo que es con tu recién estrenada paternidad. Esto es signo inequívoco de que has pasado de querer hacerlo bien a querer controlar cada biberón que toma tu bebé. Relájate, o se te empezará a caer el pelo, tendrás jaquecas y no te cuento el mal humor que gastarás. Ahí empiezas a ganar puntos para tu ansiedad y esta vendrá un día cuando menos te la esperes.

Sueles ser un padre o una madre afectuosa, de los que cuidan y procuran que no les falte de nada a los hijos pero no dedican mucho tiempo a jugar con ellos (normal, siempre estáis muy ocupados en vuestra ocupación por ocuparse de todo). Sabes poner normas y hacerlas cumplir. Si lo haces con firmeza, tus hijos te admirarán y se sentirán protegidos con semejante capitán al mando de la nave; si lo haces con dureza, te temerán y por eso, por tu estilo autoritario y el miedo que provocas, te obedecerán. Recuerda, debes saber graduar tu fuerza, porque con ella crearás o bien destruirás, darás alas a tus hijos o bien los limitarás.

Hablando de padres, seguramente los tuyos, o al menos uno de ambos, tenía un fuerte carácter y si me contestas que no, entonces puedes apostar que uno de tus abuelos seguro que era de armas tomar. Tu posición existencial ante el mundo es «algo pasa con los demás (y seguro que no es bueno)». O sea, la manera como por defecto y de forma casi instintiva vives todo lo que te rodea es con una actitud crítica y en muchas ocasiones a la defensiva. Y este impulso a sentir lo que vives así es aprendido, circula por tu familia, y seguro que con ese progenitor o abuelo habrás tenido tus más y tus menos (más menos que más), puesto que con caracteres tan iguales seguro que tuvisteis vuestros encontronazos. «Es que nos parecemos mucho y por eso chocamos tanto». ¿Te suena? Si eres el hijo mayor, el peso de la responsabilidad del primogénito agravó estas características en tu infancia, comportándote en ocasiones como un pequeño emperador. Si eres mujer, es posible que mandaras a tus padres; si eres varón, mandabas a tus hermanos pequeños. «¡Mi hija de ocho años me riñe y me manda lo que debo hacer!», se quejan muchas madres. «Este niño es de pocos amigos y se pelea con sus hermanos como le toquen sus cosas», llegan a decir. Y muchos padres sienten que deben pelear con estos hijos para recordarles quién manda… Si no eres el primogénito, es probable que en tu infancia tuvieras un grupo de amigos o compañeros de equipo muy amplio debido a tu fuente inagotable de energía y las múltiples actividades que ocupaban tu tiempo, pero aun así serías de muy pocos amigos íntimos. Tus dotes de liderazgo resaltaban y tus ganas de llamar la atención también, pero de igual manera tus amigos eran conocedores de tu impulsividad y ganas de mandar y eso no siempre fue de gran ayuda a la hora de conservarlos.

Veamos ahora tus respuestas al cuestionario. Por ejemplo. *«No soporto que mi pareja no me cuente las cosas, no deben existir secretos».* Si has escogido esta respuesta, te define muy bien. Así entiendes tú una relación. Tenéis dos teléfonos, pero a efectos prácticos es como si tuvierais uno. Tu pareja coge sus llamadas pero quien dicta las respuestas eres tú. O bien, ¡ay si responde equivocadamente!: «¿Por qué hablas con esa persona? Tenías que haberle dicho que no. ¿Pero aún eres amigo de ese?». Tu capacidad para hacer sentir tonta a tu pareja no tiene parangón. ¡Tienes las cosas tan claras! Sois una sociedad, un equipo, ¡cuántas veces has dicho eso! Y con un líder muy claro: tú. Por tanto, las cosas se comentan. Todas. Si no es así, puedes llegar a sentirte de lado en esta relación, e incluso traicionado. Por eso mismo es probable que también hayas contestado: *«En la pareja me gusta que el otro se deje cuidar por mí y que confíe en mí plenamente».* Ahí sacas tu lado cuidador, protector, mamá de tu pareja. Dicho así eres su héroe, pero si aprietas mucho te conviertes en el único que tira del carro en esta relación. Y no será por culpa de la pasividad del otro. ¡Es que tú apenas dejas espacio! Lo curioso del asunto es que puedes llegar a cansarte de ejercer de guía en esta relación. Tus consejos sobre cómo llevar la casa, qué hacer y decir a la familia, cómo criar a los hijos, cómo contestar el teléfono… entiéndelo, tu pareja hará lo que pueda/sepa/quiera y que no siempre coincida con tu criterio puede hacerte tener ganas de abandonar… Y ahí, en ese preciso momento, te sientes una gran víctima de esta relación. O, por qué no decirlo, del mundo entero.

Tus bajones anímicos pueden ser de gran calado. «A la mie***a con todo. No sé por qué me esfuerzo tanto». Esta puede ser una de tus frases memorables cuando el estrés te invade. Sentir que lo das todo, sin fronteras, con el máximo de tu generosidad, pero que responden tan poco o ignoran tu ayuda es muy frustrante. Este es tu talón de Aquiles: la tolerancia a la frustración. En tu caso es escasa. Puedes hacer un esfuerzo y respirar veinte veces antes de saltar. Sí, eres capaz de hacerlo. Un par de veces. A la tercera no sabrás, ya será demasiado para tu cuerpo y tu mente. «¡¿Es que acaso soy invisible?!». Eres capaz de gritar. Y todo porque no salió como esperabas o no se hizo como dijiste. Y no me malentiendas: es muy probable que en la mayoría de casos no te equivoques y que tus propuestas sean muy acertadas. Porque una persona con tu perspicacia e intensidad con las cosas no acostumbra a ser una ingenua. Eres inteligente, te gusta cultivar tu mente. Lees, miras, curioseas. Estás en todo. Dispones de mucha información en tu cabeza. Cuando hablas seguro que lo haces con conocimiento. Pero no siempre puedes guiar los acontecimientos. Esto es lo que debes aprender y recordar a lo largo de tu vida. A renunciar.

Si has sufrido alguna crisis de ansiedad, es muy probable que hayas contestado: «*Preparo y planifico los trabajos futuros*». Así eres tú, previsor y seguramente amante de la puntualidad (aunque no siempre consigas serlo, normal con tanto trabajo que tienes). Un ejemplo de esto es si has marcado también esta respuesta: «*Sé qué debo decir y cómo debo actuar en cada momento*». Porque lo tuyo es el control. Y no me malinterpretes, controlar en sí mismo no es malo, al contrario, es algo necesario para que muchas cosas, planes y actividades salgan adelante. Y tú tienes esa capacidad que mucha otra gente quizás no tenga nunca, porque eres exigente con los demás, pero sobre todo contigo mismo, aprietas y te sabes apretar. Tu imagen es importante, pero no por el mero gusto de quedar bien ante los demás. No. Tu imagen tiene más que ver con tu necesidad de mostrar fuerza y conocimiento. O sea, poder. Laboralmente eres un as a la hora de liderar grupos de trabajo, sobre todo a la hora de formarlos desde abajo porque sabes dirigir, orientar… mandar. Otra cosa es cuando debes soltar cuerda y dejar que los demás se muevan, eso puede ser más costoso para ti. Delegarás, porque solo tienes dos brazos, pero tu mente estará puesta en cada una de las tareas asignadas a los demás. Si has marcado «*Soy de los que ayudo y da consejos y advertencias*», entenderás de lo que te estoy hablando. Pero recuerda, tu consejo es un regalo. Deja que el otro haga con él lo que quiera.

«*No admito fácilmente que me contradigan*». Naturalmente. Tú defenderás tu opinión antes de dar tu brazo a torcer. Y si llegas a hacerlo, es posible que en tu interior quede un poso de rencor, bien hacia los demás o bien hacia ti mismo por no haber sido más acertado. De nuevo tu poca tolerancia a la frustración. Eres un gran amigo cuando se está a tu favor, pero un rival feroz cuando se está en tu contra. Si te despistas y no controlas ese ego tuyo, acabas practicando el conmigo o contra mí. Es posible que también hayas escogido la respuesta «*A veces me expreso con tanta determinación que puedo llegar a molestar (o eso dicen)*». Si es así, puedes estar seguro de que lo que dicen es cierto. Sé que no te das cuenta. Tú te guías por tu impulso innato de dirigir y controlar y seguro que lo haces con la mejor de las intenciones y llevado en muchas ocasiones por el amor hacia esa persona. Pero ¡ay! Las palabras que escoges no suelen ser las más acertadas. Eres tan exacto en tus observaciones que las sueltas de esa forma tan franca que raya en el descaro y la falta de respeto. Y claro, eso te lo han echado en cara muchas veces. Tu mente es lúcida, rápida como un rayo. Cuando otros van, tú ya has ido y vuelto un par de veces. Tu aportación es valiosa como fuente de información y como consejera. Es una lástima que la eches a perder por tu (a veces) falta de habilidades en saber comunicarla.

Te ayudará ser flexible, aprender a doblegar tu mente. Toma nota de esto, especialmente si has marcado la respuesta «*Me gusta aplicar las normas, hay que confiar en ellas*». Si convives en pareja, es probable que este gusto por las normas se refleje en tu necesidad de orden y coordinación en la casa. Que tengáis las tareas más o menos repartidas, un horario o unas rutinas en vuestra vida juntos es algo que propones a tu pareja. Estructurar tu tiempo, llevar una agenda, planificar los fines de semana o unas vacaciones con antelación son tu sello personal. Y es magnífico, porque alguien debe hacerlo en una casa, y ese alguien eres tú. Pero ya sabes lo que dicen, que las normas están para romperlas. O superarlas. O vencerlas cuando no han funcionado o no se han podido aplicar. Y sabes que no siempre se podrán aplicar. Y entonces, ¿qué harás? O bien empezar una buena discusión («¿no eres tú el encargado de la colada?, ¡¿pues por qué está todavía sin hacer?!»), o bien aceptar que hoy no haya sido posible y permitir que tus ojos vean lo que preferirías no ver («cuando puedas haz la colada»). En casos así fácilmente entra en juego el uso del tiempo. Este tú lo dominas a la perfección y tan pronto es un aliado que te permite realizarte en múltiples proyectos, como es un enemigo contra el que combatir antes de que se te eche encima. Tu capacidad para usarlo es brutal. No se me ocurre otra expresión. Y cuando digo usarlo lo digo en el sentido más productivo de la palabra. Porque tú siempre estás en movimiento, ya sea tu cabeza o tus manos. El arte de aburrirse es algo que no sabes manejar, reconócelo. Cuando no estás haciendo algo, estás maquinando algo. A veces eso te convierte en un pequeño-gran hiperactivo. Sí, puedes llegar a ser una máquina de trabajar, y seguro que en muchas ocasiones te lo han reconocido como un valor envidiable. En pareja, te encanta organizar planes, hacer maletas, comprar una guía turística y marcar rutas. En casa, en contadísimas ocasiones, te sientas al sofá y disfrutas del televisor plasma XXL que has adquirido (por el placer de haberlo podido comprar, no tanto de disfrutarlo) y es más fácil encontrarte trabajando, limpiando o enganchado al teléfono. Si te ves muy reflejado en esto que digo, es posible que hayas escogido la opción: «*Si no siento que soy productivo, me agobio fácilmente*». Sentir que pierdes el tiempo… ¡Aaag! Esa sensación tan desagradable para ti, que te incomoda hasta el punto de ser de las pocas cosas que pueden comprometer tu autoestima. No lo soportas, te pasas cuentas enseguida. «¿Qué estoy haciendo aquí tumbado/a? Debería estar ocupándome de algo o seré un vago/a (repaso mental a la agenda o a tu mesa de trabajo). ¡Ah! Ya sé, voy a acabar aquello». Y siempre hay un *aquello* de lo que ocuparse. ¡Qué fuerza interior tienes! Por eso digo que eres un gigante. ¡Cómo eres capaz de aplastarte a ti mismo! Siéntate de vez en cuando y disfruta de algo. O sencillamente, abúrrete.

Cuando un perfil Crítico quiere avanzar hay que armarse de paciencia, porque rebajar los dotes de mando a alguien que está hecho para dirigir no es tarea fácil, pero tampoco imposible. El Crítico que va a más es precisamente el que va a menos. Parece un juego de palabras pero tiene todo el sentido del mundo. Verás. El primer síntoma que le indicará que tiene que empezar a hacer cambios en la forma como vive la vida será la ansiedad. El segundo síntoma, serán los conflictos, que casualmente se habrán multiplicado durante el último año. Y el tercer síntoma será el sentimiento de soledad que le invadirá al sentirse ignorado por las personas a las que se esfuerza en ayudar. Esta secuencia de tres fases se habrá repetido en varias ocasiones a lo largo de su vida, no es que a la primera de cambio el Crítico decida plantarse. Pero llega un momento en que se cansa y se cansa de verdad. Pide ayuda a su entorno, su instinto le dice que mejor delegue ocupaciones a terceras personas, que eso le irá bien. Y comprueba estupefacto que no le hacen demasiado caso o no se toman la tarea muy en serio. ¡Claro! Todo el mundo le conoce bien y sabe perfectamente de su autosuficiencia, y que aunque a veces se queje, al final siempre puede con todo y que además lo hace bien. ¡Será posible! ¡Las capacidades y virtudes que le caracterizan ahora son su propia condena! Si este es tu caso, si has llegado a este extremo, tienes una batalla que librar en tu interior porque tú eres tu peor enemigo. La consigna que te doy es que sueltes. Suelta a gente, suelta ocupaciones, suelta sueños, suelta ambiciones. No busques siempre la solución a todo, el orden para todo, la exactitud en todo. Suelta, a veces ya está bien así. A la importancia que le des a algo quítale la mitad, porque lo más seguro es que lo hayas sobrevalorado. Pero suelta con amor, sin desdén. No lo hagas desde la resignación, desde el «si no hay más remedio». Hazlo desde el «te deseo lo mejor aunque no te lo ofrezca yo». Esa es la clave. Sobre todo con las personas a las que no puedes ayudar o cambiar por mucho que te esfuerces. Su destino es suyo, no tuyo. Bésalas y deja que continúen con lo que han decidido. Es algo muy duro y costoso de hacer, sobre todo si las amas y sobre todo si crees que se hacen daño a sí mismas. Pero no está en tus manos curarlas o hacerlas cambiar. Ámalas compasivamente y sonríe cada vez que te respondan de forma equivocada. Igualmente con tus sueños. Tú no sueñas por placer, sueñas para sufrir, para aumentar tu ansia de no tener lo que deseas conseguir. Y así no se sueña… Soñar debe ser un extra de felicidad a la felicidad que ya posees actualmente. Concéntrate, pues, en lo de hoy, gózalo, disfrútalo. Y para ello tendrás que parar, contemplarlo y usarlo. Y solo cuando estés convencido de estar gozándolo del todo (y eso no es una cuestión de horas o días), entonces atrévete a soñar, si quieres en grande (tu ambición no sabe hacerlo de otra manera), pero poco. No hagas cadenas de aspiraciones, que ya sabemos que una lleva a otra, que lleva a otra... En fin. Ves de una en una. Y párate, disfruta hasta donde la hayas obtenido. Así está bien. Rebajar, renunciar, soltar. Estas son tus palabras. Y te aseguro que aun con ellas, harás cosas grandes. ¡Es inevitable, está en tu naturaleza! Así que no temas y practícalas.

A ti te va de perlas realizar alguna actividad que implique silencio. Seguro que no la soportarás o te invadirá la pereza cada vez que te propongas practicarla, pero justamente ahí está el asunto, en que la incorpores por la fuerza a tu esquema de funcionamiento habitual. Por ejemplo, meditación zen (unos minutos por la mañana te ayudará a cortar la cadena de pensamientos obsesivos y el mal humor que gastas a esas horas), pilates (para doblegar tus músculos y tu mente) y piscina (sobre todo si te sientes con falta de cariño, el agua te calmará). Refuerza tu musculatura, que tú tiras de mucha gente y tus bíceps deben saber aguantar peso, así que practica musculación (no te pases, pero sé muy constante, tus cervicales te lo agradecerán). Y, por último, escucha música clásica, contempla el mar o el campo, inunda tus sentidos de belleza y no hagas nada, solo mírala, deja que te invada y llénate de positivo.

RECUERDA

- Eres mentalmente muy rápido y perfeccionista.
- Te gusta cuidar de tu pareja y de la familia.
- Tienes espíritu competitivo y gran capacidad de liderazgo.
- Necesitas impresionar a tu pareja y sentirte ganador ante los demás.

- ¡Vigila! Tu fortaleza puede convertirse en agresiva si no la controlas.
- En pareja eres demasiado inflexible y eso dificulta la comunicación contigo.
- Eres muy cariñoso y otras veces muy exigente con tu pareja y eso la confunde mucho.
- Te cuesta disfrutar de lo que tienes y eres proclive a sufrir ansiedad.

Para conocer el nivel de compatibilidad que tienes con los otros tres perfiles, pasa al siguiente capítulo.

El Ponderado

HAS OBTENIDO EMPATE EN LAS RESPUESTAS «a», «b» y «c».

Es extraño que alguien haya sido siempre de perfil ponderado. Aunque no te lo parezca, es muy probable que más que *ser* ponderado, te hayas *convertido* en ponderado. E incluso en el caso de que seas de este perfil «por naturaleza», tengas cierta tendencia si te descuidas a acercarte a alguno de los perfiles que he comentado anteriormente. En cualquiera de ambos casos, no debe resultarte muy difícil adivinar qué otras respuestas hubieras escogido si hubieras hecho el cuestionario en otro momento de tu vida, en tu juventud, por ejemplo, o si tus circunstancias personales actuales fueran distintas. Que sepas esto es de mucha utilidad ya que te ofrece una perspectiva de cuál ha sido tu evolución como persona, para qué te programó tu familia y qué situaciones en tus dinámicas relacionales son las más peligrosas para ti.

Ni eres una persona controladora de tu pareja, ni necesitas continuamente que te demuestren cuánto te quieren, ni tienes alergia al compromiso. Has recogido los aspectos más atractivos de cada perfil y eso hace que puedas compatibilizar tu autonomía con la del otro mostrando valores como el diálogo, el respeto y la lealtad. La persona que esté a tu lado tiene la oportunidad de aprender algunas actitudes de ti e incluso crecer como persona. ¡Eres un regalo! Pero, recuerda, ese no es tu cometido y en ocasiones puedes verte atrapado en la resolución de conflictos ajenos de los cuales seguro que sabrás librarte a tiempo antes de que se compliquen más, pero pagarás el precio de pasar por una persona frívola o superficial ante la mirada de tus amigos o de tu pareja.

Y es que a ti no te interesan los corrillos ni cotilleos, has aprendido a pasar de ellos. No sueles jugar a entrar en las provocaciones de otros, e incluso es posible que los mires compasivamente, cosa que acabará por sacar de quicio al provocador ya que eso te hace parecer raro, como con un aire de superioridad, debido a la seguridad con la que te alejas de la partida. No, a ti no te van las relaciones complicadas ni la gente tóxica y sabes no caer en sus redes. Aun así, no te creas, no siempre llevas muy bien tolerar la frustración que supone observar la mezquindad de otros, especialmente si has intentado hacerles entrar en razón. Por eso no has tenido más remedio que aprender en muchos casos a mirar y sonreír. Nada más (y nada menos).

Tu tono de voz es pausado y sueles abusar bastante de las preguntas, así te aseguras de no juzgar y también de no meter la pata. Prefieres pasar por tonto que por arrogante, así que preguntas de nuevo. Tu mirada es directa pero no intimidatoria, ya que te gusta escuchar con los ojos más que con las orejas. A veces respondes rápido pero otras veces prefieres consultar con la almohada y contestar al día siguiente. Sabes comprometerte pero también sabes romper un compromiso si te arrepientes o cambias de opinión sin sentirte mal por ello. Ser honesto con los demás y contigo mismo es un valor importante para ti, por eso serás franco y dirás la verdad aunque duela. Mentir para ti es esconderse, y eso es algo que aprendiste con el tiempo a dejar de hacer. Como veremos más adelante, tú tienes una buena autoestima, por lo que sabes afrontar tu error o la culpa dignamente sin necesidad de taparlos.

Si eres muy joven (pongamos no más de veinticinco años) y tienes un perfil ponderado, te consejo que luches por mantenerlo a pesar de los golpes que recibas en tus relaciones personales y profesionales (y créeme, los tendrás, o si no es que no estás viviendo). Que el odio, el impulso de venganza o la tristeza por lo que pierdas no te hagan tambalear y tomar otra posición ante la vida y las personas. Déjalos ir de tu cabeza y de tu corazón y mantente. Si tienes una edad más madura (alrededor de los treinta y cinco años), es posible que seas un Ponderado «convertido». Un perfil Sumiso, Crítico o Antidependiente de origen «venido a más». Bravo por tu trabajo. En este caso, es probable que en el pasado hayas tenido algunas disputas con tu familia, bien con ambos padres o con uno de ellos. Si tienes unos progenitores expertos en chantajes emocionales, entonces las peloteras con ellos habrán sido monumentales, ya que en su momento debías caer en tales chantajes hasta que tuviste la fuerza suficiente para dejar de hacerlo ante la mirada atónita de tus padres. Primero les plantabas cara. Luego ya no. Eso puede haberte comportado un alejamiento temporal por parte de ellos por desleal, por traidor, por mal hijo (a sus ojos, claro está). Sé paciente. Si vuelven, no esperes grandes cambios en ellos, más bien proponte verlos en ti, estate preparado para encajar sus comentarios, su incomprensión, en fin, todo eso que ya conoces de memoria. En este tipo de relaciones familiares funciona muy bien el principio «menos es más»: contacto breve y espaciado en el tiempo, buena calidad en la relación. No te preocupes, todo el mundo acaba acostumbrándose porque funciona.

Una forma de conocer cuál ha sido tu perfil de origen es a través de tu estilo de crianza. Como educador se te notará la programación recibida por tus padres, aunque la hayas pulido en tu vida adulta. Es inevitable, porque cuando criamos nos sale el niño criado que llevamos dentro. ¿Te suena la expresión «¡ay, ya hablo como mi madre!» o «¡le grito como lo hacía mi padre!»? Pues eso. Como padre lo debiste de hacer regular aunque con la mejor intención con tu primer hijo. Allí se te notó de qué modelos parentales comiste de pequeño e inevitablemente los proyectaste en tu faceta como progenitor. Tomaste nota, seguro que lloraste tus errores porque te horroriza ver que cometiste los mismos que antes sufriste tú como hijo y por eso aprendiste a no volver a repetirlos con el segundo hijo. Algunos padres como tú reconocen sentirse más satisfechos en la educación del segundo que del primogénito.

Conoces a mucha gente, pero es posible que tengas pocos amigos íntimos, no le confiesas tus pensamientos más profundos a cualquiera y si antes lo hacías ahora ya no. Pero el diálogo sigue siendo una práctica muy importante para ti, por eso has avanzado en tu crecimiento interior, gracias al diálogo con algunos maestros que has encontrado en el camino y a los diálogos que has mantenido contigo mismo. Seguramente conversar con calma con un amigo tomando algo sin prisas sea uno de tus pasatiempos preferidos. Temas tan diversos como la política, la naturaleza humana o el universo te deleitan. Es normal, si eres un Ponderado «convertido» tiene que interesarte el funcionamiento de la mente, la gente, las culturas y los misterios de la vida, porque profundizando en ellos profundizas en ti mismo.

Eres como Hermes, el hijo de Zeus, el mensajero, el amigo de todos, el viajero que ayuda a las otras almas a avanzar por la vida y llegar a un buen final. La gente acude a ti para pedir consejo, porque aunque no seas muy docto en una materia saben que pueden contar con tus orejas para ser escuchados y con tu lealtad para no ser traicionados. A veces te sientes como un paraguas, solo se acuerdan de ti en caso de necesidad. Porque, a ver, tú estás bien, te manejas bien solo, sales triunfador de los sitios ganes o pierdas, te vayan bien las cosas o no.

Y eso tu gente lo ha descubierto hace tiempo, es posible que en ocasiones te hayan dicho que no han conocido a nadie con más suerte que tú, a lo que tú te ríes. ¡Si ellos supieran! Lo tuyo no es suerte, es tenacidad y aprendizaje, mucho aprendizaje. Por eso no siempre están ahí cuando los necesitas, no cuentan con que un día tú puedas ser el necesitado, incluso es algo que les pueda sorprender e incluso a alguien le pueda agradar. ¡Por fin tienes una desgracia! ¡Eres humano como el resto! Qué graciosos… Y de ahí viene tu sentimiento de soledad. Pero incluso eso pasará rápido, lo tuyo no es acomodarte mucho tiempo en la autolástima, dos días como mucho y a empezar de nuevo. Y eso es porque tienes una buena autoestima. Esa sobre todo es tu clave. Y una buena autoestima es algo que se fabrica con los años, o sea con la experiencia: si has tenido una buena crianza, tienes unos cimientos que valen oro y la construcción de tu autoestima habrá tenido sus golpes fuertes pero sin provocarte una gran desorientación existencial. Sin embargo, si tu crianza ha sido dura, bien porque tus padres se ocuparon poco de ti, bien porque alguno de ellos te abandonó o bien porque tu familia viviera alguna desgracia (una enfermedad, un accidente, una crisis económica severa), tu autoestima es fruto sin duda de un trabajo interior no exento de grandes crisis personales y de su consecuente angustia hasta que aprendiste a resurgir de tus cenizas cual ave fénix. Esta es la autoestima de un superviviente. Y se te nota. Es lo que los otros te notan, por eso acuden a ti, a eso me refería antes. Quien te mire no sabe describirlo, pero nota las tres «P» que has cultivado en tu interior: PERMISO, POTENCIA y PROTECCIÓN. PERMISO: te los das todos. Permiso para probar, equivocarte, reír, hacer el ridículo, llorar, odiar, amar. Te das permiso para sentir lo que sientes, porque sabes cómo te sientes sin bloqueos y aceptar el sentimiento por más feo que sea (si estás enfadado no pretendes disimularlo, te lo reconoces, qué remedio, e informas a los demás). Te das permiso para asumir riesgos, sobre todo en el plano del amor. Con cabeza, no eres un kamikaze, tú no te engañas a ti mismo y no esperas milagros, tampoco pretendes hacer magia y cambiar algo o a alguien. Pero si crees que una relación tiene posibilidades y está a tu alcance y la deseas, irás a por ello aunque te cueste el mayor de los ridículos. Porque el permiso para el ridículo también te lo has concedido. Sabes lo que eres y quién eres, te importa, pero no te afecta hasta bloquearte, lo que opinen los demás. ¡Que hablen si quieren hablar! No necesitas controlar la opinión pública de los otros sobre ti y aceptas con bondad que no puedes gustar a todo el mundo y que muchos se equivocarán contigo de forma inevitable.

Tienes POTENCIA, no sueñas con pajaritos, tú sales a cazarlos. Te administras bien el tiempo, no te consume una gran ambición, por eso no sufres de angustia, porque ya sabes y aceptas que no puedes tenerlo todo. Pero lo que encuentras justo y viable en tus coordenadas tiempo-espacio vas a por ello con muy poca dilación. Tienes energía. Mucha. «¿De dónde la sacas? ¿Cómo llegas a todo?». Te preguntan muchos. Uno: «Llego a todo porque no me lleno la agenda». Dos: «Saco la energía de mi cabeza». ¡Sí, señor! Tu mente es tu fuente (bueno, es la de todos, solo que tú has aprendido a sacarle más partido). Y pones tu energía, tu corazón y tu tiempo en lo que decides. Conocí a una mujer de perfil Ponderado. No siempre lo había sido, esa mujer se hizo a sí misma. Me explicaba que su truco era el calor/frío. «Corazón caliente, mente fría —me decía—. Cuando hago algo, le pongo amor, como si fuera lo último que hiciera en mi vida porque tuviera que morirme al día siguiente. Pero lo hago con cerebro, nada de locuras ni fantasmadas, sino con exactitud y técnica, hasta donde las posibilidades reales me indiquen». Yo la escuchaba embobada. Escuchar y aprender de un Ponderado es un placer, un auténtico lujo. Sois unos maestros de la vida y las relaciones.

Eso no os vacuna contra los problemas, los tenéis como el resto de los mortales, pero sabéis enfocarlos de manera que no se conviertan en grandes losas. Ahí está la Protección. Porque un perfil Ponderado sabe sobre todo protegerse. No lucha contra el tiempo ni contra la mente ajena. Acepta el tiempo que usa y el que pierde y no se inmiscuye en los asuntos del otro, y cuando está metido en alguno de ellos no le importa renunciar a que le den la razón o salir victorioso. Si prevé que será algo arduo lo suelta y deja que el otro continúe con su destino. Le dará un buen consejo, pero no proseguirá en su intento por solucionar el tema pagando el precio de una gran disputa que se puede ahorrar. De esa manera demuestra su compromiso, con un apoyo cercano o bien distante, interviniendo activa o pasivamente a través de su respeto por las decisiones ajenas, sean de su agrado o no. Esa es su manera de preservarse y preservar a los demás.

Y ahí no queda la cosa, aún hay más. Te distingues de los otros perfiles porque tu autoestima es mejor que la del Sumiso; tu autonomía es superior a la del Crítico; tu autenticidad es mejor que la del Antidependiente y el Crítico juntos y tu altruismo es mucho más generoso que el del Antidependiente. Tienes las «4A» que convierten a un individuo en un perfil ponderado. La AUTOESTIMA se refleja en tu capacidad para reconocer tus méritos y tus límites, tus puntos fuertes y aquellos que debes mejorar. Sin pudor ni falsa humildad. Eso es porque te has dado el permiso para aceptarte como ser único que eres y mostrarte antes los demás con tus cualidades y defectos. Ole tú.

Te has percatado de que estar bien o mal depende de ti mismo y no de los demás. Ahí radica tu AUTONOMÍA, la que no son capaces de desarrollar tan brillantemente los demás perfiles. En algunos momentos has podido llegar a la conclusión de que tú decides cómo encontrarte en ese momento, notas que tienes ese control sobre tu estado de ánimo si te lo propones. De igual forma, en ocasiones es posible que hayas sentido cierto egoísmo al pensar que la mejor manera de ayudar a los demás es encontrándote tú bien y por eso decides invertir primero en ti y luego en los demás. Ese es el síntoma clave de quien toma el control de su propia vida sin dejar de considerar al resto, pero a la vez sin entrar en dilemas sobre lealtades con otros.

Y la suma de tu autoestima con tu autonomía da como resultado que aspires a ser aceptado por los demás tal como eres, de forma espontánea. Por eso la sinceridad es importante para ti, no solo en pedirla en los otros sino sobre todo en serlo tú. Hablar de tus sentimientos abiertamente, decir de forma clara lo que te apetece o no sin temor a crear un conflicto y sin sentirte culpable por ello. Eso es el don de la AUTENTICIDAD. Y nadie te gana en eso, ni siquiera el Antidependiente en su necesidad de ser sincero y sentirse libre. Porque en tu caso, ser auténtico no está reñido con comprometerse con algo o alguien, tienes un cuidado desinteresado por el bien ajeno que hace que seas generoso al dar tu tiempo y energía. Y lo harás con benevolencia, no por el placer de ser amado o por la necesidad de ser agradecido con los demás o para el cumplimiento de algún precepto social sobre la importancia de ser personas generosas. Lo harás porque sí, gratuitamente. Es tu forma de amar natural. Eso es el ALTRUISMO con mayúsculas y practicarlo es un arte nada fácil, pero para el que tú tienes mano izquierda.

Ya he comentado que estás conectado a tus emociones. Mente y corazón se coordinan, les ha costado lo suyo hacerlo pero cada vez se consultan más el uno al otro. No tienes emociones prohibidas, quizás en un pasado, pero ya no. Tú te permites sentir y expresar las negativas como una cuestión de derecho y las positivas como un placer y un regalo a los demás. Si notas que tienes alguna resistencia a sentirte triste, es tu pasado como exAntidependiente que aún se agobia cuando siente que algo no va bien en su vida; si no llevas bien sentir miedo y lo niegas, tu perfil como exCrítico te juega aquí una mala pasada pretendiendo hacerse el duro; y si te resistes a sentir rabia o indignación, es tu lado exSumiso que sigue sin querer enfrentarse al conflicto y parecer violento. Vigila de cerca la sombra de la que fue tu emoción prohibida, aquella que de vez en cuando te avergüenza sentir y expresar, y dale fuerte a tu trabajo interior, acaba de integrarla dentro de tu esquema, no la dejes fuera. Muéstrala, pero ahora no te pases y aprende a modular su volumen para no sacarla a lo loco ni tampoco hacerla muda. Lo mismo sucede con los puntos débiles de tu cuerpo, ahí donde va el dolor cuando algo no va bien en tu vida. Tú escuchas tu cuerpo y tus emociones, lo haces sin filtro, sin modificar nada, mirar por mirar, para conocer qué te está pasando, alterando o preocupando realmente. Por eso es raro que somatices en exceso. Las jaquecas vienen de tu dificultad por pasar a la acción en recuerdo a tu vida como exSumiso; el dolor de cervicales te recuerda tu tendencia a seguir tirando del carro, como hacen los Críticos; y los dolores de barriga tu miedo a sentirte atrapado, como les sucede a los Antidependientes.

En pareja, sabes mantener el equilibrio de la relación porque tu gran don es la empatía. Empatizas con tu pareja, en concreto con sus problemas o dificultades. A veces los juzgas de estúpidos si los encuentras inverosímiles, pero, a grandes rasgos, puedes entender su sufrimiento porque le has tomado muy rápido la temperatura a tu pareja y ya sabes de qué pie cojea, por qué, cuáles son sus valores y cuáles sus mejores remedios. Y la puedes entender porque una vez tú los compartiste, tú fuiste como es ahora tu pareja y sabes lo que es sufrir de eso. Si en un pasado fuiste de perfil Sumiso, entenderás muy bien a tu pareja si es Sumisa y la empatía os unirá. Lo mismo si estás con un Crítico o un Antidependiente y tú también viviste ese perfil en el pasado. Serás bueno con ellos, paciente, incluso cómplice con sus ocupaciones y preocupaciones. Como verás en el próximo capítulo, tu nivel de compatibilidad con el resto de los perfiles es medio, que puede convertirse en bajo si el perfil de tu pareja es muy puro y por tanto sus rasgos son muy acusados y de difícil cambio, o puede convertirse en alto si su perfil no es muy radical y puede aprender algo de la convivencia contigo. Ojalá sea así.

RECUERDA

- Tú te das todos los PERMISOS, no necesitas pedírselos a nadie.
- Tienes POTENCIA por ti mismo, no dependes de nadie.
- Tienes PROTECCIÓN, te responsabilizas de ti mismo con respeto.
- Tienes AUTOESTIMA y AUTONOMÍA.
- Eres AUTÉNTICO, lo que haces es lo que sientes que es lo que piensas.
- Eres ALTRUISTA, sabes ser empático y generoso en la convivencia.

2

LAS COMPATIBILIDADES ENTRE PERFILES

Bien, ya conoces cuál es tu perfil de personalidad. Ahora solo queda que sepas el de tu pareja (que ya debes sospechar) y consultar el siguiente cuadro para conocer vuestro nivel de compatibilidad. Luego busca y lee la descripción de vuestra convivencia y los consejos que os doy.

NIVEL DE COMPATIBILIDAD ENTRE PERFILES				
Perfil de personalidad	Crítica	Sumisa	Antidependiente	Ponderada
Crítica	Bajo	Alto	Bajo	Medio
Sumisa		Bajo	Bajo	Medio
Antidepen-diente			Alto	Medio
Ponderada				Alto

Crítico + Sumiso = los opuestos se atraen

En efecto, vuestra compatibilidad es alta. ¿Sorprendidos? Pues aún no os he dicho lo mejor: si aprendéis a limar vuestros defectos más destacables, podéis ser una pareja que celebre sus bodas de oro. La explicación es muy sencilla: os necesitáis el uno al otro. Ambos sois muy dependientes y eso se os acaba notando por muy mal que lo llevéis a veces, porque siempre uno de los dos acaba buscando al otro. Ambos sois también muy familiares y sería raro que no coincidierais en el proyecto familiar que cada uno desea. Por eso cuando estáis bien, estáis *muuuy* bien, lo que hace que os olvidéis de los malos momentos y os acordéis de por qué estáis juntos. Pero cuando estáis mal… también estáis *muuuy* mal y os vais al extremo opuesto, porque lo vuestro es cuestión de extremos, sin término medio. Y eso, justamente eso, encontrar el punto medio en vuestra dinámica relacional, es lo que tenéis que aprender a conseguir. Si no, iréis como un péndulo, de un polo al otro, y eso agota y mucho. A veces una pareja como la vuestra, aun queriéndose, se separa por agotamiento. Si llegáis a ese extremo, os habréis sacado lo peor de vosotros mismos, es decir, el Crítico será más crítico que nunca y el Sumiso más sumiso de lo que nunca fue. Ojalá no lleguéis nunca a ese punto porque entonces sí que es de difícil arreglo.

La posición existencial del Crítico dentro de la relación, o sea la manera como vive y entiende todo lo que sucede, es de «yo tengo la razón y tú te equivocas». Dicho así suena muy radical, pero realmente es aplicable a cualquier cosa que percibe este perfil. Siempre tenderá a sentir que su aportación dentro de la pareja y la familia es la mejor y más acertada, mientras que los otros no lo llevan tan bien como él y necesitan su ayuda. Eso se nota enseguida cuando intentáis realizar una actividad conjuntamente. ¿Habéis probado a hacer un taller de cocina juntos? ¿O echaros una partida de parchís o cartas? ¿O sin ir más lejos, ir juntos a comprar algo para la casa? ¿Quién es el que acaba cogiendo el liderazgo de la situación (o sea, mandando)? ¿Y el que lleva peor perder? ¡El Crítico, por supuesto! Ahí se nota qué postura es la que por defecto y de forma general adopta este perfil ante la pareja y los acontecimientos.

Por el contrario, la posición existencial del Sumiso en la relación es de «yo no sé, y en cambio tú sí». ¡Combinación perfecta! ¿No creéis? Otra muestra de vuestra compatibilidad. El Sumiso, en su falta de energía y necesidad de obtener todas las aprobaciones de su entorno antes de tomar una decisión, acaba cediendo el paso a su pareja para no asumir riesgos y evitar cualquier forma de conflicto. El mejor-hazlo-tú-y-yo-te-sigo es la excusa perfecta para pasar toda la responsabilidad a su pareja y encima quedar bien. A veces esta posición del Sumiso se maquilla en forma de ingenuidad, pero es exactamente lo mismo. Recuerdo una mujer Sumisa cuya pareja, un hombre de perfil Crítico, tenía una manía: que no bebiera alcohol cuando saliera con sus amigas. La cosa tiene su gracia, ya que ella nunca bebía alcohol, pues no le gustaba, y sin embargo él insistía en que le prometiera que no bebería si no estaba con él. Ella accedió y se lo prometió. «A mí me daba igual, yo no bebía nunca, aun estando con él, así que qué más me daba hacerle una promesa tan fácil de cumplir para mí», se justificaba. Su pareja Crítica conseguía así apaciguar sus miedos a que ella le fuera infiel en el fragor de una fiesta con alcohol (seguramente algo que él mismo había hecho), y ella, de un modo ingenuo, acababa de acceder a que él decidiera qué era lo más conveniente para ella. Así que, a pesar de la aparente inocencia de tal petición, eso le causó a la Sumisa una incomodidad que no supo explicar hasta que tuvieron la primera crisis importante de pareja. Entonces, haberle pedido que hiciera esa promesa fue lo primero que ella le echó en cara. Injustamente, pues al Sumiso ya le va bien sentirse guiado por su pareja, aunque, claro, luego puede pasar que, según el resultado, se rebele. Pero de eso hablaré más adelante.

Es muy fácil detectar a una pareja formada por el binomio Crítico-Sumiso. Cuando entran en mi despacho, el Crítico es el primero en sentarse, tomando así el control de la situación. De igual manera es el que toma primero la palabra para dejar claros sus argumentos y su punto de vista. Si puede, me pide una entrevista a solas antes de acudir con su pareja, de esa manera hace un acercamiento previo al terreno que le ayuda a sentirse en ventaja aunque lo justifique diciendo que es para adelantar trabajo. El Crítico es competitivo, no puede evitarlo, y cuando acude a una terapia de pareja puedo estar segura de que con quien está compitiendo duramente es con su pareja y pretenderá a toda costa quedar como vencedor a ojos del terapeuta. Si no lo consigue, pasarán dos cosas: o bien aprenderá algo o bien abandonará la terapia. No hay vuelta de hoja. En cambio el Sumiso suele sonreír al terapeuta y así intentar ganar su afecto, depende de cómo actúe su pareja puede pasar auténtica vergüenza ajena y suele callar parte de su opinión, lo que me obliga a entrevistarme a solas con él para conocer realmente lo que piensa. En sociedad, ante un grupo de amigos, suele ser de la opinión de la mayoría o bien del último que ha hablado. Si está de cena con unos amigos, pedirá el plato que la mayoría ha elegido y se sumará a los planes que hayan decidido los demás, con la excusa de que se adapta a todo o que no conoce el lugar. De esa manera esconde su dificultad para preguntar y solicitar información, expresar dudas y, sobre todo, se evita crear algún conflicto. Y encima queda bien, porque ¿a quién no le gusta un amigo que raramente causa problemas?

Ahora vayamos paso a paso. Empecemos por la parte más dominante, el perfil Crítico. Supongo que no te extrañará que me haya referido a ti como el dominante en la relación. Tú eso ya lo sabes. Tienes tanta fuerza y trabajas tan rápido que obligadamente tiras de la relación y de la vida de todos los integrantes del grupo familiar. Y si tu pareja no te sigue el ritmo (y no te lo sigue seguro) te exasperas de lo lindo. Recuerdo a Jaime, un Crítico que cuando llegaba a casa y veía que su mujer, una Sumisa con la baja maternal cuidando al bebé de cinco meses, no había sido capaz de poner en orden la casa, le hervía la sangre. «No hace nada en todo el día, está con el niño en casa, ¿cómo es incapaz de recoger aunque sea un poco la cocina? ¡Son solo diez minutos!». Bueno, diez minutos contados de tu reloj. Tú haces las cosas en un plis plas, con una energía que más que ordenar los cacharros parece que los mandes. ¡Hala, todos a sus puestos! Y lo haces bien, desde luego, el problema aparece cuando pretendes que tu pareja Sumisa haga lo mismo, por eso uno de los puntos de enfrentamiento más comunes en parejas como la vuestra es el orden y las tareas de la casa. ¡Madre mía, la que se puede organizar por una silla, chaqueta o vaso fuera de lugar! Debes reconocer que no es para tanto… Tus manías obsesivas con el orden pueden hacer que tu pareja Sumisa te coja primero miedo y luego manía. Aunque hayas observado que las cosas funcionan mejor cuando tú te ocupas, e incluso tu pareja te lo llega a reconocer, afloja con tu dominio del territorio, no puedes hacerte con él como si solo fuera tu casa. La pareja de Jaime se justificaba ante las críticas de él argumentando que no se atrevía a hacer nada en la casa porque seguro que no sería del agrado de él. Si limpiaba la cocina, Jaime se fijaría en que no había ordenado el comedor, y así con todo. Tenía razón. La pareja Crítica puede llegar a ser un evaluador de primera, de los que son un hueso y raramente aprueban a la gente. ¡La mayoría de las veces suspendes a todo el mundo! ¡Y aún esperas que estén agradecidos! El resultado es que los que viven contigo pueden llegar a decir que esa es *tu* casa y no la de ellos. Como cuando se les dice a los hijos esta es mi casa y aquí se hace lo que yo diga, pues lo mismo pero con tu pareja. «Jaime ocupa todo el espacio, incluso cuando está en el trabajo sigue ocupando todo el lugar y yo actúo en consecuencia, no libremente», me contaba su pareja Sumisa.

Con razón cuando hay un problema en la familia acuden a ti, porque pones a la gente firme. ¿Que hay que pegar un grito al niño para que coma? Tú lo harás. ¿Que a tu pareja le ha faltado al respeto alguien de su familia? Tú la defenderás. Puedes llegar a ser un verdadero guardaespaldas de los tuyos, un auténtico protector. Un león. Eso está bien cuando te lo pidan, el problema es que lo haces sin que te lo hayan solicitado. Y entonces te haces muy pesado en tu exceso de intervención. ¡Intervienes en todo! ¡Te metes en todo! En conversaciones de tu pareja con otros al teléfono, con sus padres, con los hijos. Y la mayoría de las ocasiones para hacer una observación crítica, con lo cual, más que ayudar, a veces complicas más el asunto metiéndote en medio. Si eres hombre, te habrán llamado machista. Seguro. Y si eres mujer, te habrán llamado celosa o posesiva. Normal. Debes aflojar en tu pretensión por controlarlo todo y sobre todo en tu tendencia a subrayar siempre el lado negativo de las cosas y no el positivo. De esta manera, solo conseguirás que tu pareja Sumisa te vea como un profesor amargado que regaña constantemente, más que el amante confiado y protector que en un inicio vio en ti.

Los amantes Críticos soléis ser muy cariñosos al principio de la relación. Sabéis seducir mostrando esa seguridad y rotundidad que os envuelve como un halo. Eso a tu pareja sumisa la prendó enseguida. Y tú te prendaste de la manera cómo te miraba, de la consideración que te tenía, de cómo acudía a ti para confesar sus secretos, pedir tu consejo y solicitar tu ayuda para tomar alguna decisión. Que te convirtiera en un referente en su vida hizo crecer tu poder interno y fue entonces cuando el yin de uno con el yan del otro se encontraron y se complementaron. Esa fue la mecánica interna. Otros factores como su pelo, su sonrisa, su forma de hablar, su cuerpo, hicieron el resto y acabaron por afianzar la compenetración de este tándem perfecto. Sucede que los Críticos como tú alargan esta etapa de seducción y gran intercambio de cariño hasta que llega la convivencia y, si me apuras, hasta que llegan los hijos. Entonces, ¡catapún! Se esfuma el buen rollo y donde había equilibrio aparece una rotura que si te descuidas irá ampliándose como un agujero negro que se lo comerá todo. Bueno, quizás me dirás que eso sucede en todas las parejas, que cuando empiezan a convivir surgen los primeros problemas graves. Llevas razón, pero en vuestro caso es aún más exagerado. Tu perfil Crítico, ese rey de la selva que llevas dentro, tomará posesión del territorio y empezará a marcar las pautas de la convivencia. Al principio a tu pareja Sumisa le parecerá bien, porque confía en ti y te seguirá hasta el fin del mundo. Pero si bajas excesivamente tu nivel de intimidad, si estás tan *enrolao* en guiar y hacer cumplir tu voluntad que se te olvidan los mimos y la delicadeza con la que tratabas a tu pareja hasta el momento, ella te dejará de mirar como te miraba y te temerá. Y ahí empiezan los problemas gordos, vuestro distanciamiento emocional. Pedro, un marido y padre de perfil Sumiso, me explicaba esta evolución de su pareja, una mujer de perfil Crítico. «Cuando nos conocimos, ella era una fiera en la cama. Yo nunca había tenido un sexo tan descarado hasta que la conocí. Era exigente y desinhibida y parecía que siempre quisiera más». Pedro se quedó sorprendido de que una mujer así se hubiera fijado en él. Realmente fue un chute de vitaminas para su autoestima y desde luego cayó rendido a sus pies. «Estuvimos así unos años, que fueron maravillosos, hasta que tuvimos a nuestro primer hijo. Entonces se convirtió en una Catwoman, látigo incluido. Así se llevaban las cosas en casa, con su política, y en ocasiones yo me sentía como un títere. Ya no me decía tonterías al oído, ya no dormía desnuda como acostumbraba a hacer sino que se enfundaba en pijamas de felpa y nuestros encuentros sexuales se redujeron a más de la mitad. Ni siquiera disimulaba con un "me duele la cabeza", ella directamente me decía que aquella noche no le apetecía. Me sentí muy solo. Me deprimí».

Tanto la mujer como el hombre de perfil Crítico son fogosos en la cama, les gusta jugar y dominar, gritar y que griten. Cuando se radicaliza su carácter Crítico, se vuelven mandones, malhumorados y fríos en el plano emocional, y eso se nota cuando intiman sexualmente. El hombre Crítico pasa del precalentamiento, quiere ir directamente al grano, al coito. Muchas mujeres Sumisas se quejan de que solo se muestra cariñoso cuando quiere sexo y que es excesivamente directo en sus pretensiones de forma que ella no tiene tiempo de activar su cuerpo y estar receptiva para él. Lo mismo sucede con la mujer Crítica, que tumba a su pareja en la cama y se sienta encima de él para tener el control de toda la escena, dirigir los movimientos y sobre todo mandar sobre las manos de él, que no duda en colocar aquí y allá según su voluntad o bien apartarlas a un lado si no quiere que la toque, lo cual aún resaltará más el uso que ella hace de él, buscando de forma rápida llegar al clímax sin mucha paciencia para que él acabe. Sí… Los Críticos os volvéis excesivamente prácticos en todo, incluido en el sexo. La rapidez y agilidad que os caracteriza también la practicáis en el plano emocional, ese es vuestro mayor delito si os descuidáis. Y entonces donde hubo compenetración ya solo hay penetración, sin magia. Y a ninguno de los dos os gustará, tiempo al tiempo. Cuidado ahí.

Dicho de otra manera, lo peor que os puede pasar a los Críticos como tú es que os convirtáis en personas emocionalmente duras. Tu pareja Sumisa se sintió atraída por tu seguridad y tu determinación en todo lo que haces, pero no por tu corazón convertido ahora en piedra. Un Crítico convertido en duro emocional se acaba transformando en un maltratador. *Es* un maltratador en potencia. Asusta la palabra, lo entiendo, pero debemos hablar claro. Un día esa dureza se convierte en violencia, alzando más la voz al hablar, chillando, insultando, ridiculizando a la pareja o algo peor. Y entonces la pareja Sumisa se da cuenta de que se ha casado con su peor enemigo. «¿Cómo puedes estar con alguien que te trata así?», le preguntan sus amigos. «Es que no siempre fue así, va estresado y cuando estamos bien, estamos muy bien», se justifica la pareja Sumisa. Lo que no dice es que cada vez hay menos momentos en los que están bien y en cambio más en los que están mal.

Y es una pena, porque eres muy compatible con tu pareja, no por similitud, sino porque os compensáis. El uno le da al otro lo que necesita y obtiene lo que carece. Y ambos amáis con dependencia. Incluso cuando un Crítico se convierte en un duro emocional es incapaz de tolerar la idea de la separación. En el fondo, ambos sois vulnerables y ambos os necesitáis. Por tu parte, no debes cambiar tu naturaleza, no pretendo asustarte. Más bien debes procurar que esta no se radicalice. Observa si tu intolerancia a la frustración va a más; observa si te pasas con las normas; observa también cuántas veces intervienes en la vida individual de tu pareja (porque también la tiene, ¿sabes?) y observa si ya no juegas tanto con ella. Y no hablo solo de jugar en el sexo (que también), sino en tontear, en hacer alguna locura de vez en cuando, en no tenerlo todo planificado y en ensuciar un poco la casa (no pasa nada, pruébalo), en decir cosas bonitas, cuchicheos, en dar las gracias y pedir perdón a tu pareja (¿cuánto hace que no dices estas palabras?), en tocarla distraídamente, cogerle la mano cuando paseéis y escucharla cuando te hable. Porque tu pareja Sumisa es de pocas palabras con otras personas pero no contigo, con quien siente que puede hablar con franqueza y abrir su corazón. Así que quizás te esté esperando al final del día para explicarte las mil y una cosas que tiene en la cabeza. No seas excesivamente juicioso, no la rectifiques demasiado, sé paciente, sé oreja y expresa tus opiniones con respeto. Eso se va a convertir en puntos extra para ti. Si te mantienes y mides tu fuerza interior, tendrás una pareja leal a tu lado por mucho tiempo. Cuídala y disfrútala.

Veamos ahora la parte Sumisa de esta relación. Ha quedado claro lo que a ti te atrae del perfil Crítico y también con qué facilidad cedes el mando a tu pareja para que asuma la responsabilidad de las decisiones, aunque aparentemente parezca que las toméis juntos. Representas la estabilidad para tu pareja, ¿lo sabes? Percibe en ti honestidad y buena fe y eso le calma, siente que puede confiar en esta relación aunque luego tenga sus manías o sus ataques de celos. En realidad, sabes que se ponga como se ponga a veces, te necesita. Y tú a él. Necesitas saber que le agradas y que te «aprueba», por eso es probable que cada día vayas como un corderito en busca de un gesto cariñoso o unas palabras de afecto que producen automáticamente un aumento en tu autoestima y seguridad personal. Ya he comentado anteriormente lo romántico que eres y cómo te gusta sorprender a tu pareja, «acertar» en algo que sabes que le va a complacer. Si no lo consigues, puedes enfadarte bastante argumentando lo mucho que te has currado la sorpresa para que tu pareja Crítica, pues eso, la critique. Si eso sucede muy a menudo, ya no te enfadarás, te entristecerás. Y mucho. Y si tienes hijos, te apoyarás en ellos hasta el punto en que dormirás con ellos o te volcarás en cuerpo y alma en su crianza, desplazando así disimuladamente a tu pareja de tu lado. Quiero insistir en este punto porque es importante.

Necesitas que te escuche, que te toque, que siga enviándote el mensaje de una manera u otra de que eres importante para él, de que eres el elegido. Pero a menudo sucede que esperas que salga gratuitamente de tu pareja, que se acuerde de que necesitas todo esto y que estás esperando a que te lo dé. Y claro, por mucho que tu pareja te conozca deja que te diga una cosa: adivino no es. Así que sé tú quien tome la iniciativa en pedir el reconocimiento que necesitas. ¿Que ha llegado a casa y no te ha dado un beso? Ve tú a por ese beso. ¿Que no te ha dicho nada de tu nuevo corte de pelo? Ve y pregúntale por él. ¿Que necesitas unas palabras de aliento porque estás nervioso antes de una entrevista de trabajo? Pídeselas. Tu pareja es una persona muy ocupada. ¡En buscarse ocupaciones que conquistar y aumentar su ego es el rey absoluto! No pretendas ser tú el primero en su lista de ocupaciones. No le chantajees y le digas eso de «si me quisieras, te hubieras acordado de que hoy es nuestro aniversario» (ejemplo típico pero aún muy actual), porque estás confundiendo su amor con su estrés. Y puede tener ambas cosas a la vez perfectamente. Así que échale una mano y explícitale de vez en cuando lo que necesitas de él. Vale, un momento, tampoco le agobies preguntándole cada día si te quiere. No me estoy refiriendo a eso, no le preguntes siempre por sus sentimientos, mejor dirige su mirada hacia ti (porque por sí solo no siempre lo hará) e infórmale de lo que necesitas en forma de actos concretos (un beso, un abrazo, un comentario, un consejo, una velada de dos, un piropo, un… Bueno, tú sabrás).

Es probable que a medida que la relación gana estabilidad, te «sueltes» un poco más y empieces a tomar decisiones de forma unilateral (como a veces hace tu pareja) sin consultárselo previamente. Vamos, que te permites ser más autónoma y asumir algunos riesgos. Eso está bien, de veras, pero hay algunos peligros. Por un lado, tu pareja está acostumbrada (por naturaleza y porque así también le has permitido tú) a tener la última palabra en casi todo lo que hacéis, o al menos en tener la última opinión. Tenlo en cuenta: si decides algo, lo haces y luego le informas, puede caerte una soberana bronca, te haya salido bien o mal. O bien no se enfadará, pero tampoco te dará unas grandes felicitaciones. No le cambies tan bruscamente el esquema de funcionamiento al que estaba acostumbrado. Sé más estratégico: infórmale con antelación de tu decisión. Pero ¡alerta! Asegúrate de estar informándole, no de estar solicitando su permiso. Y aunque él te ponga mil objeciones, o te ponga mala cara, dile que respetas su opinión, pero que ya lo has decidido y que asumes las consecuencias. También dile que si te sale mal se ahorre eso de «ya te lo dije» (porque te aseguro que te lo dirá), y si aun así te lo dijera pues, qué se le va a hacer, te aguantas, pero no te vuelvas contra él. Al fin y al cabo, ha sido iniciativa tuya tomar una decisión de forma autónoma (y yo sí que te felicito por ello), pero eso debe congraciarte principalmente a ti, no a los demás.

Esto mismo le pasó a Carlos, Sumiso, casado con Eva, Crítica. Siempre habían decidido juntos cuándo ir a ver a sus respectivos padres y llevarles a su hija pequeña de seis años. Hasta que un día Carlos pensó que podía aprovechar la tarde que tenía libre para ir con su hija a hacer una visita a los abuelos de esta. En definitiva, eran los padres de él, hacía tiempo que se quejaban de no ver a su nieta, él tenía unas horas libres y ahorraba a su mujer (que esa tarde trabajaba) una visita familiar de rigor. Todo eran ventajas, el plan perfecto. Pues lo pagó caro, casi le cuesta un divorcio. La buena intención de Carlos fue entendida por Eva como alta traición. «¿En qué estabas pensando? ¿Es que ya no somos un equipo?», le increpó. Equipo: entiéndase, en boca de un Crítico, trabajamos juntos pero piensa solo uno. Carlos, la próxima vez le informas previamente, aguantas su negativa por teléfono, le dices que tus padres son tuyos y soportas las cuarenta reglas que seguro te recordará (que no le den chuches, que tu padre no la coja en brazos porque se puede caer, que no salgan al patio de la casa porque está muy sucio, que tu madre no le recoja el pelo, etc.). Pero Carlos no lo volverá a hacer. De hecho, eso fue lo que sucedió, que se hizo pequeño después de la bronca y no se atrevió a repetir la experiencia de tomarse una licencia sin consultar al resto del *equipo*. Es cierto que este tipo de pareja funciona como una piña. Pero aun así debe haber lugar para las iniciativas individuales de cada uno de ellos, o al menos cuando uno de los dos lo necesite, que generalmente tarde o temprano suele ser el Sumiso. No te enfrentes a tu pareja Crítica, no tienes nada que hacer, es un experto en combatir y ganar, y si acepta lo que hagas lo hará por sí mismo, no por tus argumentos. No busques que dé su brazo a torcer, perderás tiempo y energía a costa de múltiples discusiones que te dejaran agotado. Mejor busca el permiso y la aprobación que necesitas en ti mismo y haz lo que consideres que debas hacer, aceptando crear un malestar en tu pareja. Si es un Crítico moderado, reflexionará y al final callará resignadamente; si es un Crítico radical, lo siento, tienes un problema.

Es importante que aprendas a permitirte ciertas licencias, así como que aprendas a creer en tu valor como persona por ti mismo y no siempre por lo que te demuestra tu pareja. Si esperas todo de ella, si esperas que sea tu fuente de motivación y aprobación, aparte de agobiarle con tus demandas, tu dependencia emocional crecerá hasta el punto en que ya nada de lo que te diga te lo creerás. «Estás guapa» (seguro que te lo dice porque quiere sexo); «Me gustan esos vaqueros que te has comprado» (te lo dice porque es tu pareja, en realidad no estás tan bien); «Eres capaz de eso y de mucho más» (te sobreestima porque te quiere). En fin, que diga lo que te diga ya no tiene credibilidad, porque tu autoestima está tan baja que subirla es misión imposible. Si llegas a ese extremo, el siguiente paso es la depresión. Así que busca a tu pareja Crítica, que su seguridad sea un modelo para ti, escucha sus consejos, reflexiona, busca más información en otro sitio (otras personas, libros, Google) y actúa. Pero no te cuelgues excesivamente de ella.

¿Quieres que te diga un síntoma inequívoco en los de tu perfil de que estáis llegando al punto de no-retorno de tu dependencia emocional? Cuando se os va la libido. Pasáis de buscar activamente a vuestra pareja en la cama a perder el deseo sexual de repente. Como por arte de magia. Y si tenéis hijos, tal fenómeno sucede antes, ya que desplazas tu energía sexual frustrada junto con tu autoestima poco incentivada por tu pareja hacia la crianza de los hijos. Y entonces es el acabose. Es muy difícil recuperar el deseo cuando lo perdéis de esa forma, incluso si os empeñáis en hacerlo porque queréis dar otra oportunidad a la relación. Sencillamente, la llama ya no se enciende. Y tu pareja pasa a ser tu mejor amigo con el que compartes casa, hijos y conversaciones, pero ya no cama.

Gustas a tu pareja tal como eres, de verdad, por eso se sintió atraído por ti. Ahora solo falta que te gustes a ti mismo y no te apoyes continuamente en la aprobación ni en las muestras de cariño constantes de tu pareja. Te pondré otro ejemplo de lo que a veces hacéis los de vuestro perfil: ¡os mimetizáis con vuestra pareja! Queréis agradar tanto al otro que os convertís en un mini-él. ¡No hace falta! Raquel no siente nada por el golf, sin embargo se apuntó a clases de este deporte y pasaba jornadas enteras en el campo de golf solo para compartir afición con su pareja. Bueno, no. Esa es la versión oficial. La realidad es que lo hizo para afianzar el amor de él hacia ella, creyendo que cuanto más se pareciera a él, más le gustaría a este. Raquel: no hace falta copiar a tu pareja para gustarle, de veras. Mónica hizo lo mismo, pero aún más peligroso: empezó a beber con su pareja, un hombre a quien le gustaba salir y tomarse unos cuantos cubatas. Ella no se había emborrachado jamás en su vida, pero supo lo que es eso cuando empezó a copiar los hábitos de él. Mimetizarse es un truco para agradar que utilizáis mucho los que tenéis perfil Sumiso, independientemente del perfil de vuestra pareja. Si estás al lado de un Crítico, es un truco del que puedes abusar fácilmente ya que encontrar su aprobación es algo que hacéis con este tipo de pareja más que con otras. Sé tú mismo, encuentra los valores admirables en ti y lúcelos. No tienes que ser como tu pareja. Solo sé tú mismo.

Sumiso + Antidependiente = relación yoyó (ahora va, ahora viene)

Cuando el Sumiso conoce al Antidependiente, se queda fascinado con la frescura, los conocimientos y la actitud de autosuficiencia que este muestra. Esta fascinación le lleva a requerir más y más atenciones de su pareja Antidependiente, hasta el punto en que llega a obsesionarse con ella y caer en el más absoluto vacío depresivo si le falta a su lado. Por su parte, el Antidependiente, que tiene alergia al compromiso y al control, se siente cada vez más agobiado de la necesidad que le manifiesta su pareja Sumisa y acaba por romper la relación. Esta es la vida de doña Inés y don Juan Tenorio. O la de Juana la Loca y Felipe el Hermoso. Y ambas relaciones, si habéis leído sobre ellas, son dramáticas y con mal desenlace. Lo siento, no tengo buen pronóstico para este tipo de pareja, porque su compatibilidad es baja.

Aunque, claro, todo depende de cómo se mire la cosa. Este tipo de relación no dura mucho tiempo, a lo sumo unos cinco años (siete si soy muy generosa), por eso la pareja tiene los días contados y por eso muchas veces no podemos hablar ni de pareja porque esta no ha llegado siquiera a formalizarse. Pero, por otro lado, al Antidependiente le encanta saber que hay alguien por ahí prendado de su belleza, con lo cual es muy probable que regrese a los brazos del Sumiso que, si no ha curado su obsesión, seguirá esperándole y le perdonará todo lo que le tenga que perdonar. No es que entonces se conviertan en pareja estable, lo más seguro es que el ciclo vuelva a repetirse y el Antidependiente vuelva a irse… Pero de alguna manera siempre se tendrán el uno al otro, siempre se encontrarán de nuevo y se reconocerán como amantes (a no ser que el Sumiso avance como persona y corte por lo sano con este tipo de relaciones, pero ese es otro cantar). Y es posible que acaben sus días juntos y compartan su vejez. Pero eso será a costa de una relación intermitente, mantenida por el egocentrismo de uno y la dependencia del otro y sobre todo gracias a la paciencia infinita en su espera del Sumiso (por no decir gracias a la incapacidad del Sumiso de rehacer su vida con otras personas). Por eso la he calificado de relación yoyó, porque va y viene. Visto así alguien podría decir que la compatibilidad de esta pareja es alta, porque estos dos se entienden a su manera… Pero yo prefiero dejarlo en baja compatibilidad, ya que las necesidades de uno no pueden ser colmadas por el otro, no son caracteres complementarios, la relación será corta y vendrá más marcada por la desesperación que por la satisfacción.

Se puede identificar con facilidad a la pareja formada por un Sumiso y un Antidependiente porque el Sumiso busca continuamente con la mirada al otro en su intento por ubicarlo y tenerlo lo más controlado posible (no sea el caso de que se le vaya a escapar). No deja de interpretar sus caras y gestos para saber si está contento o si hay algo que le desagrada (de nuevo no sea el caso de que se le vaya a escapar). Y si el Sumiso está de mal humor significa que su pareja ya se le ha escapado o está a punto de hacerlo, con lo que dentro de poco montará una escena digna de una tragedia griega. Sí, no exagero. El Sumiso que se siente traicionado por su pareja Antidependiente lo vive con gran dramatismo, donde desesperanza y odio se mezclan en un extraño cóctel que, obviamente, siempre acaba mal. Muchos Sumisos se desequilibran psicológicamente en una relación así, no es extraño encontrarlos en el despacho de un terapeuta. Siguiendo con los ejemplos que he puesto más arriba, doña Inés (la Sumisa) murió de pena al comprender que nunca estaría con don Juan Tenorio (el Antidependiente) por mucho que se amaran. Juana la Loca (otra Sumisa) sufría crisis de pánico cuando su esposo, Felipe el Hermoso (otro Antidependiente), se ausentaba. Conocí a Luis, de perfil Sumiso, que necesitó un año de baja laboral para recuperarse de la anorexia nerviosa que sufrió cuando su esposa Antidependiente y madre de sus hijos le dejó. Otro caso grave fue el de Miriam, que cada vez que su chico Antidependiente se alejaba mezclaba pastillas y alcohol, según ella para poder dormir… Necesitó una larga terapia para reconocer su adicción a la bebida y encontrar el valor para dejar esa relación. Aunque a día de hoy sigue amándole. Nunca se deja de amar a un Antidependiente. Es como una maldición.

Por su parte, el Antidependiente acostumbra a estar en movimiento. Está sentado y los pies se balancean, o bien las manos no dejan de toquetear algo de su jersey, o bien come algo. Es muy frecuente ver al Antidependiente picar alguna cosa: una piruleta, una bolsa de chuches, unos palitos de pan, una lata de algún refresco… Siempre con algo en la boca, siempre en movimiento. O si no, fuma, pero que mucho. Y es extraño, pero al Antidependiente le gusta mucho el deporte, pero si desplaza su movimiento corporal al tabaco está perdido, será un gran fumador. Muchos Antidependientes han sido confundidos con hiperactivos. Bueno, son hiperactivos pero no todos tienen TDAH,[3] lo que ocurre es que concentran una gran energía física y mental y se les nota, siempre están planeando algo. También se les reconoce por la manera de comer. Acostumbran a ser muy buenos comedores, no en cantidad sino en calidad. El vino o el champán no suelen faltar en su dieta y no de cualquier precio. Preparar una comida, sea en su propia cocina o eligiendo un restaurante, es un placer para ellos. ¡Y cómo comen! No devoran la comida: la saborean. La pasean por toda la boca como si le estuvieran dando un beso apasionado. ¡Quién fuera comida en ese momento! No usan el tenedor, lo chupan. Si no fijaos en el gesto característico con la cuchara del café: la lamen con deleite. Eso delata al Antidependiente. Su extremada sensualidad, la importancia que tiene para él todo lo relacionado con los senti-

---

[3] TDAH son las siglas del trastorno por déficit de atención con hiperactividad. Afecta tanto a niños en edad escolar como a adultos y se caracteriza por problemas con la atención, impulsividad y exceso de actividad. Aunque lo parezca, no es la marca personal de los Antidependientes.

dos. La mujer o el homosexual Antidependiente son superfemeninos, mientras que el hombre Antidependiente es un gran enamorado del mundo de la mujer, al ser esta el icono de la sensualidad. Y son todos grandes hedonistas, no lo pueden evitar.

Como pareja, ambos podéis llegar a sentiros muy tristes en esta relación. Antidependiente, vamos primero contigo. Como cualquier cosa que capta tu interés e inicias, le pondrás mimo y pasión a esta relación, quizás en exceso. Tu posición existencial en la vida, tu manera de entender las cosas que suceden y vives, es de «yo soy suficientemente capaz y la vida es genial». O sea, todo bueno, todo bonito. Tu pasión por la vida es tal, y tu autoestima tan fuerte, que puedes llegar a ser algo ingenuo y minimizar en exceso los problemas o dificultades, que los hay. Por eso a veces intentas hacer compatible cosas o situaciones que no lo son, porque tu ambición te impide poder renunciar a algo e imaginas que puedes montártelo de manera que puedas tenerlo todo. Recuerdo una pareja formada por él Antidependiente y ella Sumisa. Se fueron de vacaciones a Nueva York, un viaje muy deseado por ambos. Tanto, que él quiso apurar lo máximo los días que estuvieron allí y preparaba unas jornadas intensas de visitas a los lugares más emblemáticos. Al quinto día ella estaba agotada y le propuso aflojar un poco, tomarse un día de paseo por el Central Park o gandulear dando una vuelta por ahí. Su pareja no pudo disimular su decepción y le sugirió continuar solo mientras ella descansaba en el hotel. Pobre chiquilla, no se esperaba esa respuesta. La bronca fue gorda. La Sumisa le apretó todo lo que pudo. «Te importa más ir a lo tuyo que yo —le increpó—. Eres un egoísta. Si te vas solo de museos, me vuelvo a Barcelona». Ahí está el chantaje. Lo tomas o lo dejas. No le sirvió de nada, solo para provocar más al Antidependiente y acentuar su individualismo. Ella adelantó su viaje de regreso, sola;

él regresó el día previsto habiendo cumplido con su plan turístico. Regresó triste, porque le hubiera gustado que su pareja disfrutara tanto como él de ese viaje, pero aun así no renunció a patearse la ciudad de los rascacielos porque sabía que, a pesar de la bronca, no perdería a su pareja Sumisa. ¡Cuánto la conocía! Efectivamente. Para los que queráis saber cómo acaba la historia, os diré que a su regreso estuvieron tres días sin dirigirse la palabra y al cuarto día tuvieron sexo tórrido en el piso de él. Fue ella quien fue a buscarlo. Ya os lo decía, es como una maldición.

Eso es lo que hacéis muy a menudo los Antidependientes: apretáis y apretáis. Exprimís el tiempo, la paciencia y las energías de los demás. Y no todos tienen tu aguante (y menos tu pareja Sumisa) y al final acaban saltando. Te irá bien aprender a combinar, reducir, ajustar, renunciar, trocear. Vas a lo grande en la vida y a veces toca disminuir un poco el tamaño de las cosas que vivimos porque si no te comes el espacio de tu pareja. Pongamos otro ejemplo. Esto que voy a explicar a continuación le sucede a muchas mujeres Antidependientes casadas y con hijos. Alguien podrá decir que se debe a la crisis de los cuarenta. Ojalá fuera eso… No, en el caso de ellas es que se sienten atrapadas en una vida que no les permite experimentar. Y recordemos que esta es una palabra muy mimada por los de vuestra naturaleza. Vicky es una mujer Antidependiente de treinta y ocho años, casada con un Sumiso y con dos hijos. No tiene nada de qué quejarse, su vida está colmada de comodidades, tiene dos hijos maravillosos y su marido la ama. Pero no es feliz. Falta algo… Y lo encontró. Ni corta ni perezosa le propuso a su marido hacer un trío. Había conocido a un chico muy mono por Facebook y le gustaba tontear con él. Fue tan franca que se lo dejó caer tal cual a su marido. Eso es algo que hacéis, os molesta tener que mentir, vuestro ego no os permite esconderos y sois superfrancos explicando vuestras necesidades. Su pareja Sumisa, por supuesto, se quedó a cuadros. La respuesta fue un rotundo «no». Vicky no se rebotó, pero le dolió a mares no hacer la locura que le pedía el cuerpo. Su marido hizo lo que pudo por hacer sentir a su mujer que su vida no era una rutina y le concedió todos los caprichos (menos el trío, claro). Pero Vicky no era la misma, se estaba distanciando de él por minutos, él podía percibirlo. Un día ella sacó unos billetes y le dijo que se iba de viaje unos días. Tal cual. «No te vas sola, ¿verdad?», le preguntó. Desde luego que no se iba sola y ella no se lo escondió. ¿Qué creéis que hizo el Sumiso? Pues coger un rebote monumental, largarse esa noche de casa, llorar y llorar y llegar a la conclusión de que si la dejaba marchar, si la dejaba hacer esa locura, volvería aliviada a su lado satisfecha de haber probado lo que necesitaba probar. ¡Ay, ingenuo! Este es un razonamiento muy típico de los Sumisos que conviven con Antidependientes cuando la relación llega a este extremo. Y no es así, porque llegado este punto es síntoma inequívoco de que el Antidependiente quiere volar y por una larga temporada. Vicky se fue de viaje ese finde. Y luego otro. Y luego otro. Hasta que decidieron separarse.

Las madres Antidependientes lo pasáis muy mal. No creáis que Vicky no tuvo sus dilemas internos. Se debatió entre la insatisfacción que sentía en su vida, la tristeza al descubrir que sus hijos, por mucho que los amara, no podían colmar toda su felicidad y la culpabilidad de estar rompiendo una familia. Conocí a otra mamá Antidependiente que llegó al pacto con su marido de que los viernes serían para ella y saldría de copas y fiesta. Así que cada viernes dejaba a sus hijos con su padre, se largaba y no volvía hasta el día siguiente, igual que una adolescente. El marido Sumiso aprendió a no preguntar qué hacía su mujer en sus escapadas nocturnas. La veía feliz, sentía que eso a ella la liberaba de algo y, lo más importante, servía para retenerla a su lado. Y no se equivocaba, porque su pareja Antidependiente tenía verdaderos líos internos entre el amor hacia su marido, hacia sus hijos, hacia la vida de *single* que había finiquitado con la llegada de los niños y la culpabilidad de poder hacerles daño. Antes se le caía el pelo. Desde que empezó a salir los viernes, ya no. Curioso.

El sentimiento que tiene un Antidependiente cuando está con un Sumiso es que se le pide demasiado. En cierta manera es cierto, porque tendrá que colmar las muestras de afecto que su pareja le demanda continuamente y eso requiere paciencia, dedicación y, sobre todo, sacrificio. El sentimiento de estar sacrificándose en exceso genera en la persona la desagradable sensación de estar faltándose a sí mismo y eso es algo que en concreto este perfil lo lleva muy, pero que muy mal. Y entonces aparece el mal humor y la manía. Sí, el Antidependiente llega a cogerle manía al Sumiso porque se siente como su esclavo. Siempre pendiente de que no se moleste, de que no le eche en cara algo, de que no le ponga entre la espada y la pared y le chantajee emocionalmente. «¡Déjame en paz!», suele ser una expresión muy utilizada por los de este perfil. Y entonces es cuando sale a hacer *running* o yoga.

Los más conocedores de vuestra naturaleza, y por tanto de vuestras virtudes y defectos, sois conscientes de que si os descuidáis podéis ser individualistas y herir a la persona que amáis. Eso está muy bien, señal de que empatizáis con vuestra pareja y os esforzáis por mantener un equilibrio entre lo que tú necesitas y ella necesita. Si además tu pareja sumisa ha hecho lo mismo y respeta ese espacio individual que tú tienes y rebaja el nivel de demanda de afecto, mejor que mejor. Por tanto, cuando estés de viaje, viendo ese partido con amigos, de fiesta con unas amigas, lo que sea que hagas sin tu pareja, concéntrate en disfrutarlo. Si no, te entrará el pánico pensando que tu pareja está sola sufriendo y volverás corriendo a sus brazos, pero cuando estés con ella te sentirás mal porque no vives la vida que quisieras vivir (o sea, no haces todo lo que quisieras hacer) y entonces ni estarás bien haciendo tus cosas ni bien estando con tu pareja. Ni aquí ni allá. Pánico. Es inevitable, tienes que aceptarlo y tu pareja también, cuanto antes mejor: eres una persona que necesita su propio espacio, su propio tiempo, sus propias actividades. Consérvalo y adáptalo a la agenda de la vida en común de pareja. Y cuando lo realices, disfrútalo a tope sin remordimientos. Tu pareja ya te conoce de sobra y si no, es cuestión de tiempo y de que lo acepte. Y si no lo acepta, pues vendrán problemas, y me temo que pronto.

Pónselo fácil a tu pareja sumisa. Para ella no eres importante. Eres un dios. Te idolatra, te venera. Así que cuanto antes le dejes claro el margen de tiempo y espacio que le das a la relación, menos problemas vendrán en el futuro. ¿Cómo se hace eso? Pues aprovechando esa habilidad que tienes para la sinceridad. Déjale claro a tu pareja desde un inicio que tú tienes una agenda de amigos, actividades y compromisos que ajustarás y moverás para que quepa en vuestra vida de pareja, pero a los que no renunciarás.

Infórmale de lo que estás dispuesto a hacer a partir de ahora (no es necesario que le prometas la luna, pero debes estar dispuesto a hacer algún ajuste). Háblale de tus amigos y de tus amigas. De esos que siempre has tenido y que son intocables. Porque seguramente tu pareja Sumisa competirá con ellos y ante eso no tiene nada que hacer. Preséntala a tus amigos como tu pareja lo antes posible, hazlo con una sonrisa para que ella vea que estás orgulloso de tenerla. Promociónala socialmente, que la gente la identifique cuando se la encuentre. «Ah, tú eres la pareja de fulanito, ¿verdad?». Gloria para sus oídos. Eso la ayudará a mantener la confianza en tu amor. Dile otra cosa: dile que te gusta gustar. Sí, claro, y a quién no. Pero a ti más. Tú *necesitas* gustar a otros. Si eres mujer, necesitas que los hombres te miren con deseo; y si eres hombre, que sean ellas las que te desnuden con la mirada. ¡No pasa nada! No es ningún pecado ni eso te convierte en infiel. Cuanto antes se lo dejes claro a tu pareja Sumisa para que lo vaya meditando, mejor. Tendrás que hacerlo, porque cuando vayáis juntos a una fiesta y tú te pongas especialmente guapo y en la fiesta recorras con la mirada a todo el personal masculino y femenino y empieces a charlar animadamente con uno y con otros mostrando ese potencial atractivo con el que naciste, tu pareja va a sentirse muy desplazada, celosa e incluso despreciada. Y eso es sinónimo de problemas al llegar a casa. Eres presumido, sí. ¿Qué hay de malo en eso? Por eso lo mejor que puedes hacer es prevenirla. Si es inteligente, se irá acostumbrando y no lo sentirá como una amenaza a vuestro amor.

Por otro lado, dale pocos sustos e informa con tiempo de tus planes y actividades. No puedes decirle «por cierto, mañana he quedado con unos amigos» sin antes haberle preguntado si mañana toca algo especial. Quizás ella se había hecho a la idea de un día juntos (me apuesto lo que quieras a que sí), o tenéis que ir a no sé dónde y eso es incompatible con quedar con otras personas. Vete a saber. Sea lo que sea, hay muchas posibilidades de que te encuentres con la cara de palo de tu pareja Sumisa. Prueba fórmulas más democráticas, más consensuales. «Tengo que verme con mis amigos y había pensado en mañana. ¿Qué te parece, es un buen día?». Eso está mejor. No se trata de pedirle permiso, sino de informarle de algo que vas a hacer y asegurarte de que el día escogido no entorpece excesivamente la vida de pareja. Si vas demasiado a tu bola en plan «mi tiempo y mis amigos son míos y son innegociables y mi pareja es supercomprensiva», la supercomprensión de ella se convertirá en una bola de fuego que te lanzará a la cara. Y eso es algo que si tienes mano izquierda y empatía, puedes evitar.

Bueno. Y cuando vuelvas de esa salida con tus amigos, explícale que te lo has pasado muy bien y comparte tu alegría con tu pareja. Te mueres de ganas por hacerlo, lo sé, porque los de tu naturaleza necesitáis compartir todo lo increíblemente increíble que habéis vivido y a vuestra pareja más todavía. Pero no hace falta que des todos los detalles, sobre todo cuando hables de otros. No es necesario que especifiques cómo los quieres, qué simpáticos y únicos son, porque ahí le das de lleno a la autoestima de tu pareja Sumisa, esa autoestima tan vulnerable que tiene. Céntrate en explicar lo vivido, más que en las personas con las que lo has vivido. Esta diferencia es importante.

Vamos con el Sumiso. Cuando este perfil está con un Antidependiente no se desenamora como le ocurre cuando está con una pareja de perfil Crítico. Queda enganchado para toda la eternidad. Así que es imprescindible que sepas qué puedes esperar con una pareja Antidependiente y aprender a saber adaptarte al particular estilo de vida que te espera con ella.

Por si todavía no lo habías notado, estás con un pájaro libre, con todo un pavo real que necesita exhibirse y recorrer mundo. Y tú estás prendado de su belleza. Si eres correspondido, al principio ni te lo creerás («¡cómo! ¿Yo? ¿En serio le gusto?») y luego te aferrarás a él como a un clavo ardiente. Y pase lo que pase, le esperarás, como un perrito fiel que aun siendo abandonado siempre reconoce la voz de su amo. Y él está encantado con eso, siente cómo el mundo se desvanece a tu alrededor cuando le miras y eso, junto con tu pureza, lo enamora perdidamente. Ahí está el enganche de los dos, esa es la mecánica. Estás ante un maestro que pondrá a prueba tu autoestima y, pase lo que pase en la relación, sea cual sea su futuro, debes aprovecharla para fortalecer tu estima propia y aprender a superarte a ti mismo. Esa es la oportunidad que te ofrece una relación así. Si no la aprovechas, caerás en la obsesión y maldecirás el día en que lo conociste.

Que tu pareja Antidependiente puede poner de su parte es algo obvio, como antes he explicado. Pero tú también puedes hacer algo por tu parte. Ya has visto cómo el Antidependiente se quiere y se muestra. No confundas eso con estar jugando con tu amor, porque estarás en un error y solo te conducirá a un camino de celos y reproches. La inseguridad que tienes en él es solo el reflejo de la inseguridad que tienes en ti mismo. No le pongas a prueba, no pongas a examen vuestro amor. ¡Y por Dios! Pon fin a las escenas melodramáticas cuando te asaltan las dudas, eso no hace más que complicar las cosas y distanciarle de ti. Porque acabará temiendo tus broncas y tus WhatsApp de desesperación que tanto le confunden. Como no sueltes algo más de cuerda, acabarás ahorcando esta relación y a ti mismo.

Empieza por hacer una triple agenda. El tiempo de los dos es un tiempo a triple banda: el suyo, el vuestro y el tuyo. Y lo he puesto en este orden expresamente. Primero, su tiempo individual. Ya sé que me dirás que en una pareja los dos debéis ser lo más importante. Sí, muy romántico, pero en esta relación no funciona. Ten en cuenta primero su tiempo, aunque él te venga también de romántico y te diga que primero sois los dos. Nada, ten en consideración sus ocios, rutinas y salidas con sus amigos, no le pongas muchas prohibiciones, no pretendas acompañarle a todas sus actividades y muestra interés cuando te explique lo que ha hecho y vivido. No preguntes en exceso por sus amigos, no te obsesiones con si son guapos, solteros, etc. Porque nada tiene que ver con el amor de tu pareja hacia ti. No le asedies a mensajes cuando no está a tu lado. Sé irreverente cuando le escribas. Mejor un «¿qué llevas puesto hoy?» que un simple «te echo de menos», y mejor un «me sigo poniendo cuando pienso en ti» que un sencillo «te quiero». Respeta su agenda individual y ayúdale a acoplarla a la de pareja sin ser excesivamente crítico. Háblale con sinceridad de lo que te gustaría hacer con tu pareja, que ella no lo tenga que adivinar y pídeselo sin temor. «Vayamos a la playa, miremos un día». Tu pareja Antidependiente está acostumbrada a tomar decisiones y tú fácilmente puedes dejarte llevar por su cabeza pensante. Pero eso puede traerte problemas en el futuro porque un día ella puede echártelo en cara como un defecto que le ha enfriado. «Es que todo le iba bien, nunca opinaba de nada, no me aportaba nada en ese sentido», se queja el Antidependiente de su pareja sumisa. Pide y sé flexible a la hora de colocarlo en una agenda, ese es el truco. Y luego está tu tiempo individual, que estando con un Antidependiente te recomiendo que lo tengas. Por dos razones: una, en ocasiones vas a disponer de tiempo sin tu pareja porque ella se habrá largado. Y entonces, ¿qué harás? Créate un tiempo personal, descúbrete en esa faceta. No tienes otro remedio o te deprimirás. Y la otra razón es porque eso te hará ganar puntos ante los ojos de tu pareja Antidependiente. Que dispongas de una vida solo tuya, la disfrutes y luego se la expliques te dará un aire de autosuficiencia que, unido a tu halo de bondad, hará que te encuentre todavía más irresistible.

Cuidado con los chantajes emocionales. Sabes jugar a eso, seguramente porque antes tú los has sufrido de otras personas, quizás de tu familia, y ya sabes utilizarlos.

No te engañes a ti mismo, no cambiarás a un Antidependiente. Por mucho que te des a él, por mucho que le demuestres tu lealtad y tu profundo amor. Tu pareja lo verá y lo reconocerá, pero no podrá corresponderte nunca como tú necesitas ser correspondido. He conocido Sumisos que han llegado a perder su dignidad rebajándose a hacer cosas como muestra de su amor y su entrega a un Antidependiente, pensando que así lo retendrían a su lado o cambiarían su manera de ser. No es que el Antidependiente pida tales muestras de lealtad, pero el Sumiso desesperado aumenta el valor de sus pruebas de amor como último recurso para sentirse necesitado por el otro. Así, los regalos cada vez son más caros y más espectaculares, el sexo cada vez más intrépido y provocador y el maquillaje o el vestuario cada vez más extremado. ¡Hay tanto con qué competir! Pues no. Con un Antidependiente no compitas con nada ni con nadie. No pretendas ser el centro de atención de tu pareja porque te desesperarás y enfermarás. Estás con un Antidependiente: eres importante para él, pero no lo *más* importante. Tu pareja mira todo su bosque, no se centrará solo en un árbol por más bello que este sea.

Voy a poner otro ejemplo de cómo puedes utilizar a tu pareja Antidependiente para subir tu autoestima. Recuerdo a una chica de perfil Sumiso que me explicaba la obsesión que llegó a tener con los calzoncillos de su pareja, un Antidependiente muy atractivo. Me contó que él usaba dos tipos de calzoncillos, unos sencillos y otros de marca que valían una pasta y que además, según ella, le marcaban paquete. Pues bien, ella sabía cómo iba a ser la jornada por los calzoncillos que ese día él elegía ponerse. «Si se pone los caros, es que hoy tiene una comida especial con algún cliente que quiere impresionar. Ya no puedo pelearme más por sus calzoncillos, es ridículo». Ciertamente. Tuvo que aprender a dejarle mostrarse y no dudar de su lealtad, todo un reto para la autoestima de un Sumiso. Yo le pregunté si acaso ella no hacía lo mismo y no tenía ropa especial que reservaba para momentos especiales. «¡Pues claro, pero

solo la luzco con él!». Pues empieza a lucirla para ti misma, pónte-
la cada día si te apetece, siéntete poderosa llevando al trabajo esas
braguitas de encaje con ese Wonderbra que realza tus curvas. A
la pareja Antidependiente no le importa que su pareja haga lo
mismo que él, es más, lo desea porque le resulta *supersexy* y a la vez
un reto que conquistar. Está claro que no vas a ser nunca como un
Antidependiente ni esa es la pretensión, pero puedes aprovechar
que estás al lado de uno para aprender a subir tu autoestima y ganar
algo más de autonomía personal. Y mientras dure la relación, por
favor, no la sufras, ¡disfrútala!

Crítico + Antidependiente = bomba de relojería

Vaya, vaya. ¡Agarraos que vienen curvas! Lo vuestro, como no aflo-
jéis, tiene los días contados porque acabáis inmersos en una relación en la que continuamente existen tensiones y discusiones. Ninguno de los dos deja que el otro tenga iniciativas o tome decisiones:
uno las quiere tomar (el Crítico) y el otro acaba cansado de que
siempre le digan lo que tiene que hacer (el Antidependiente). Las
características del uno impiden al otro ser él mismo y la relación
no acaba de funcionar nunca, ni siquiera desde el principio. Por
eso vuestra compatibilidad es baja.

Reconocedlo, desde el principio ya hubo algunos problemas.
Las discusiones, por pequeñas que sean, han sido siempre algo
habitual en vosotros. Que si quedamos en tu casa; no, mejor en la
tuya. Que si vamos de vacaciones allí; no, mejor allá. Que si pre-
fería otro regalo por mi cumpleaños. Que si dónde vas con esos
pelos. En fin, que vosotros dos si queréis os sabéis perseguir de lo
lindo. Así me lo explicaba Marta, una mujer de perfil Crítico. «Ya

empezamos mal en la primera cita. Me llevó a un restaurante hindú, supongo que para impresionarme, pero a mí no me va ese tipo de comida y una vez allí me negué a entrar. Él se quedó muy cortado, pero reaccionó bien y me dejó escoger el restaurante». Y es que coincidáis en gustos e intereses no es nada fácil, tenéis una visión del mundo muy diferente y esperáis cosas de la vida también muy diferentes. Por eso es difícil que en vuestras trayectorias vitales os encontréis y estéis de acuerdo.

Y entonces, ¿de dónde viene vuestra atracción? De la admiración que sentís por el otro y de una fuerte tensión sexual. Admiración, porque el Antidependiente queda prendado por el despliegue de dominio y seguridad que emana el Crítico. ¡Mmm, cuánto poder! ¡Qué mujer! ¡Qué hombre! A sus ojos se convierte en un ser inalcanzable y ya sabemos cómo le gustan al Antidependiente los retos… Y el Crítico queda prendado por el atractivo y autosuficiencia del Antidependiente, su frescura, sus conocimientos, su don de gentes. ¡Mmm, cuánto poder! ¡Qué mujer! ¡Qué hombre! Ups… Eso ya lo dije antes… ¡Esa es vuestra zona común, el poder! Ambos lo reconocéis en el otro y a ambos eso os encanta y lo admiráis. Y luego está la tensión sexual que enseguida nace de tal reconocimiento. Y digo tensión, más que atracción. Porque generalmente un Crítico y un Antidependiente no se lanzan enseguida a la cama. Esperan. Hacen esperar. Tantean al otro. Juegan con la presa. La ponen a prueba. La provocan. Se acercan. Se alejan. Se vuelven a acercar. Hacen subir la tensión todo lo que pueden. Y cuando llega el momento, el paraíso. ¿Os acordáis de la serie de televisión *Luz de luna*? Ella (Cybill Shepherd), la Crítica; él (Bruce Willis), el Antidependiente. Ella no aguantaba la irreverencia de él y él no soportaba que ella fuera tan tiquismiquis. Estaban obligados a trabajar juntos como socios y eso era un verdadero infierno para ambos. Pues bien, tenían a toda la audiencia en vilo por ver cuándo por fin acababan por enrollarse. ¡Qué tensión, qué desfachatez, qué manera de jugar el uno con el otro! Y llegó el momento (después de no sé cuántos episodios y temporadas de la serie) y fue espectacular. Pero esos dos ni vivieron juntos ni mantuvieron su negocio en común. Imposible.

Pero estaréis enganchados algún tiempo porque la curiosidad por conocer el mundo del otro os atraerá. Y si tenéis grandes broncas, el sexo os ayudará a superarlas aunque sea momentáneamente, porque al día siguiente los problemas siguen ahí, pero al menos os pillan un poco más relajados... Al Antidependiente le encanta que su pareja vaya a su caza. Literalmente. Se siente atractivo y deseado por el otro y por eso en parte se dejará dominar en la cama. No en exceso, porque no le gusta sentir que cede el control de nada a otra persona, pero jugará a eso durante un buen rato. Y al Crítico, que alguien se mida con él y le intente reducir es algo que le excita a rabiar y jugará encantado al sexo con su pareja Antidependiente. ¿Cuánto tiempo podéis estar así? Hasta que os dure la amistad. Porque ese es el talón de Aquiles de esta relación: la amistad. No sois capaces de mantenerla, la perdéis muy rápido y eso hará que todo lo demás se enfríe.

Cuando recibo a una pareja de este tipo en mi despacho es raro que sean muy puntuales, al menos en la primera visita. Generalmente, el Antidependiente no tiene muchas ganas de ver a un terapeuta (otra persona, además de su pareja, que va a decirle lo que tiene que hacer) y es el Crítico el que ha solicitado el encuentro y el que literalmente le arrastra hasta mi despacho. Este último, como siempre, toma enseguida posesión del terreno y es el que me informa de la situación de la relación. El Antidependiente, inquieto, mueve sus pies y pasea su mirada por ahí y por allá como si la cosa no fuera con él. Habla poco y cuando lo hace siempre es para quejarse de lo agobiante que puede ser su pareja o bien para defenderse de las acusaciones de las que siente que es objeto (cosa que sucede muy a menudo). La visita siempre se desenvuelve con insultos o bien con uno de los dos llorando, casi siempre el Crítico al verse en la impotencia de no poder doblegar al otro. Cuando les pregunto si alguna vez fueron amigos, me miran estupefactos y descubren que nunca lo han sido. Vaya, en eso están de acuerdo. Y es cierto. No es que alguna vez lo fueran y luego ya no, es que no lo fueron desde un inicio. Amantes, sí; amigos, no. Cuando les digo que se traten como les gustaría que un amigo les tratara, entienden cuál es la pieza que falta en esta relación. Algunas parejas se ponen las pilas y avanzan, porque ambos son inteligentes y porque aún se atraen; para otras parejas, ya es muy tarde.

Vamos ahora a conocer cómo se comporta el Crítico en este binomio.

Vas a llevar muy mal el desorden de tu pareja Antidependiente. Más que su desorden, tú dirás que su despreocupación. ¡Sus cosas están por ahí y por allá! No es que no sea limpio, pero le da igual dónde va una cosa o la otra y eso te exaspera. Y ya se lo puedes decir y explicar mil veces, que nada. ¡Al final, sospechas que debe hacerlo expresamente! Pues no, es su naturaleza. Al igual que la tuya es mantener una norma y un control sobre la casa. No vais a coincidir mucho en eso (tampoco), así que ve acostumbrándote y no seas excesivamente rígido en este punto, porque al final más que su pareja parecerás su madre. Recoge esto, recoge lo otro, ve a comprar, tiende la ropa, llama a tal sitio y haz la reserva, hazlo ahora, ¿ya lo has hecho? ¡Seguro que lo ha hecho! Pero a su manera. No es falta de compromiso, no es que pase de las cosas. Tu pareja Antidependiente sabe ser responsable, pero a su manera. Debes recordar esto muy bien, porque no adoptará tus directrices por mucho que se las repitas, así solo conseguirás agobiarle. Sí, lo sé. Su manera deja mucho que desear en muchos temas, sobre todo en el desorden, pero no tienes otro remedio.

Recuerdo a una pareja a quien las tareas de la casa estuvieron a punto de llevarles al divorcio. Ella, Crítica, no soportaba ver la mesa de trabajo de él: el cargador de móvil, un envoltorio de una chocolatina, una lata de refresco vacía, una carpeta del trabajo, la camisa que se compró el otro día, gafas de sol, cuatro o cinco libros que se estaba leyendo a la vez, rotuladores y encima de todo eso la bolsa del gimnasio (más o menos eso era todo, más alguna cosa más que seguro me olvido). Podías saber qué había hecho durante la última semana con solo mirar su mesa. ¡Era un verdadero mapa! Al parecer, el mueble en cuestión estaba situado en una esquina del salón. Habían intentado buscar otro sitio donde ubicarlo pero el piso era muy pequeño y no había otras opciones por falta de espacio. Así que ahí estaba la mesa, plantada en la estancia principal de la casa. E iba creciendo en volumen. La desesperación de ella la llevó a no invitar a sus padres a casa para evitarles tales vistas. Y por supuesto eso les llevó a muchas discusiones. «Es *mi* (subrayado) mesa, *mi* (subrayado) espacio», se defendía el Antidependiente. «Pero también es mi casa y son mis padres», contraargumentaba ella. ¿Qué hacer en una situación así? 1) Ir a la guerra. Fue lo que decidieron ellos, y no te lo aconsejo. 2) Pactar unos mínimos de tareas repartidas, o sea, tú te encargas de esto y yo me encargo de esto otro. Bien, funcionará, pero he dicho «mínimos» con toda la intención. No hagas una lista larga de cosas impolutas en la casa, de esas ya te encargaras tú, que te encanta. Al Antidependiente poco, claro y, lo más importante, a su manera. «¿Así limpias el baño, sin bayeta?». No vayas por ahí y déjalo hacer como quiera. El baño quedará limpio igual, te lo aseguro. Y eso nos lleva al punto número tres. 3) Respetar la manera que cada uno tiene de manejar las cosas y dejar un espacio propio en la casa. Este punto es delicado porque nos conduce al asunto de la dichosa mesa. Debes ceder al menos en eso y hablar de ello en positivo a otras personas. En el caso de la pareja anterior, la Crítica aprendió a enseñar la casa a sus invitados mostrando los espacios propios de su pareja Antidependiente con respeto y sentido del humor. «Y esta es la mesa de mi marido con todas sus cosas. Todavía no sé cómo llega a encontrarlas. ¡Es admirable, yo sería incapaz!». Y se quedaba tan ancha. Esa debe ser la actitud. Lo que os diferencia como personas os separará si le coges manía, o bien os juntará aún más si aprendes a admirarlo. No tienes que estar de acuerdo con él, no tienes que aprobar sus gustos, ni siquiera tienes que tener los mismos. Mira a tu pareja como una rara avis y muéstrale así a los demás, con admiración y cierto orgullo de que un sujeto como él te haya elegido a ti como pareja. Sencillamente, él es diferente. O tú de él, depende de cómo se mire. Acepta eso con bondad.

Insisto en este aspecto porque para un perfil Crítico como el tuyo es importante que aprendas a dar tu opinión sin censurar. Por ejemplo. Versión ofensiva: «¿Así vas vestida hoy?». Versión mejorada: «Ese vestido no te favorece demasiado». Dirás que es obvio y que es una cuestión de mantener la educación. Sí, sí, claro. Pero vosotros dos lo primero que perderéis será la educación llegando a ser muy mordaces el uno con el otro. «No sé cómo pueden gustarte los callos a la riojana, ¡qué asco!». «Yo no podría comerme un plato así, no me gusta nada». ¿Ves la diferencia? Pues es la que separa una convivencia llevable de la precipitación al vacío…

Lo mismo te aconsejo con sus amistades y familia. Lo tengo comprobado: rara vez un Crítico suele mezclar sus amigos y familia con los de su pareja Antidependiente y, de forma natural, se forman dos bandos: los tuyos y los míos. No suele haber buena relación entre el Crítico y sus suegros, a no ser que ellos también se sientan víctimas de tener un hijo Antidependiente. Entonces se harán aliados, pero de lo contrario no se entenderán. Es posible que odies a sus padres por haber criado tan mal a su hijo, como responsabilizándolos de tal nefasto resultado (que en parte es verdad). Pero no seas demasiado duro ahí porque si enfatizas en las diferencias entre ambas familias, crearás dos bandos enfrentados y eso acentuará peligrosamente las discrepancias entre tu pareja y tú. Con su familia aprende a ser políticamente correcto. No hace falta más, pero tampoco menos. Lo mismo te digo con sus amigos. No los juzgues y no te mantengas muy distante de ellos, deja que vengan a casa aunque no sean por completo de tu agrado. No tienes otro remedio porque si los alejas, alejas también a tu pareja, tenlo en cuenta. Por tanto, deja que salga con ellos y que tenga su tiempo individual y cuando venga a casa no le hagas un interrogatorio de tercer grado, alégrate de que se lo haya pasado bien y explícale lo bien que tú también te lo has pasado en lo que sea que hayas estado haciendo sin ella. Porque tú también tienes tu propio tiempo individual y sabes qué hacer con él, solo que no siempre parece que eso te haga feliz (porque de tan ocupado a veces pareces preocupado). Pues bien, con tu pareja Antidependiente debe parecerlo para así ponerte a su altura y mantener la llama de la admiración que tanto le pone a tu pareja. ¿Ves ahora por dónde van los tiros?

Giremos ahora la mirada hacia el Antidependiente. Es muy posible que te hayas acostumbrado a las quejas de tu pareja y hayas desarrollado un mecanismo defensivo consistente en pasar olímpicamente de lo que te diga con una actitud de lo más burlesca. Ahí está tu golpe magistral, simular indiferencia ante tu pareja Crítica.

Y surte efecto, desde luego, porque así ella se desmonta y es cuando se forma la bronca del siglo. Vamos a hablar claro: ya sabemos que no eres muy dado al compromiso, o al menos tú lo vives como lo vives todo, a tu manera. Pero si usas gestos que denoten indiferencia, como no mirar a la cara a tu pareja o dejarla a medias cuando te habla, irte y no decir adónde vas o cuándo regresas o no hablar de un tema porque a ti te importa poco o nada y sencillamente pasas del asunto… Esos son mensajes inequívocos de bajo compromiso en la relación, y puedes estar seguro de que tu pareja los captará a la perfección. Kyrian, un hombre Antidependiente casado con Susana, una mujer de perfil Crítico, hacía lo mismo que tú. Ella, muy puntillosa en las relaciones con los vecinos y preocupada de cuidar la imagen de la familia, se sintió muy afectada cuando un vecino se molestó con ellos por un malentendido que hubo en la comunidad de vecinos. No hubo manera de convencer a su marido para que fuera a hablar con él y aclararan el asunto. Sencillamente, Kyrian pasó. Su argumento: «Ese vecino es un amargado y no pienso perder el tiempo yendo y hablando con él». Y de ahí no lo sacabas. «¡Pero no puedes dejar las cosas así, al menos intenta un acercamiento!», le increpaba ella. Que no. Kyrian era un Antidependiente encantador pero como tal solo perdía el tiempo con la gente que realmente le importaba, de manera que si todo estaba de buenas, estupendo, pero si estaba de malas no iba a ser él quien intentara solucionarlo. Allá ellos. Esa es la muestra de compromiso relativo que tú tienes y que si te descuidas puedes empezar a aplicar también con tu pareja Crítica. Si estáis a bien, estupendo, pero como estéis a mal mucho tiempo no serás tú el que intente arreglarlo, harás oídos sordos y a lo tuyo. Tu compromiso con un vecino puede ser relativo, pero con tu pareja no, no al menos mientras estés con ella.

Vamos a hablar de los pequeños detalles, esos que son tan importantes para tu pareja Crítica. No hace falta que lo sean también para ti, pero al menos participa un poco o demuestra algo de interés en lo que sí es importante para ella. Voy a poner un ejemplo. No es un ejemplo cualquiera. Es el Ejemplo en mayúsculas. La boda. Cuando un Crítico quiere casarse desea que su boda sea bonita y perfecta, no un acto sencillo. En cambio para un Antidependiente la boda es algo totalmente prescindible. Es más, es algo que solo pensarlo le genera mucha pereza (y agobio, digámoslo todo). Si un Antidependiente se casa, suele ser por dos razones: por la megafiesta que va a organizar y/o por contentar a su pareja. Y si lo hace, puedes estar seguro de que su participación en los preparativos será más bien justita, por no decir nula. ¡Los Antidependientes sois eminentemente prácticos! No entendéis tanta parafernalia. Tú, que para hacer un viaje con cuatro cosas que pones en la maleta tienes más que suficiente. Todo el montaje que organiza tu pareja Crítica para la boda puede sobrepasarte bastante y hacer que lo vivas como «desde fuera». Olga, una Crítica a punto de casarse, se quejaba de esto mismo. «Es que hasta su traje lo he elegido yo, porque si por él fuera iba en tejanos». Y no exageraba. Su Antidependiente futuro marido sonreía como diciendo: «¿Y qué?», y sencillamente se dejaba hacer, como una marioneta en manos de su pareja. En realidad, era la boda de Olga y no la de él. Eso es vivirlo desde fuera, haces algo pero como si no fuera contigo. Esa es tu baja implicación y de nuevo tu característico compromiso relativo con aquello que te importa. Tu pareja Crítica es muy sensible a esto, porque es disciplinada y constante en lo que quiere. Muéstrate más implicado en lo que hagáis, aunque solo sea para acompañar a tu pareja en la dedicación que le echa a las cosas. ¿Quieres otro ejemplo? Comprar los muebles de la casa. Es muy probable que no puedas con ello, seas hombre o mujer. Si hay que hacerlo, se hace, pero con unas horas por la tarde tienes más que suficiente para decidirte. Patearte tiendas y catálogos para comparar y elegir es un trabajo de ingeniería para ti del que te escaqueas si puedes. «Cariño, elige tú, que seguro que estará muy bien». Vaya, qué generoso. Y tu pareja Crítica, que le encanta contrastar lo que ve y piensa contigo, se siente tirada y a la vez tirando ella sola del carro de la casa. Implícate más si no quieres confundirla. Porque ella no lo entenderá como generosidad, sino como falta de compromiso, y algo de cierto hay en eso.

De vez en cuando dale la razón a tu pareja, o haz alguna actividad de su agrado aunque sea para que sienta que te aporta algo. Eres tan autosuficiente que tu pareja crítica dudará que pueda ofrecerte algo de interés para ti. Convives con un educador nato, dile de vez en cuando que algo te ha enseñado y que te ha encantado. Si además te esfuerzas para que sea realmente así, será un regalo para ambos.

Si llegáis a tener hijos, ¡enhorabuena! Habéis llegado muy lejos. Tu pareja Crítica va a necesitar mucho de tu apoyo y te darás cuenta enseguida de que puede ser muy estricta en su estilo de crianza. Solo tú puedes ayudarla en su intento de querer controlarlo todo y sobre todo en sus momentos de desesperación cuando vea que vuestros hijos no le hacen caso (que será frecuente). Está claro que tú llevarías de otra manera las cosas, pondrías límites de otra forma a los niños, los enviarías a la cama con otras pautas. En el tema de la crianza os podéis llegar a medir mucho, a ver quién lleva la razón o a ver quién es el más listo que ha hecho que los niños obedezcan. Es importante que os acordéis de hablar de estos temas en privado, no delante de los niños, como tendréis tentación de hacer. Tu pareja Crítica te increpará y tú ahí le contestarás duramente delante del niño o bien algo peor, pasarás de ella pero llevándote al crío. Y de nuevo tenemos los dos bandos, como con la familia y los amigos, pero ahora mamá y papá. Ten paciencia, tu pareja va a tender a la severidad con los hijos y eso te puede sacar de quicio. No se lo juzgues con dureza en ese momento, no servirá de nada más que para desautorizarla delante de los peques y eso empeora las cosas. Ahórrate el «¡no le grites así al niño!». Mejor, cuando esté en el fragor del momento con el niño, acércate y tócale el brazo suavemente o cógele de la mano. Eso la calmará y la frenará momentáneamente, porque le estás indicando que estás a su lado. Pregúntale qué sucede y en ese instante toma el relevo con suavidad sin cuestionarla, sencillamente le dices que te encargas tú. O bien te quedas a su lado y ordenas a vuestro hijo que haga lo que le han pedido, demostrándole tanto a él como a tu pareja que formáis un equipo. Que aprendas a manejar estas situaciones en la crianza de los hijos respecto a tu pareja Crítica es muy importante, no solo porque os vais a ahorrar un montón de gritos en casa, sino porque con este punto, con la paternidad y cómo la lleves, afianzarás la confianza en la relación de pareja y mantendrás la admiración y respeto que un día tu pareja tuvo y sintió por ti.

Crítico + Crítico = ring de boxeo

¡Rayos y truenos! Porque eso es lo que va a haber, muchos rayos y muchos truenos. Dos perfiles Críticos juntos son dos capitanes en un mismo barco. Mal asunto…

Una relación como esta o es muy corta o es muy larga, y ambos casos tienen su explicación lógica. Si es de larga duración, es probable que se mantengan juntos, solo que no revueltos, ni siquiera próximos. Esta es una relación dura, de golpes fuertes y zancadillas.

Y fría, muy fría. Por eso también puede ser una relación de corta duración. Son esos matrimonios que cuando los ves no te explicas cómo vinieron los hijos. Vamos, hasta los propios hijos de mayores verbalizan que su existencia es un milagro. Ese es el dúo formado por dos Críticos.

¡¿Pero por qué dos personas tan peleonas acaban juntas?! Pues por eso mismo, por el placer de pelear. Estos dos se conocieron y la provocación que causaban el uno en el otro los enganchó. Muchos guiones de películas retratan este tipo de parejas. ¿Sabéis esos dos personajes que enseguida se odian cuando se conocen sin explicarse por qué? ¿Pero que un día se enzarzan en un apasionado beso, que más que con cariño parece que se lo den como si pelearan (un «ven *pa'cá,* te vas a enterar»)? Los típicos compañeros de trabajo que no se aguantan desde el primer día y que rivalizan sin parar, pero que se van echando unas miraditas con cierto morbo aunque los dos esconden mucho su atracción por el otro. Pues esa es la pareja. Y esa es la mecánica de su atracción: *alteregos* que se reconocen el uno al otro, se miden y se provocan para intentar doblegarse y salir ganadores. Igual que una partida de parchís, a ver quién se come las fichas del otro y cuenta de diez en diez hasta la meta. La cosa promete acción, ¿verdad?

Y desde luego que la habrá. Si no que me lo digan a mí. Cuando recibo a una pareja formada por este binomio, me puedo ir preparando. Los oigo discutir mientras suben las escaleras que conducen a la puerta de mi despacho. Estos dos ya salen de casa preparando la reunión que tendrán conmigo. Van debatiendo de qué hablarán, qué es lo más importante a explicar y qué mejor callar. Recuerdo una ocasión en la que le abrí a una pareja la puerta del edificio desde el interfono y no llegaron ni a subir a mi despacho. Le di al botón y esperé y esperé. Pero no apareció nadie. No les llamé inmediatamente por teléfono para saber qué había sucedido. Les di tiempo para que acabaran lo que les hubiera hecho cambiar de opinión y dar media vuelta. Cuando contacté con uno de ellos más tarde, me confirmó que habían tenido una fuerte discusión cuando llegaron al edificio donde trabajo y que terminó con uno largándose por un lado y el otro por otro lado después de un «que te den», por supuesto. Esa es la dinámica. Y cuando los tengo sentados frente a mí… Bueno, sentados, sentados están poco. En estas reuniones uno de los dos (y en ocasiones ambos) acaba de pie paseándose por el despacho, intentando controlar sus nervios y aclarar sus ideas para ser cauto y guardar la compostura delante de la terapeuta. Se interrumpen sin parar al hablar, se corrigen y el «¡eso no es verdad!» es uno de los gritos más repetidos. Se llegan a decir cosas muy feas, los insultos van y vienen y los pañuelos para sus lágrimas van circulando. ¿Qué queréis? ¿Por qué habéis venido? ¿Qué buscáis aquí? Son preguntas que continuamente debo formularles para ayudarles a centrarse de nuevo y a que no se dispersen con tanta discusión. No es fácil conversar con este tipo de pareja. Aunque pidan ayudan, no escuchan las alternativas que les ofrecen, provengan de un profesional o de un amigo que quiera echarles una mano. Siempre quieren tener la razón, difícilmente dan su brazo a torcer. Entienden lo que les quieres decir cuando le das un consejo, pero el ego de estos dos es tan fuerte que el «yo tengo razón» ha invadido toda su mente y es difícil sacarlos de ahí. Es como un ring de boxeo en el que debes vigilar no recibir también un golpe. De veras, en ocasiones encuentro a faltar una campana para poner fin al asalto. ¡Traigan agua por favor! ¡Masaje, hielo! ¡No, hombre, para la terapeuta!

Recordemos que en un perfil Crítico partimos de la posición existencial «Yo tengo razón, los demás se equivocan». Ese es el filtro con el que percibe lo que le rodea y por eso en muchas ocasiones tiene una acusada actitud a la defensiva y fiscalizadora. Dos Críticos conviviendo luchan por el territorio, o sea, por el poder y el «aquí mando yo» es el principio que hacen imperar. Ambos tienen las ideas muy claras de lo que quieren y de cómo deben hacerse las cosas. A veces coincidirán, no es que siempre estén a la greña, pero incluso en eso es posible que luchen por atribuirse la genial idea. Si estáis conviviendo, vosotros dos no podéis trabajar juntos. Eso es una locura, necesitaréis aprender a ser muy disciplinados en no mezclar asuntos del trabajo en casa, y eso es pediros demasiado… Y los dos seréis buenos trabajadores, seguro, porque sois tenaces y perseverantes en vuestro oficio. Si no estáis en el mismo departamento, seréis grandes socios en el negocio que compartáis, cada uno liderando en lo suyo y llevando a su equipo. Pero como os mezcléis… Hasta luego, no funcionará. O sí, pero a base de mucha reunión discutida. Y claro, luego eso os lo lleváis a casa y ahí continuáis. Mal asunto.

Si este es vuestro caso, si trabajáis juntos además de convivir juntos, independientemente de que estéis en el mismo departamento laboral, os irá muy bien llamaros de usted cuando habléis de trabajo en casa. No es broma, probadlo. Así lo hicieron Miriam y José, una pareja de Críticos que llevaban una gestoría juntos. Llegaban a casa y ahí, con los niños de por medio, continuaban con sus reuniones convertidas, a esas horas y con el cansancio a cuestas, en verdaderas disputas. Intentaron pactar no hablar de temas de trabajo en casa, pero eso fue imposible, como bien dije antes. Al final, salían los temas y todo se convertía en una ofensa personal cuando solo estaban tratando asuntos laborales. Para poder distinguir lo personal de lo profesional y no mezclar los mensajes como estaban haciendo decidieron llamarse por el apellido. «Tengo que hablar con el señor García de un cliente que ha llamado esta mañana». Esto le servía a él para hacer un corte en su mente y colocarse en situación laboral aunque estuviera en ese momento recogiendo la cocina. E incluso le daba la ventaja de programar la conversación. «El señor García acaba de recoger esto y enseguida me cuentas». Bien. Mucho mejor que un «¿sabes que ha llamado un cliente quejándose hoy?» soltado en medio de la cocina. Sobre todo usadlo cuando discutáis, así recordaréis que estáis dándole caña al profesional, no a la pareja con la que os acostáis. «¡Señora Pérez, andas muy equivocada!». Mucho mejor que un «¡te equivocas, Miriam!». La señora Pérez es la profesional con la que trabaja; Miriam es su amante y madre de sus hijos.

Como los dos sois muy quisquillosos, cuando habláis necesitáis precisar mucho la información y ahí os perdéis.

—Pasé a recogerte por el trabajo a las cinco y ya te habías ido.

—Imposible, a las cinco aún estaba.

—Eran las cinco y tres minutos, porque justamente miré la hora en el reloj del coche.

—No puede ser, a las cinco siempre estoy recogiendo los últimos faxes que llegan.

—Pues te digo yo que acababa de ver la hora y no estabas.

—Pues ese reloj irá mal porque me he despedido de la telefonista como cada día y eran las cinco pasadas.

—¡Qué va a ir mal el reloj! No pasa nada si te has ido antes del trabajo, tranquila.

—¡Que yo no me he ido antes del trabajo! ¡Ya verás, llama a la telefonista y te lo dirá!

—¡Pero qué voy a llamar ni qué leches! ¡Hoy no estabas y punto! ¡Mala suerte para mí, que pasé a recogerte!

—¡Que te digo yo que no me fui antes! Tú, que te habrás confundido. ¡A saber adónde me habrás ido a buscar!

—¡Será posible! ¡Sé perfectamente donde trabajas! ¡Llama a la telefonista!

Y la llamaron.

De verdad, chicos, ¿es necesario que lleguéis a esos extremos? Así nunca sacaréis nada en claro porque para saber «la verdad» haría falta una cámara de vídeo que estuviera allí y hubiera grabado lo sucedido para que posteriormente lo pudierais comprobar. Bueno, eso o tener a una telefonista a la que consultar, pero no podéis ir tirando siempre de testigos. Tendréis que aprender a pasar por encima de los detalles y dejar de pelear por quién lleva más razón. O acabaréis compartiendo la caja de ansiolíticos. Y no lo digo en broma. ¡Qué más da un minuto más o un minuto menos! ¡Qué más da si fue así como lo explico yo o fue asá como lo explicas tú! No os perdáis en el detalle, no es tan importante. No os hace parecer más listos si precisáis más, ni os hace parecer tontos si os habéis equivocado. Cuando los protagonistas de la conversación que he descrito acabaron de explicármelo, yo pregunté: «Así que no caíste en la cuenta del gesto de tu pareja al ir a recogerte al trabajo, ¿no? Qué me dices de eso, ¿lo encuentras un gesto bonito por su parte?». Evidentemente, me reconoció que sí. Os distraéis de lo que importa de verdad con una facilidad pasmosa. Es necesario que sepáis fijaros en dónde está el auténtico valor de lo que está sucediendo y, más importante aún, que lo sepáis reconocer y agradecer en voz alta. «¿Ya le has dado las gracias por su detalle de ir a recogerte, aunque no te encontrara?». Insistí. Y, por supuesto, me reconoció que no. Pues venga, nunca es tarde.

¡Ay, esa frialdad! ¡Qué poco generosos sois cuando se trata de intimar! No os cogéis de la mano por la calle, no os dais un beso por la mañana y ya no digo echaros un piropo. ¡Qué parquedad!

¡Qué dureza espartana! Al principio el sexo empezó siendo un campo de batalla divertido, una lucha por ver quién dominaba a quién, como un atleta en busca de su trofeo. Eso es propio del amante de perfil Crítico. «Me lo voy a follar». Con esta expresión que en ocasiones habéis usado dejáis bien claro vuestras intenciones: no es solo interés por el otro, no es solo ganas de tener sexo, es también querer vencerlo y hacerlo vuestro. Y lo mismo cuando se trata de una invitación. «Fóllame». Toda una provocación del Crítico para que intenten doblegarlo, ahora que está dispuesto. Eso os da mucho morbo y por eso no es de extrañar que muchas parejas de perfil Crítico practiquen el sadomasoquismo o alguna otra práctica erótica de BDSM.[4]

Así, puede pasar que en la relación del día a día hayáis tirado la toalla pero que continuéis juntos porque otra esfera de vuestra vida os mantiene unidos. Eso explica que muchas parejas de Críticos duren más de lo que podríamos apostar a simple vista. Puede ser por la crianza de los hijos, por el valor de la familia, por el negocio que compartís, por el sexo. Aguantáis la relación, pero solo os encontráis en esos momentos. Ahí existís el uno para el otro. Pero más allá de eso desaparecéis, ni os veis, como si hicierais vidas separadas bajo el mismo techo. Entonces las discusiones cesan, ya no hay más. Qué paz… Señal inequívoca en vuestro caso de que la relación de pareja ha muerto.

Hay algo que os va muy bien a vosotros dos para evitar que lleguéis a la nada en vuestra convivencia. Marchar de viaje. Varias parejas de Críticos me lo han confesado: cuando están mejor es cuan-

---

[4] BDSM es el término usado para abarcar un grupo de prácticas y fantasías eróticas. Es una sigla formada por las iniciales de las palabras *bondage*, disciplina-dominación, sumisión-sadismo y masoquismo.

do se van fuera, aunque sea solo un fin de semana. Vosotros rompéis las estadísticas, os divorciáis si os quedáis en casa, no por culpa de las vacaciones. Todo lo contrario, estas os ayudan a salir de vuestra zona de poder y confort, a hacer algo diferente y fuera de la pauta del día a día y por tanto os ayudan a salir de vuestra rigidez mental y relajaros y dejaros ir y disfrutar y... Vaya, que lo necesitáis como agua de mayo. Ahí la pareja se ve con otros ojos, ya no pelea, ya no rivaliza y soléis venir muy contentos de vuestros escarceos. Eso sí, a ser posible sin hijos y varias veces al año, no sirven solo las vacaciones de rigor, porque para una pareja como la vuestra las vacaciones son una auténtica medicina que debéis tomar bastante a menudo.

Recuerdo un chico de veinte años, Óscar, hijo de padres Críticos, que en una ocasión me explicaba cómo deseaba que sus padres se marcharan de vacaciones (y no penséis mal, no lo decía para montarse sus fiestas en casa). El joven había comprobado qué transformados venían sus padres al regreso de ese finde fuera del hogar. Y sobre todo se percataba del clima de tranquilidad que se percibía en la casa durante los días sucesivos. Por desgracia, el efecto no duraba más que una semana y el hijo les lanzaba indirectas sobre cuándo sería el próximo puente del año.

Los hijos de una pareja de Críticos han visto de todo, desde duras peleas entre sus padres hasta la más absoluta indiferencia entre ellos. Por lo general, ambos progenitores se implican en la crianza de los hijos ya que estos ocupan un lugar de relevancia en sus vidas. Por eso mismo suelen ser padres muy interesados en el día a día de sus hijos y en ocasiones excesivamente intervencionistas en la vida de estos. Cuando los hijos son algo más mayores, intentan poner freno a este control paterno y suelen hacerlo volviéndose herméticos, contestando con monosílabos o siendo especialmente bordes. Es su manera de decir «vale ya, *pesaos*». Este celo que los padres Críticos tienen sobre la vida de sus hijos es lo que muy a menudo explica que parejas así no se disuelvan: gracias al valor de la familia, que en un Crítico puede llegar a ser un valor-estandarte. Dicho de otra manera, gracias a los hijos. También podemos entender que nuestro joven Óscar respirara aliviado cuando sus padres le daban algo de aire al irse de finde.

Durante la convivencia en casa, hay una actividad que os irá genial para que ambos ampliéis vuestra tolerancia y respeto hacia lo que no os gusta o no entendéis del otro. Pero sobre todo, para que dejéis de competir: turnarse el mando. Un día tú a tu manera y yo te obedezco, y otro día a mi manera y tú me obedeces. Tenéis que probarlo, vuestros hijos fliparán, pero será un modelo de democracia muy educativo para ellos. «No, hijo, hoy lo hacemos como dice mamá. Hoy la jefa es ella». Y lo dice con una seguridad que el hijo percibe el respeto de uno hacia el otro. «Hoy es el día de papá, así que le preguntaremos a él». Fantástico. Pasároslo bien con el ejercicio, no tenéis otro remedio porque en ocasiones os vais a llevar las manos a la cabeza. Pero aguantaros las ganas de enjuiciar, sencillamente por una vez en vuestras vidas dejad hacer al otro y aplaudidle. ¿Que hizo la lista de la compra y se dejó de anotar la mitad? Tranquilo. Ya la completarás cuando sea tu día con lo que consideres que falta. Así evitamos un «¿te has dejado los yogures? ¡Mira que te lo dije!». Cuando te toque ya los traerás tú. Haced uso de esta fórmula siempre que podáis, especialmente en los días que preveáis complicados («¿mandas tú o mando yo?») y respetad las consignas del otro como si jugarais al «Simón dice».[5]

---

[5] «Simón dice» es un clásico juego de grupo donde uno de los participantes es Simón y dirige la acción. Los otros deben hacer lo que Simón dice. En este juego es el espíritu del mandato lo que importa, no tanto las acciones. Si

Esta es una relación compleja. Sois dos leones dispuestos a batirse en duelo por ser el alfa. Por eso vuestra compatibilidad es baja. Cuando una pareja formada por dos Críticos se separa, suele hacerlo con mucho odio y rencor. A veces ese resentimiento hacia el «ex» lo llevan toda la vida y les cuesta mucho recuperarse y confiar de nuevo en otra persona, porque dos Críticos que se separan siempre acaban como enemigos. Antes de llegar a ese extremo vale la pena que intentéis aflojar en la lucha, en una relación hay lugar para los dos, ¿no creéis? Si aún os atraéis, mantened esa tensión y aplicad un poco más de dulzura en vuestro trato diario. Intentad aprender algo del otro, por difícil que os parezca. Y cuando descubráis qué os aporta vuestra pareja a vuestro crecimiento como persona, sed agradecidos.

Sumiso + Sumiso = naufragio emocional inmediato

Sois dos perfiles que difícilmente se juntan porque de forma habitual un Sumiso busca un complemento que le dé fuerza y seguridad y, sobre todo, que le dé mimos y reconocimientos. Esta última parte otro Sumiso la puede ofrecer, pero desde luego la primera parte no. Y eso, al final, se echa de menos. Sucede entonces que este perfil acaba buscando en otro sitio lo que no encuentra en su pareja: puede refugiarse en la crianza de los hijos si los tienen, o bien en el trabajo o bien en otra persona. Su débil autoestima los hace muy vulnerables a la desesperanza y a caer en la tristeza, por

---

Simón dice que te toques la punta del pie, los jugadores deben demostrar que han entendido el mensaje y son capaces de hacerlo.

eso sí quieren estar juntos van a tener que fortalecerse emocionalmente porque no es que tengan que convertirse en el apoyo para la pareja, es que van a tener que ser el apoyo para sí mismos. Si no se ponen las pilas en esto, su compatibilidad como pareja es desde luego baja.

Fijaos que he comenzado subrayando la importancia del trabajo individual por encima del de pareja que este binomio está obligado a hacer. Para empezar, les cuesta mucho definir sus necesidades. Es decir, saben hablar de sus sentimientos pero no son muy hábiles en detectar qué es lo que realmente necesitan y en hacer peticiones claras a su pareja. Y si lo saben, les da una vergüenza terrible decirlo. Y eso es un problema, porque lo que es quejarse saben hacerlo, pero la queja tiene que venir seguida de una declaración de necesidades muy clarita y ahí es donde se quedan cortos. Veamos un ejemplo. Queja 1: «¡¿Por qué siempre tienes que leer en la cama antes de dormir?!». Pues lo hará porque le gusta hacerlo, ¿y? Queja 2: «¡Qué manía le has cogido a ese sofá, ahora siempre te da por sentarte ahí!». Pues será porque está cómodo, ¿y? Y nada más. Se acumulan quejas pero no son capaces de verbalizar, de exponer abiertamente lo que de verdad sienten y necesitan de la otra persona. ¿Acaso que se duerma abrazado a él? ¿Quizás que se siente a su lado en el sofá? ¿O que le coja de la mano como hacían antes? ¿O que busque su contacto físico? ¡Hablen, señores, hablen! ¡No esperen a ser adivinados y exprésense sin filtros y sin temor a ser irreverentes! En los primeros años de relación no tendrán necesidad de hacer esto, pero a medida que les atrape la rutina será imprescindible que sepan hacerlo.

Es lo primero que observo cuando los tengo sentados delante de mí. Cuesta horrores que me expliquen el problema que les ha conducido hasta mi despacho. Y no es porque se sientan cohibidos por la presencia del otro, porque si hablas a solas con cada uno de ellos sucede exactamente lo mismo. «No estamos bien», me dicen. Cuando les pregunto por los motivos, no saben dármelos o bien son difusos. «Todo ha cambiado de un tiempo para acá. Discutimos mucho por cualquier cosa». A veces alguno de ellos llega a la conclusión de que el problema no es de la pareja, sino de él, que no se encuentra bien y se presta voluntario para continuar las visitas individualmente. En parte su intuición no va del todo equivocada, porque como ya he comentado el perfil Sumiso tiene una tarea propia que hacer para romper ciertas creencias que le esclavizan y que haga ese trabajo personal sin duda ayudará a la relación de pareja pero no substituirá el esfuerzo que estos dos deben hacer juntos. Poder ayudarles a definir qué les pasó y por qué es el primer objetivo en este tipo de pareja, y ya solo con ese descubrimiento sienten un gran alivio.

Esta es una pareja que cree en el amor romántico. En la magia de las palabras, las miradas, los lugares. Viven de eso. De hecho, no es de extrañar que su casa parezca un museo. ¡Qué cantidad de cosas tienen, por Dios! Recuerdos de todo tipo: fotos, libros, la vajilla del ajuar de bodas de la abuela, la pipa donde fumaba el bisabuelo, el cuadro con la copia del registro de nacimiento de un pariente lejano, y más fotos y más libros y más recuerdos únicos de momentos únicos y de lugares únicos. Este perfil siente un gran apego por la familia y las posesiones materiales, estableciendo una relación simbólico-dependiente con los objetos. De hecho, detrás de muchos litigios judiciales por asuntos patrimoniales hay individuos Sumisos que luchan por ellas, quién lo iba a imaginar. Las raíces, la tierra y los valores tradicionales son importantes para ellos y si no los conservan pueden desorientarse mucho en su vida. Sí, el romanticismo de las cosas (por no llamarlo apego) es algo que aprecian mucho y es lo que explica que dos Sumisos se atraigan.

Se atrajeron porque es una relación fácil, quiero decir que no vieron en el otro a una persona complicada, sino más bien facilitadora y evitadora de conflictos. Y eso les hace sentir cómodos porque el Sumiso pasa auténtica vergüenza ajena y encontrar un *alter ego* que como él prefiera ser prudente en sus palabras y propuestas le facilita poder coger una rápida confianza en el otro. Pero lo que realmente acabó por unirlos fue la delicadeza y veneración que se respiraba entre ellos cuando se encontraban. «Aún guardo el lápiz que me prestó la primera vez que no sentamos juntos en clase». Eso me lo explicaba una mujer Sumisa entre lloros y en plena crisis de pareja. Y yo me imaginaba el lápiz expuesto con reverencia en algún rincón de su casa-museo. Suelen tener una memoria de elefante en todo lo que se refiere a su relación desde que se conocieron. Y no discuten por eso, ¡qué va! Ambos se fijaron en lo mismo y ambos grabaron en sus mentes lo mismo, así que casi siempre están de acuerdo. Por eso se gustaron, porque quedaban prendados por lo mismo. Y claro, el primer beso debió de dejarlos paralizados. «¡Oh, Dios mío, la he besado! ¡Oh, Dios mío, me ha besado!». Y si pudieran harían una marca en la baldosa del suelo donde sucedió tal fenómeno, para recordarlo siempre. «¡Fue aquí, tal día como hoy hace veinte años!». Y ese impacto les acabó de enganchar.

El sexo que practican suele ser lento y de largos besos, porque ellos no follan, te dirán que hacen el amor. Algo sencillo y bonito para empezar, para luego explorar algo más atrevido si ambos tienen ganas. Pueden idolatrar bastante el sexo como un momento superespecial y necesitan su tiempo para prepararlo. Un encuentro sexual fortuito quita toda la magia que se requiere y por eso lo de aquí-te-pillo-aquí-te-mato no les va demasiado. A veces les propongo que se dejen ir y al trapo, pero ellos necesitan un precalentamiento largo, muy psicológico más que físico y si la ambientación falla, pues adiós al asunto. Lo que a simple vista parecía un sexo sencillo acaba siendo un sexo complicado. La libido de esta pareja es esencialmente emocional. Deben tocarse con las emociones para poder llegar al juego físico. Si no, el deseo carnal no se activa ni por asomo. Lo de «te veo y me apeteces» no les funciona. El sexo porque sí, porque hoy tengo hambre, no tiene piloto automático. Y claro, eso les hace ser muy dependientes de las muestras de cariño del otro, y si un día faltan o empiezan a disminuir, os podéis imaginar el resto. Por tanto, no es tan importante para ellos si no tienen sexo de forma frecuente mientras haya de lo otro: mimos y reconocimientos durante el día.

Ya veis, esta es una relación en la que uno espera mucho del otro, demasiado. Recordemos que la posición existencial de un Sumiso, la manera como percibe la vida y a sí mismo, es «yo no puedo, tú sí». Tal creencia le predispone a una actitud pasiva ante los acontecimientos, esperando que provengan desde el exterior en vez de irlos a buscar activamente. Es lo que solemos llamar el efecto «después de». «Cuando acaben las obras de la casa, estaré más contenta». «Cuando nos mudemos al piso nuevo, nuestros problemas se arreglarán». «Si me contrataran en ese trabajo, empezaría a ser feliz». «Si mi padre no hubiera muerto tan pronto, mi vida sería otra». En fin, siempre hay algo que tiene que suceder o mejor no hubiera sucedido para que el Sumiso se sienta bien. Con lo cual siempre se encuentra a la espera de que otros hagan cosas o la vida le traiga cosas. «Cuando mis padres acepten que pasamos las Navidades fuera me sentiré mejor». «Si mi madre me hubiera amado como lo ha hecho con mi hermano mayor, ahora mi vida sería diferente». Su malestar está más que justificado en muchas ocasiones. El problema es que se ancla ahí, en la queja, en la tristeza, y ser proactivo y luchar por el cambio en su vida es algo que al Sumiso le cuesta una barbaridad y necesita ayuda, empezando por el apoyo de su pareja. Sin embargo, aquí los dos pecan de lo mismo. Si no mantienen viva la magia que al principio crearon, si la rutina de la convivencia se los come hasta convertirlos en autómatas que no disponen del tiempo para dar rienda suelta a su romanticismo, entonces su dependencia se convertirá en naufragio emocional, en depresión.

Sé que suena duro, pero es algo de lo que tenéis que ser muy conscientes. Concentraos en lo vuestro, en el interior de la relación, no en el exterior de ella. La familia, el beneplácito de los padres, la cercanía de ellos, la relación de ellos con vosotros, el qué dirán los vecinos, los amigos, la relación con los padres de la escuela… Todo eso es importante pero no crucial para vuestra autoestima individual ni excesivamente necesario para vuestra satisfacción como pareja. Concentraos en lo que vosotros os dais a vosotros mismos, no lo que dais a otros ni lo que otros os dan a vosotros. Pongamos un ejemplo de algo muy común que os sucede: el enganche que tenéis con la familia de origen. Como pareja se percibe mucha más gente que dos. Sois vosotros dos más los padres, hermanos, abuelos y suegros que pueden convivir con vosotros o bien muy próximos a vuestra residencia, porque os gusta tenerlos cerca. Hasta ahí ningún problema. La cuestión es el grado de influencia que ejercen en vuestra relación: si están bien, si tienen problemas, si están contentos, si tienen salud… Evidentemente que estos asuntos os pueden preocupar o entristecer, pero en vosotros además se colarán en vuestra mente y en vuestro corazón y robarán toda la energía de la relación de pareja. O sea, no hay pareja si no hay un entorno de bajo conflicto. Y eso es muy difícil, porque en la vida siempre pasan cosas.

Siguiendo con el ejemplo de la familia, id con cuidado con cómo resolvéis el duelo que acontece a cualquier pérdida. Sois muy sensibles a la fobia de separación. Jordi, un Sumiso casado con Loli, otra Sumisa, no superó la muerte de su madre. Estaba muy unido a ella y el golpe de su pérdida fue muy duro. Cayó en una depresión y estuvo así tres largos años. No se decidió a pedir ayuda hasta que no tomó conciencia de que su matrimonio se tambaleaba. Se había vuelto inexistente en la vida de pareja y agresivo con sus hijos pequeños. Su falta de estabilidad emocional estaba afectando a la estabilidad emocional del grupo familiar, pero especialmente a la de Loli, que también estaba empezando a presentar síntomas depresivos. Esto es lo que sucede en la pareja formada por dos Sumisos, que si uno cae, en cuestión de poco tiempo el otro también. Porque ambos dependéis y esperáis en exceso del otro.

Por tanto, no os aisléis el uno del otro. No hagáis como Jordi, que para calmar su tristeza se ponía los auriculares después de cenar y se acostaba escuchando música para poder conciliar el sueño mientras en la otra punta de la cama Loli sentía una soledad cada vez más acusada. No os refugiéis excesivamente en algo, ni en la lectura, ni en el trabajo, ni siquiera en la crianza de vuestros hijos. Buscaros. Refugiaros el uno en el otro y si no tenéis fuerzas para ello buscadlas, cuidaros, hacer la terapia personal que tengáis que hacer si es preciso, pero manteneros en pie por vosotros mismos y podréis ayudaros uno al otro y hacer que esta relación no se hunda emocionalmente.

Por ejemplo, sois buenos vecinos, necesitáis que la comunidad esté contenta con vosotros e intentáis dar un buen ejemplo. No os faltan nunca ni los buenos días ni aguantar amablemente la puerta del ascensor. Nunca un mal gesto, nunca una palabra fuera de tono. En una reunión de la comunidad de vecinos es posible que paséis desapercibidos. «Estos son los vecinos del 4º, 1ª». «¿Ah, pero ya se alquiló el piso?». Sí, están hablando de vosotros.

¡A eso me refería! Demonios, ¡haced una locura de vez en cuando! Perded la corrección en algún momento, no pasa nada, de veras. Alquilad un canguro para los peques y largaos, haced el amor en la playa o en la cocina encima de la vitro, escribiros cartas de amor cada semana o enviaros cada día WhatsApps edulcorados, apuntaros a clases de salsa o country, reíd, saltad, gritad. Y no lo hagáis después de, hacedlo ahora.

Antidependiente + Antidependiente = ACDR (amigos con derecho a roce)

Esta pareja es la bomba. Nunca dos personas se entendieron tan bien en sus necesidades y gustos. Normal. Lo que uno es y tal como es, es más que suficiente para el otro. No necesitan cambiarse, son perfectos el uno para el otro y lo saben. Cuando dos Antidependientes se conocen se les ha abierto el cielo, porque no todo el mundo entiende su manera de vivir y el espacio que necesitan para sentirse bien. Y por tanto, encontrar a alguien que no solo no juzga eso sino que además lo practica también, es un regalazo para sus vidas. Estos dos se amaran siempre, se buscaran siempre. Por los siglos de los siglos, amén. Otra cosa es que podamos llamarlos pareja en el sentido más «clásico» de la palabra, porque es posible que ni ellos mismos se definan como el novio del otro, no al menos en los primeros años. Pero serán lo más cerca que estén de eso nunca y con una trayectoria larga y estable. Por eso su compatibilidad como pareja es alta.

Vosotros sois dos personas unidas por un espíritu común, la amistad y el sexo. Y lo pondría en ese orden. Un espíritu común que es el de vibrar de la misma manera ante la vida, percibirla de la misma manera, comérsela a cachos con deleite. Por eso se establece un vínculo de amistad tan grande entre ambos. Y realmente es envidiable, porque compartís una complicidad difícil de encontrar con otras personas. Os podréis enfadar, podréis no estar de acuerdo en algo, pero siempre seréis leales al cariño que os tenéis. Arreglaréis lo que tengáis que arreglar, conversaréis (porque vosotros dos sois grandes conversadores, ¡os lo explicáis todo!), y si aún así continuáis no estando de acuerdo en lo que sea, lo dejaréis correr, no insistiréis en el otro, no pelearéis, sencillamente os respetaréis con un «allá tú, tú verás», y punto y final. Admirable. Muchas parejas deberían aprender la habilidad que tenéis vosotros de amaros y dejaros hacer.

Y esa amistad os llevará a la pasión que se despertará entre vosotros. Y seréis amantes. Esta es la mejor palabra que encaja con vosotros, la de «amantes» en vez de «pareja». Lo vuestro va a temporadas, os alejáis y os acercáis a vuestro antojo, porque así os lo permitís. Es muy raro que una pareja de este perfil tenga prisa por ir a convivir juntos, en plan pareja formal. Si lo hacéis, pareceréis más bien dos compañeros de piso y seguramente lo haréis por comodidad, porque como sois buenos colegas y la convivencia es fácil os ahorráis un alquiler y repartís gastos. Sin embargo, es posible que prefiráis habitaciones separadas, porque no renunciáis a vuestro espacio personal. Podéis dormir juntos, claro, pero un día uno de vosotros dice: «Me voy a la otra habitación», y aquí no pasa nada. De hecho, estáis acostumbrados a no coincidir mucho por casa debido a vuestras agendas y los viajes de trabajo que lo más seguro tendréis. Si decidís vivir cada uno en su casa, es muy posible que os hayáis dado una copia de la llave de vuestro piso. A Inma, una Antidependiente como la copa de un pino, le encantaba tomar el sol en la terraza del piso de Pedro, otro Antidependiente radical. Así que cuando le apetecía cogía las llaves y se largaba allí a relajarse. Le enviaba un mensaje informándole, no sea que lo pillara en una situación comprometida (conocía muy bien a Pedro), y si todo estaba despejado, allí se plantaba. No tenía que llevarse nada, muchas cosas ya las tenía en el piso de él, que era casi como el suyo. Así es vuestro amor, lejos pero juntos, juntos pero lejos. Una amistad con derecho a roce o dos amantes con derecho solo a la amistad. Qué más da cómo se mire.

Dicen que el filósofo y escritor Jean-Paul Sartre y su pareja, la también filósofa Simone de Beauvoir, compartían este tipo de relación. Realmente, leyendo la biografía de él no cabe duda de que era un Antidependiente de arriba abajo. Y encontró en ella su alma gemela. Él lo definió a la perfección: hay dos tipos de amores, el necesario y los contingentes. Y ella dijo de él que más que amor, lo que tenían era una amistad íntima. No llegaron a convivir, pero sus apartamentos estaban en el mismo edificio. Cuando murieron fueron enterrados juntos, nadie dudó de su amor como pareja aunque fuera difícil definirla (y más en aquella época).

Así, vosotros no necesitáis tener una relación cerrada. La tendréis y disfrutaréis por un tiempo, pero es posible que más tarde rompáis esa cláusula y os dejéis volar el uno al otro, aun compartiendo el mismo piso. Como ya he dicho, podéis pasar una temporada sin veros haciendo vuestra vida por ahí, pero no perderéis el contacto que puede ser casi diario. Y os lo diréis todo. To-do. Si ambos sois muy radicales en vuestro perfil como Antidependientes, es posible que os expliquéis vuestras conquistas amorosas con pelos y señales. No sois posesivos, así que no sentís la punzada de los celos, más bien algo de envidia por lo bien que se lo ha pasado el otro. No debemos olvidar que el Antidependiente es muy exigente en la amistad. Aunque conozca un sinfín de personas y tenga su agenda repleta de contactos, su círculo íntimo de amistades es pequeño y de ellos necesita lazos muy estrechos y niveles de confianza muy altos. Pues imaginaros con vuestra pareja Antidependiente. Lo mismo, elevado a la máxima potencia. He conocido parejas Antidependientes que llegan a explicarse detalles sexuales íntimos de sus escarceos con otras personas. «Él me agarró del pelo por detrás y cuando me la metió…». Hay otras parejas que no necesitan compartir ese grado de detalle, pero lo que es innegociable es que no se expliquen sus aventuras, sus exploraciones por la vida y con la gente. Existe una amistad íntima entre vosotros, ya no sexualmente hablando, sino emocionalmente. Como almas gemelas.

Claro, lo complicado es cuando intentáis tener relaciones incipientemente estables con otras personas. Estas no entenderán qué papel juega el uno en la vida del otro.

—Pero vamos a ver, ¿es tu novia?

—No.

—Entonces, ¿por qué hablas con ella cada día?

—Porque es una amiga de toda la vida, tenemos mucha confianza.

—¿Pero os habéis *enrollao*?

—Mmm… sí…

(Cara de estupefacción de ella).

—Pero fue hace mucho tiempo.

—Ya.

Sí, es difícil explicar lo vuestro… Y tendréis que tomar una decisión, claro está. Y si decidís empezar una relación estable, con exclusividad y fidelidad, con otra persona… Pues podréis hacerlo, pero por un tiempo limitado. Quizás meses, quizás años. Pero vosotros dos volveréis a estar juntos. Es inevitable. Os atraéis como un imán. De hecho, el otro representa lo mejor de sí mismo porque se ve en él como en un espejo. De alguna manera es como meterse en la cama con uno mismo, si me permitís la comparación. Porque el narcisismo es vuestra marca personal y estáis encantados con el otro Antidependiente porque en el fondo estáis encantados con vosotros mismos.

En cuanto a los hijos, es perfectamente posible que los tengáis si a ambos os apetece. Si es el caso, seréis muy disciplinados en llevar una vida ordenada y basada en el respeto ante los ojos de vuestros hijos. Conviviréis juntos, aunque es posible que de vez en cuando marchéis de viaje por separado con vuestros hijos, y ellos encantados de la vida. El viaje a Londres con papá. El viaje a Berlín con mamá. Y el viaje que hicimos todos juntos a Disney World. Si convivís juntos como pareja pero mantenéis otras relaciones amorosas, lo haréis con mucha discreción y sin conocimiento de vuestra familia, que no lo entenderían y creerían que es el fin de vuestra relación. Y nada más lejos. Sois buenos amigos con derecho a roce que conviven juntos y siempre lo seréis. Como padres sois amorosos y os gusta jugar y pasar tiempo con vuestros hijos. Estáis muy conectados a la vida de ellos pero sin ser excesivamente intervencionistas. Vuestra casa puede convertirse en un *chiquipark* repleto de niños porque os gusta invitar a los amiguitos de vuestros hijos y montáis cada fiesta… Únicamente recordad que el centro de atención es vuestro hijo, no vosotros.

¿Recomendaros algo? Pues… nada. De hecho, es difícil que una pareja de Antidependientes necesite ayuda de un profesional porque es muy autosuficiente y la seguridad en sí misma se incrementa con el paso del tiempo gracias a la lealtad y al profundo cariño que se tienen. Me alegro de que os hayáis encontrado, porque el Antidependiente puede sentirse muy solo si no encuentra la horma de su zapato, ya que con frecuencia se ve cuestionado por su entorno. Así que, ¡luciros y disfrutadlo! Aunque no sé por qué os lo digo, seguramente será lo que hagáis.

Ponderado + Sumiso, Crítico o Antidependiente = contigo puedo llegar a ser mejor persona

La personalidad Ponderada puede ejercer un efecto terapéutico en los otros perfiles, a no ser que estos sean muy radicales en sus posiciones. Entonces, el Ponderado se limitará a retirarse y tirará la toalla en la relación. No a la primera de cambio, porque sabe ser paciente y quiere a su pareja, pero después de un par de intentos infructuosos en hacer que la cosa funcione lo dejará por imposible. Por eso mismo, dependiendo del nivel de flexibilidad de los perfiles para aprender y crecer como personas, el nivel de compatibilidad entre el Ponderado y los otros tres perfiles es medio.

Recordemos las tres grandes virtudes que tiene este perfil: sabe darse PERMISOS, sabe usar la PROTECCIÓN y tiene POTENCIA. Pues estas «3P» son las que, sin necesidad de proponérselo intencionadamente, enseñará a su pareja a cultivar a través de su propio ejemplo. Cuando conozco a una pareja en la que uno de ellos es un

Ponderado, siempre sucede lo mismo: el otro agradece en voz alta lo mucho que le ha enseñado y lo mal que le hubieran ido las cosas o algún hecho en concreto si no llega a tener una persona como su pareja a su lado. «Menos mal que a Antonio estas cosas no le afectan, verle tranquilo me ayuda mucho». «Suerte que estoy con una persona que sé que no me va a juzgar, sino no me hubiera atrevido nunca a hacer lo que hice». «Que Sonia no se metiera en los líos de mi familia ha sido una bendición, porque yo lo hubiera pasado muy mal por ella conociendo cómo son mis padres». «Saber que tengo una pareja que hace las cosas porque le apetece hacerlas y no por querer agradarme es todo un alivio porque sé que siempre es sincero conmigo». «Desde que estoy con él no soy tan impulsiva y no me enfado tanto como hacía antes».

De alguna manera todos nos nutrimos de lo que el perfil Ponderado nos muestra. El Crítico, el Sumiso y el Antidependiente aprenden a adquirir los permisos que les faltan en su vida. El Ponderado, como ha aprendido a dárselos a sí mismo, dará ejemplo de cómo los otros perfiles pueden conseguirlos. Lo mismo sucede con la protección, con el saber decir «no» sin sentirse mal por ello y apartarse de aquellos que uno decide que no le convienen. Y en cuanto a la potencia, todos quedan eclipsados por la fuerza de voluntad y la energía que tiene el Ponderado para emprender algo, medir las posibilidades de forma realista y no dejarlo a medias a pesar del esfuerzo que cueste.[6]

---

[6] Los transaccionalistas mimamos con deleite los permisos emocionales que permiten al individuo superar la inercia de su programación original (la que proviene del seno de la familia): permiso para expresar mis necesidades; permiso para expresar mis emociones; permiso para expresar mis deseos; permiso para expresar mis fantasías; permiso para ser y quererme como soy y

Por otro lado, recordemos también las características que definen a este perfil: tiene AUTOESTIMA, es AUTÓNOMO, es AUTÉNTICO y es ALTRUISTA. Estas «4A» convierten este perfil en lo que es: alguien que sabe valorarse a sí mismo y a su vida, que ha descubierto que su felicidad depende primordialmente de sí mismo, que se deja ver tal como es y que, sin renunciar a su individualidad, sabe empatizar y ser benévolo con el otro. Y, por supuesto, alguien que es todo eso en algún momento u otro deja pequeño a quien tenga al lado como no espabile. Eso le pasó a Fernando, un Crítico emparejado con Yolanda, una Ponderada. Ella tenía una compañera muy competitiva en el departamento donde trabajaba que al parecer siempre la dejaba en evidencia en las reuniones con el resto del equipo. Un día Yolanda la llamó aparte y le dijo que admiraba su trabajo, su valentía y su precisión y que había observado que ambas no habían empezado con buen pie en su relación y que estaba dispuesta a mejorar eso si ella estaba de acuerdo y ambas colaboraban. «Aprecio tu trabajo y no quiero perderte como compañera, te necesito en el equipo». Toma ya. La chica en cuestión se quedó a cuadros. El chico de Yolanda también cuando esta se lo explicó. Y por qué no reconocerlo, yo tres cuartos de lo mismo cuando Fernando me lo explicó a mí. «Si yo hubiera teni-

---

permiso para ser feliz. Cada uno de estos hermosos permisos constituyen un trabajo de superación personal que podemos hacer a partir de nuestras experiencias vitales, con la adquisición de la madurez y con personas de perfil Ponderado de nuestro entorno social. Aunque en otras ocasiones solo se consiguen con la ayuda de una psicoterapia. Nuestro desarrollo emocional en la infancia y el papel crucial de los permisos que recibimos en cada etapa de nuestra vida fue la primera obra que publiqué. En ella describo todos los permisos que necesitamos y qué sucede en nuestra salud si no los recibimos: A. Coca, *El creixement emocional del nen. El món dels sentiments del 0 als 12 anys,* Viena, Barcelona, 2005 (traducción al castellano próximamente).

do a una compañera como esa en el trabajo, me hubiera *rebotao* contra ella y la hubiera puesto verde ante mis jefes, la hubiera retado a un duelo silencioso —me confesaba Fernando el Crítico—. Sin embargo, debo confesar que mi pareja me ha dado una lección magistral». Sí, es cierto. Te la ha dado a ti y a todos. Con su asertividad, autenticidad y potencia, Yolanda la Ponderada supo desmontar el juego de provocación de su pérfida compañera de trabajo de forma que aquella no tuvo otro remedio que aceptar la propuesta que le hacían y cumplirla si no quería quedar en evidencia. Porque ante un triunfador o reconoces que ha sacado la carta más alta y te retiras del juego o quedas como un vil perdedor. No hay vuelta de hoja.

Fijaos en lo que hizo Julio, un Ponderado que optaba a una beca de investigación para su doctorado. Estuvo trabajando de lo lindo durante un año en el departamento de su universidad preparando su proyecto de investigación, pero el destino o lo que fuera quiso que no le concedieran la beca y en cambio se la llevó un compañero suyo del mismo departamento. «¿Qué tenía que hacer yo? —me explicaba—. ¿Hundirme? ¿Maldecir mi suerte y este mundo cruel y sin sentido? Eso no va conmigo. Me permití un día deprimido. Pero al día siguiente cogí mi ego herido y me planté en el departamento, felicité y celebré de corazón que mi compañero tuviera la beca y le dije abiertamente que me alegraba pero también que le envidiaba por ello y que la aprovechara lo máximo posible. Me fui a mi silla de trabajo y ¿sabes lo que me dije en voz alta? —¡qué, por Dios, sigue explicando!—. Pues me dije: a ver… ¿dónde me quedé el último día?». Maravilloso. ¡Esa es la actitud de un Ponderado! Sabe notar cómo, si se descuida, puede caer en el victimismo o en la agresividad y mantiene el equilibrio de esas dos fuerzas con obstinación, sin bloquear sus emociones más auténticas pero sin dejarse arrastrar por ellas. «Me jode mucho saber que estuve tan cerca de conseguirlo y que no pudo ser. Para qué engañarme. Pero no puedo desconcentrarme de mis objetivos, no puedo desviar mi atención hacia lo que hacen y consiguen los demás. Si pierdo mucho tiempo ahí desviaré mi energía en eso, me dolerá y no podré continuar con lo mío. Así que lo mejor es que me alegre por los demás, les deje seguir con su camino y yo concentrarme en el mío y superarme. Eso, o aporrear mi escritorio con la cabeza. Creo que esto último debe doler más». ¡Bravo! ¡Bravo! Fijaos en su autenticidad, no niega su dolor. Y en cómo busca consuelo en el altruismo. Y en cómo se fuerza en depender de sí mismo y de su fuerza de voluntad. Y en cómo intenta no obsesionarse con el tema quitándole hierro con sentido del humor. Eso es ingeniería emocional. Mientras Julio hablaba, su pareja, un Sumiso moderado, y yo, una terapeuta que se hacía pequeña por momentos, le escuchábamos atónitos. ¡Qué podía añadir yo después de eso! Gabriel, su chico, lloraba. Era evidente que le admiraba y también que se inspiraba en él para afrontar los problemas familiares que en ese momento le asediaban. «Admírale, pero ahora no te cuelgues de él y le conviertas en tu oráculo a quien consultarle cada movimiento que hagas. No le pidas, no le preguntes, cópiale», fue mi humilde aportación. Gabriel hizo su trabajo personal y avanzó en lo que tenía que avanzar. Solo. Nadie lo hizo por él. Pero sin duda su pareja Ponderada fue una fuente de fuerza y seguridad en sí mismo.

Estas tres virtudes y estas cuatro características de las que os he hablado conforman lo que yo llamo las siete joyas de la corona que todos los perfiles pueden alcanzar, en un grado u otro, sin excepción alguna. Todos. Cada uno de nosotros podemos obtener más permisos emocionales, más sentido de protección, más potencia en lo que hacemos y vivimos, desarrollar más nuestra autoestima, ampliar nuestra AUTONOMÍA, mostrar sin temor más AUTENTICIDAD y proyectar un ALTRUISMO con compromiso sin dejar de ser nosotros mismos. Hay a quien le costará más y hay a quien le costará menos. Hay quien lo conseguirá a base de duro aprendizaje a través de los golpes que le dé la vida y hay quien, además de los golpes de la vida, lo pondrá aprender gracias a tener una pareja Ponderada. Por eso tener una pareja de este perfil es una gran oportunidad para crecer y ser mejor persona. Y desde luego es una gran oportunidad para ambos, para el Ponderado también, ya que la satisfacción que obtenga de la relación le hará afianzar más sus virtudes y creer todavía más en sí mismo.

Con una pareja así, puedes llegar a replantearte el sentido de la vida, y no exagero. Porque llegas a revisar tu marco referencial, aquel conjunto de creencias que tienes sobre ti mismo, sobre los demás, sobre la sociedad y sobre la vida. Es decir, sin pretenderlo llegas a repasar las creencias en las que fuimos educados, que, al fin y al cabo, es lo que tenemos que actualizar cuando hacemos un trabajo de crecimiento interior. Hasta aquí parece todo muy bonito, pero, como todo en la vida, esto también tiene su precio y si lo quieres debes estar dispuesto a pagarlo. Y el precio en muchos casos es alto. Cuando un Crítico, un Sumiso o un Antidependiente están con una pareja Ponderada y se inspiran en ella para suavizar su perfil y superar sus puntos débiles, el entorno familiar y social de esa persona empieza a notar cambios, primero sutiles y luego más evidentes, que pueden provocar que se ponga en guardia. Y entonces vienen las críticas. «Desde que estás con ese, ya no nos llamas tanto y aún somos tus padres, ¿sabes?». «Se te ve muy estirada últimamente, ya no se te puede pedir nada». «Creía que te ibas a molestar si cancelaba la reunión, ya veo que no es así, me alegro». «Te ha dado fuerte eso de tener novia, no paras de hablar con ella».

Estos son unos pocos ejemplos de cómo el entorno no siempre comprende qué está pasando y no sabe si valorar positiva o negativamente los cambios que ve. Y bueno, a veces puede ser especialmente cruel.

Es el caso del Sumiso que está con una pareja Ponderada. Podéis estar seguros de que este individuo perderá alguno de sus amigos y que alguien de la familia le dará la espalda. Es el alto precio que tiene que pagar el Sumiso que se supera a sí mismo y gana autoestima y pierde dependencia. Aquellas personas de quien antes dependía (con seguridad alguno de sus padres) notarán su falta de demanda y pueden rebelarse por ello creyendo que ha dejado de quererles. ¿Y quién será la cabeza de turco que pagará por ello? Pues la pareja Ponderada, desde luego, que será vista como la culpable de lo cambiado que está el otro. Esto puede hacer flaquear la relación entre el Sumiso y el Ponderado, porque el primero puede sentir que tiene que elegir entre su pareja y su familia. Una situación desde luego muy desagradable y que le llevará a alguna crisis de ansiedad con seguridad.

A María le pasó con sus padres. Iba cada viernes a comer con ellos y a pasar parte de la tarde. Cuando empezó a salir con Ramón todo continuó igual. Ramón no se entrometió en las rutinas familiares que ya tenía su novia, a veces la acompañaba y otras veces no. María la Sumisa aprendió muchas cosas de la manera de ser de Ramón el Ponderado. Que aumentara su autoestima hizo que también aumentara su autonomía y sin darse cuenta empezó a mencionar menos a sus padres cuando hablaba. Ya no decía «mi madre dice» o «como mi padre suele hacer». Continuaba llamándolos pero no con tanta frecuencia y se atrevió a no ir a comer con ellos algún viernes porque, sencilla y sinceramente, no le apetecía la compañía de ellos ese día. Un día Ramón recibió una llamada de su suegro.

«¿Qué estás haciendo con mi hija?». Ramón alucinó y le contestó con amabilidad que su hija era mayor de edad y por tanto cualquier asunto que le preocupara que lo tratara con ella directamente. Ahora quien alucinó fue el suegro, que seguramente se esperaba una respuesta a la defensiva y una pelea de gallos por la niña. Que el Ponderado no entrara en la provocación de su familia política aún agravó más el asunto, ya que aquella no estaba dispuesta a quedarse sin una guerra sangrienta de acusaciones donde medir el amor por la hija. Así que optaron por distanciarse de María y no dirigirle la palabra. Jaque mate. El chantaje al que sometieron a la Sumisa condujo a esta primero a la depresión, luego a la rabia y luego al perdón. «Es el precio de la libertad, de ser yo misma —me decía—. No quiero amor con condiciones. Ya sé lo que es y ya no lo quiero. Ahora entiendo eso de que las chicas buenas van al cielo y las malas a todas partes. Es que no son malas, son libres. Pero la libertad es algo que no todo el mundo sabe ver con buenos ojos».

Me pego un hartón de llorar cuando alguien avanza en su guión de vida, en su trayectoria vital. Es apasionante y bello a la vez. Y siempre, siempre, aprendo algo.

Si una persona de perfil Sumiso no aprovecha la oportunidad de ser mejor persona estando al lado de un perfil Ponderado, tarde o temprano se quedará sin pareja. Porque un Ponderado no es un dependiente ni un codependiente, lo es otro Sumiso o bien un Crítico, pero él no. Así que no se enganchará a las depresiones y dilemas que invadan a su pareja. Le dará algún consejo y le dejará espacio para que decida. Le dirá «tú decides, es tu vida, sé feliz con o sin mí». Puede sonar frívolo, pero es el mejor regalo que le puede hacer. Si el Ponderado se convierte en el padre protector de su pareja sumisa, esta estará feliz de la vida porque es lo que necesita de su compañero, pero no le estará haciendo ningún favor.

Si el Sumiso es muy radical, muy influenciable por su familia, excesivamente melancólico con los recuerdos o con mucho apego a sus cosas, agotará la paciencia de su pareja, esta se distanciará y se sentirá abandonada por ella. Y entrará en el bucle de la depresión, otra vez.

Con un Ponderado, o creces o creces. O se rompe la relación. Siento ser tan radical.

En esta relación, entre otras muchas cosas, el Ponderado sobre todo enseña a amarse incondicionalmente a uno mismo y a que no se puede pretender amar y ser amado por todo el mundo. Por su parte, el Sumiso enseña a apreciar el valor y la belleza de los detalles y a posar una mirada romántica en donde a veces solo vemos frío asfalto.

Con un Crítico sucede lo mismo. La pareja Ponderada no compartirá la energía peleona que caracteriza al Crítico. Le dejará decir, le dejará criticar y poner de vuelta y media al mundo mundial, e incluso es posible que le deje alzar la voz. Desde luego, no se pondrá a chillar también, sino que esperará pacientemente a que se le pase el berrinche. En estos momentos el Ponderado aprende a decirle al Crítico: «Ah, vale, como tú quieras», y lo deja estar. El otro no entiende cómo es que cuando le echa en cara algo o le dice uno de sus «¿lo ves?, yo tenía razón», el Ponderado ni se inmute, sencillamente le sonríe. Si es así, es porque un perfil Ponderado trabajado desde dentro escogió su destino hace tiempo, descubrió que las cosas podían irle bien o mal y lo aceptó sin pretender quedar como un ganador delante de nadie.

Pero todo tiene su límite… Y si el Crítico no se modera y aprende a girar su mente de negativo a positivo con cierta rapidez el Ponderado cada vez aguantará menos su mal humor, le temerá o se avergonzará de él. Y se acabó la relación. Porque el Ponderado sabe irse, porque ama pero no necesita y eso le hace libre para salir de una relación cuando está siendo tóxica.

Para el perfil Crítico, el Ponderado es un modelo de flexibilidad y tolerancia. De saber perder sin dejar de sentirse ganador en la vida. Un día después de una discusión, Sandra, una Crítica con una larga trayectoria personal a sus espaldas, le dijo a Mónica, su pareja Ponderada: «¿Sabes qué? Que es tu vida, es tu decisión y está en tus manos». Y Sandra no cotilleó sobre el asunto con otras personas (como hubiera hecho tiempo atrás) ni volvió a insistir en el tema más que para preguntarle a Mónica cómo se encontraba y si podía ayudarla en algo. «Ya lo estás haciendo tomándotelo como te lo estás tomando», fue lo que le contestó aquella. Ciertamente, Sandra estaba aprendiendo a moderar su perfil Crítico y a respetar las diferencias con los demás, a no ser tan rígida, a dejarse llevar… y a disfrutar del día a día y de su amor.

En esta pareja, el Ponderado enseña ante todo a amar tal y como uno es y el Crítico, por su parte, aporta el valor de la disciplina y la rigurosidad que tanto le caracteriza y le convierte en líder.

Y como sucede siempre con un Antidependiente, vivir a su lado es todo un reto y no menos para un perfil Ponderado. Este acaba por entender la importancia de que su pareja disponga de su tiempo y su espacio y, haciendo uso de la virtud del altruismo, sabe alegrarse de que el otro sea feliz haciendo y viviendo cosas, aunque no sea siempre a su lado. Desde luego, cuando el Antidependiente ve que su pareja no le juzga, no le hace demandas de afecto exigentes y sabe compartir cómplicemente su multitud de actividades, gana seguridad en sí mismo y confianza en la relación de pareja, pues no la ve como una amenaza a su manera de ser. Entonces quiere acercarse más a esa persona que la respeta y sucede que no le da tanto miedo comprometerse con ella.

En esta pareja, el Ponderado enseña en especial que amar no es sinónimo de perder la libertad y que no siempre uno puede ser el centro de atención de los demás. Por su parte, el Antidependiente enseña a vivir intensamente el amor que tienes hoy sin arrepentirte mañana.

Ponderado + Ponderado = viven y dejan vivir

Esta pareja bien puede un día encontrarse y alucinar con la suerte que han tenido de conocerse, o bien puede tratarse de la evolución de una pareja que se conocieron previamente con otros perfiles. Las parejas Ponderadas que he conocido se deben mayoritariamente al segundo caso. Lo cual es indicador de mucho trabajo personal en cada uno de ellos y de un profundo respeto a lo que cada uno ha enseñado al otro. Por eso se veneran mutuamente, porque notan su evolución como personas y su triunfo como pareja y saben que lo han hecho gracias al tándem que forman ellos dos. Al contrario de lo que podría imaginarse, la comodidad que sienten estos dos en la relación no hace que la den por garantizada y bajen la guardia dejándose llevar por la inercia del confort que sienten. Esta pareja es consciente de que el secreto de su amor eterno es lo que haces hoy con tu pareja, no lo bien que estuvisteis ayer con ella. No se asientan en lo que han conseguido, sino que se concentran en lo que pueden llegar a ser y vivir hoy con independencia de lo ya vivido. Por eso su compatibilidad como pareja es alta.

Como Ponderados, estos individuos aglutinan lo mejor de los otros tres perfiles. Saben crear la magia romántica y hermosa de un Sumiso; saben mantenerse en una disciplina y ser autocríticos consigo mismo (con moderación y sin caer en la autodestrucción, claro) como lo hace un Crítico y saben la importancia de vivir el día a día con pasión y como una ocasión única e irrepetible como lo hace un Antidependiente. He pedido ayuda a algunas parejas ponderadas para que me describan características destacables de su relación que expliquen el secreto de su bienestar. Ya me imaginaba que habría coincidencias entre sus respuestas, pero no tantas… Sin duda eso es indicador de que su éxito como pareja no se debe únicamente a las particularidades de su atracción como individuos sino a elementos-clave que caracterizan fuertemente este tipo de relación. Los he aglutinado en estos diez puntos.

1. Es fundamental proteger el espacio de «1». Esta pareja ha entendido que 1+1 no son 1 sino 2, o sea, dos individualidades que se respetan y se entienden a pesar de tener gustos o intereses diferentes. Pero no lo hacen desde la cabeza, desde lo racional, porque si no lo respetarían resignadamente. Lo hacen desde el corazón, o sea, desde la más absoluta alegría. Creo que esta palabra, alegría, ha sido la más mencionada en mis entrevistas con las parejas Ponderadas. Se alegran bondadosamente de que el otro haga cosas en su vida y sea feliz, aunque uno no siempre sea el motivo de felicidad del otro. Hola, ¿qué tal? ¿Disfrutas de lo que haces? ¿No? ¿Y por qué lo haces? Es una conversación ingenua, lo sé, pero recoge la actitud y compromiso de uno por la vitalidad y felicidad del otro. Y de forma gratuita. Porque sí. Porque lo ama.

2. Deben darse permisos completos. Quizás en un primer momento necesitaron explicitar el permiso que uno le daba al otro para hacer cosas y decidir acerca de la familia de cada uno y los amigos. Pero llegó un momento que cada uno ya

supo que el otro confiaba en sus decisiones y que si no las entendía, preguntaría. Aquí la palabra clave es entender que cuanto el otro elija será siempre bueno para la pareja. Y eso lleva implícito regular la información que se le transmite a la pareja. ¡Estos dos no necesitan explicárselo todo! «No sabía que habías ido a ver a tus padres. ¿Todo bien?». Ahí está la clave, en no pelearse por la información o último parte actualizado de la vida de la pareja, sino en centrarse en la practicidad del asunto. Confiar en que el otro transmitirá lo que considere funcional e interesante ser explicado y entender que uno no tiene que entenderlo todo sobre la pareja es fundamental.

3. Los intereses del otro repercuten en el bienestar conjunto. Si mi pareja es feliz, yo soy feliz y si yo soy feliz, mi pareja es feliz. Por eso a uno le interesa potenciar los intereses/ocio/hobbies del otro, y por eso uno mismo también se interesa por tener los propios y cultivarlos. A veces se compartirán, otras veces no. De nuevo, compartir no es imprescindible en esta pareja, sino gozar de la felicidad del otro.

4. No existe el patrón de dependencia/independencia, sino de comodidad/incomodidad. La libertad preside la relación, pero dentro de la concepción de libertad responsable. Ellos viven con auténtica comodidad porque todo cuanto sucede toma base en la más profunda confianza. Claro, yo les pregunto si no temen al engaño o la infidelidad, y me contestan que es un riego que puede suceder pero que deciden basarse en que incluso eso serán capaces de explicarlo haciendo alarde de la virtud de la autenticidad que les caracteriza. «La sinceridad no es una opción —puntualizan—. Es una obligación que nos autoimponemos. Aunque

las noticias sean malas. Y una pareja, si se conoce, sabe qué debe explicar obligadamente y qué no es imprescindible contar. Y las relaciones íntimas con otros forman parte de lo obligado a explicar».

5. El efecto *refresh* es importante. Buscan con frecuencia la sorpresa y la admiración de tal manera que no dejan de ser individuos con capacidad de sorprender al otro y dejarse sorprender. Así garantizan que no caen en la rutina y que la pareja no se «habitúa» a la imagen y presencia de su compañero. Lo viven como un juego. No es que cada día estén así, pero se esfuerzan en convertir los días en una novedad en pareja. Con pequeños detalles. Con sutilezas. A veces con sorpresas más elaboradas. Pero siempre con un nuevo ingrediente que capte la atención y la admiración de la pareja.

—¿Hoy le has puesto a la ensalada fruta y roquefort?
—Sí, lo leí ayer en internet y lo he querido probar.
—¿Desde cuándo lees recetas de cocina por internet?
—Mira. Ayer me dio por ahí.
(Cara de alucinación).

Esta conversación es real. Quizás para alguien que la pareja ponga nuevos ingredientes en la ensalada no es motivo de alegría o admiración. Pero para esta pareja lo es. Lo es ver cómo el otro se espabila, tiene iniciativas que uno nunca tendría, se fija en detalles por chorras que sean y se esfuerza. Una pareja de Ponderados cae en estos pequeños pero fundamentales elementos y los sabe apreciar.

6. Cuidar la estética es una necesidad. El cómo se hablan, cómo se miran, cómo miran a otros, cómo pelean cuando

pelean, qué se dicen cuando se dicen, cómo se visten, cómo se maquillan, cómo se cuidan. La estética en todo tiene un papel protagonista en esta relación. Sin tregua. El principio de comodidad empieza porque la pareja se sienta cómoda con alguien presentable a su lado, seguido por dosis de empatía que le permitan a uno regular el impacto de sus palabras y gestos en el otro. «Si vas a mirar a una tía buenísima que justo ha pasado por vuestro lado, no lo hagas descaradamente y si lo haces díselo a tu pareja». —Perdón, ¿cómo has dicho?—. «Que sí, mujer. Yo le digo a mi chica: "Fíjate en esa tía cómo marca curvas", y ella me lo reconoce porque es obvio». —¿Y ya está? ¿Tu chica se queda tan tranquila?—. «Claro. Puedo mirar a una tía cañón, pero no intimar con ella, ni lo pretendo. Igualmente mi pareja con un tío macizo. Eso no lo hacemos cada día ni a cada minuto, claro. Y ambos conocemos el amor que existe entre nosotros, no lo ponemos en tela de juicio por eso. Si eres respetuoso, ¿por qué no vas a compartir una obviedad en un momento determinado?». —Vale, vale, será cuestión de probarlo...

7. La rivalidad no puede existir en absoluto, los éxitos del otro deben ser también sentidos como éxitos de uno mismo. Esta pareja no se mide entre ellos. No juegan a «mira, yo he podido y tú no». No hay el mejor y el peor. El éxito de uno sirve de inspiración para el otro, no para cuestionar su valía personal. Aquí se demuestra la autoestima y autonomía que ambos poseen.

8. No debe haber deudas. Estos dos no buscan la compensación de esfuerzos, horarios u obligaciones. No juegan a «después de todo lo que yo he hecho por ti». Lo que uno

hace o no hace se sobreentiende que no está ejecutado a mala conciencia, sencillamente debía hacerse o no hacerse según requiriera la situación y se engloba en el todo de la relación. No puede existir la sensación de ser un héroe en la relación, porque eso genera sentimiento de deuda en el otro y un día puede ser reclamado que se salde. Aquí la virtud de la autenticidad prima por encima de todo. Si haces algo en la pareja, que sea porque lo sientes, porque ves su necesidad y beneficio, hazlo de corazón y no pidas compensaciones. Por eso, no hay lugar para la exigencia de igualdad, porque ambos colaboran con lo que saben que es preciso y bueno para los dos, ponga uno más o el otro menos.

9. Hay que mantener a flote la pasión y practicar sexo. Porque todo lo descrito hasta ahora bien podría caracterizar también a dos buenos amigos que comparten piso. Y esta pareja de Ponderados es muy consciente de eso. «A veces Bea me dice que soy su mejor amigo, y yo le digo que no, que soy su novio, su pareja. Entiendo lo que me quiere decir porque ella también es mi amiga, pero amigas tengo muchas y ella no es una más. Es mi pareja. Es diferente». Toni me lo explica con determinación, es algo que ambos han hablado y no quieren convertirse solo en eso. «Con los hijos aún es más difícil encontrar tiempo para la pasión y en cambio la amistad coge aún más fuerza. No debemos permitirlo». Por eso esta pareja intenta jugar todo lo que puede, juega a tocarse, a tocarse con sexo, a tocarse sin sexo, a probar cosas y a ser picantes entre ellos. «A veces somos románticos y otras veces algo más guarros. Y nos reímos bastante. Nos lo pasamos bien juntos en la cama y eso nos llena de orgullo a ambos».

10. Es importante usar el recuerdo como apoyo. Esta es una pareja que vive el día a día y no hace grandes apegos al pasado. Pero curiosamente usa los buenos momentos vividos para no jugar a posiciones drásticas cuando discuten. No se amenazan. No hay un «o esto o el divorcio». Procuran ver el detalle de la disputa y no mezclarlo con el todo de la relación. Por ese motivo usan el recuerdo de lo que son, de lo que cada uno ha mostrado ser a lo largo de la relación y no lo pierden de vista en el fragor de una disputa. Eso les permite ser flexibles en sus posturas y mantener actitudes de cercanía y empatía entre ellos. Y también utilizan el recuerdo para demostrar al otro que lo escucha cuando habla. Poder recordar algo que el otro dijo, tener memoria y subrayar un comentario de la pareja es la mejor prueba de que se practica una escucha activa durante las conversaciones y sobre todo de que se tiene en consideración las opiniones, comentarios o información que la pareja aporta.

Enhorabuena a la pareja de Ponderados. El resto de los mortales tomamos nota de estas actitudes que bien pueden convertirse en principios a tener en cuenta en cualquier relación.

SEGUNDA PARTE

CONOCE QUÉ ROL ADOPTAS EN PAREJA

CUESTIONARIO NÚMERO 2:
¿CUÁL ES TU ROL EN LA PAREJA?

Realiza sin tu pareja el siguiente cuestionario. Elige en cada pregunta la respuesta con la que más te identifiques. Sé sincero y contesta con humildad. Una vez finalizado no repases el cuestionario ni modifiques tus respuestas.

1. Si presientes que tu pareja se va a molestar por alguna razón o situación que haya sucedido, tú acostumbras...

a) A enfadarme por el hecho de que ella se enfade y le pongo ejemplos de tantas cosas que a mí me han molestado y he aguantado sin quejarme. ❏

b) A recoger pruebas y argumentos para demostrarle que no tiene motivos para enfadarse y que no debiera tomárselo así. Al final se dará cuenta y acabará dándome la razón. ❏

c) A ponerme muy nervioso y adelantarme a darle explicaciones de lo sucedido y pedirle disculpas (aunque no sea culpa mía) para evitar a toda costa que se enfade. ❏

d) A dejar que se enfade, tiene derecho a que algo le moleste aunque yo no esté de acuerdo y procuro no echar más leña al fuego y darle algún consejo (si me deja). ❏

→

2. Cuando discutís, las frases que más repites (o similares) son:

a) «Parece que todo lo hago mal», «Es que nunca me
   escuchas», «Pasas de mí». ❏
b) «Qué voy a hacer contigo», «No hay manera de que
   lo entiendas», «¿Lo ves? Te lo dije». ❏
c) «Lo siento», «Perdóname», «No te enfades». ❏
d) «No tiene tanta importancia», «Ni tú ni yo»,
   «Vamos a dejar el tema aquí». ❏

3. Cuando explicas a otras personas los problemas o conflictos
   que has tenido con tu pareja...

a) Necesito más de media hora, tengo que dar detalles
   y quizás exagero un poco, pero no lo puedo evitar porque
   estoy muy dolido. ❏
b) Soy breve y contundente en mi valoración sobre mi pareja
   y la discusión que hemos tenido, porque la situación para
   mí está más que clara y no hace falta darle más vueltas. ❏
c) No suelo compartir estos temas con mis amigos,
   y si lo hago no le doy mucha importancia, enseguida
   digo que ya lo hemos solucionado. ❏
d) Lo cuento como una anécdota y casi siempre acabamos
   riéndonos todos. ❏

4. Ante la impotencia de ver que no puedes hacer entrar en
   razón a tu pareja sobre algún tema...

a) Desearía morirme o desaparecer, irme lejos y dejarlo todo
   atrás. ❏
b) Me entran ganas de darle un bofetón, a ver si espabila. ❏
c) Me bloqueo, pierdo casi el sentido del tiempo,
   enmudezco, no me sale decir nada. ❏
d) Pienso: «Allá él/ella, yo ya le he dado mi opinión».
   A partir de ahí, que decida lo que quiera. ❏

5. Después de una discusión...

a) No la doy por concluida, hay que insistir un poco más porque hay cosas que no pueden quedar así, aunque me lleve días. ❏
b) Me distancio, no quiero que mi pareja me hable, necesito tiempo para calmarme y dejar que se acerque de nuevo a mí. ❏
c) Necesito comprobar que mi pareja se encuentra bien y no está muy afectado, sino no me quedo del todo tranquilo. ❏
d) A los diez minutos se me ha olvidado, paso página enseguida. ❏

6. En el momento de planificar con tu pareja alguna actividad de ocio o las vacaciones, tu actitud más común es:

a) Para qué proponer algo, nunca se me hace caso. ❏
b) Siempre en función de nuestra economía, hay que ser realista. ❏
c) Por lo general, yo me adapto a lo que salga. ❏
d) ¡Improvisemos un poco! No se puede tenerlo todo controlado. ❏

7. Si tuvieras que elegir el estado de ánimo que sientes cuando te encuentras mal, dirías que es:

a) Depre, sin duda. Me pongo muy triste. ❏
b) De subidón. Necesito caminar o ir al gimnasio para quemar adrenalina. ❏
c) De miedo. De repente me siento inseguro y culpable en todo: trabajo, amigos, pareja... ❏
d) De agobio, todo el mundo me molesta y necesito un finde para mí solo. ❏

→

8. ¿Cuál de estos crees que es el dicho que mejor te define?

a) «Piensa mal y acertarás». ❑
b) «Genio y figura hasta la sepultura». ❑
c) «Para servirle a Dios y a usted». ❑
d) «Dos no discuten si uno no quiere». ❑

Fíjate si has obtenido mayoría de respuestas «a», «b», «c» o «d». Seguidamente, busca la descripción de la opción de respuesta más elegida en el siguiente capítulo.

En el caso de que hayas obtenido un empate entre las cuatro opciones de respuesta, lee la descripción de cada una de ellas, en especial la opción «d», ya que seguramente tienes capacidad para desarrollarla aún más y minimizar las otras opciones.

En el caso de que hayas obtenido un empate entre dos opciones de respuesta, lee la descripción de ambas, ya que las combinas en tu comunicación con tu pareja. Si una de ellas es la opción de respuesta «d», presta especial atención a su descripción puesto que tienes capacidad para desarrollarla aún más destacándola por encima de la otra opción de empate.

3

LOS ROLES EN PAREJA

El cuestionario que acabas de hacer te permitirá conocer de qué manera sueles llamar la atención de tu pareja, pedirle cariño o demostrarle lo mucho que vales. ¡Con lo fácil que es sencillamente decirle «te quiero» o «tengo una idea» o «¿quieres un consejo?»! Pues no. A veces sucede que con solo eso uno no tiene suficiente, quiere presionar más, reclama aún más atención, necesita sentir que es la única persona importante en la vida de la pareja, la única que el otro necesita… ¡Cuánta inseguridad hay a veces cuando amamos! Es sorprendente lo que el miedo a amar a alguien nos hace hacer… Es entonces cuando uno inicia una partida de juego de rol con la pareja para intentar obtener todo eso. Exactamente igual. Y así es como se convierte en una Víctima, en un Persegui-dor o en un Salvador.[7]

---

[7] Por convención, los roles descritos en la literatura de la psicología social se escriben con mayúsculas para diferenciarlos de los eventos de salva-ción (los que hace un médico o un bombero, por ejemplo), persecución (los que a veces debe hacer la policía) o victimización (la que sufre una víctima

Las Víctimas son incapaces de tomar decisiones y necesitan que otros se hagan cargo de sus vidas y cuiden de ellos. Los Perseguidores critican, predican y castigan para hacerse notar y buscar así la admiración y dependencia del otro y los Salvadores cuidan a la pareja asumiendo toda la responsabilidad y limitando la autonomía del otro y así garantizar su admiración y dependencia. Pero solo serán esfuerzos equivocados con los que conseguirán justo todo lo contrario, una discusión y crisis en la pareja. Aunque parece que da igual, porque las parejas siguen utilizándolos como si buscaran obtener atención del otro a toda costa, aunque sea dándose mamporros. Sí, los humanos podemos llegar a complicarnos mucho la vida…

Como ves, estos tres roles son en realidad artilugios para manipular a la pareja y en consecuencia son explotadores por definición y malos desde el punto de vista más relacional y existencial. Se usan porque alguien de la pareja, o bien ambos, no tiene satisfechas sus necesidades emocionales básicas, tiene baja autoestima o bien pánico a que le hagan daño si ama a alguien o se deja amar y esa debilidad hace que maniobre de esta manera, usando un rol. Como decía, es una forma de buscar el reconocimiento y la admiración del otro a la vez que una forma de hacerse el fuerte cuando hay un conflicto y así evitar que le hagan daño.

Este cuestionario te ayudará a identificar cuál de estos roles tiendes más a utilizar cuando estás en pareja. Lee la descripción que en los siguientes capítulos hago de cada uno de ellos. Verás que

---

de accidente o acto terrorista) que nada tienen que ver con los roles de chantajes en pareja.

cada rol tiene sus propias acciones y recursos para «extorsionar» al otro e intentar obtener lo que busca. Yo lo llamo «armas». Así, el Víctima tiene sus propias armas para victimizarse, el Perseguidor las suyas para perseguir y el Salvador las correspondientes para salvar.[8]

Debo puntualizar algo más. Todos podemos usar todos los roles. Es más, seguramente el que ha usado el rol de Víctima también ha usado el de Perseguidor y el de Salvador en algún momento determinado. Por tanto, el cuestionario te ayudará a identificar cuál es tu rol *favorito*, aquel que tiendes más a usar o el primero al que echas mano cuando hay una situación conflictiva con tu pareja o quieres reclamarle más atención. Pero lo más seguro es que la conversación consecuente que tengáis te lleve a utilizar alguna acción propia de los otros roles. Así que, al final, uno acaba usándolos todos… Menuda faena, lo sé. Por eso estos tres roles han sido bautizados en alguna ocasión con el nombre de Triángulo Dramático, porque empiezas con uno y pasas a otro para luego pasar a otro y vuelta a empezar. Por esa razón es tan importante que conozcas por cuál de ellos tiendes a empezar tú, para que, una vez detectado, lo desarticules y evites entrar en esa rueda dramática

---

[8] Estas formas sutiles de poder ejercer un rol están muy estudiadas en trabajos psicopedagógicos que han observado y clasificado los tipos de comunicación entre profesores y alumnos. ¡Quién no ha vivido de primera mano las tensiones en clase que tantas veces se suceden entre estos dos actores! Que si me tiene manía (Víctima), que si se va a enterar, pienso suspenderle (Perseguidor), que si, pobrecillo, te aplazo el examen (Salvador). Si os interesa profundizar en el estudio de los contextos escolares, os recomiendo dos obras fundamentales: K. Ernst, *Juegos en que participan los estudiantes,* Diana, México, 1982 y R. Sáez, *Los juegos psicológicos según el análisis transaccional,* CCS, Madrid, 2001.

donde la pareja se pierde en una discusión que no lleva a ninguna parte más que a hacerse daño mutuamente.[9]

Como he comentado, los roles de Víctima, Perseguidor y Salvador son siempre perjudiciales y hay que intentar usarlos lo mínimo posible en la convivencia en pareja. Abandonar estas conductas tóxicas implica crear una conducta alternativa que nos permita afrontar el conflicto, hacer demandas a la pareja o captar su atención de una forma sana y sin usar trucos manipuladores. Por ello he añadido un cuarto rol, el rol de AMIGO, para representar la actitud de afecto y respeto que evita convertirse en alguno de los otros tres roles. Como veréis, el rol de Amigo es la alternativa sana a los anteriores y el que todos debiéramos aprender a usar en pareja.[10]

Te recomiendo, pues, que no leas únicamente la descripción de tu resultado del cuestionario, sino que también conozcas los otros roles para aprender a identificarlos, evitar usarlos y potenciar el de Amigo. Como casi todo en esta vida, puedes conseguirlo con práctica, paciencia y estima hacia ti mismo y hacia tu pareja.

---

[9] El concepto y desarrollo de los tres roles es mérito del trabajo de Stephen Karpman, discípulo de Eric Berne, que lo acuñó con el nombre de Triángulo Dramático. Si quieres profundizar más en sus características te recomiendo que leas sus principales artículos: S. Karpman, «Fairy tales and script drama analysis», *Transactional Analysis Bulletin*, 7 (26), 1968, pp. 39-43 y «Sex games people play: intimacy blocks, games and scripts», *Transactional Analysis Journal*, 39 (2), 2009, pp. 103-116.

[10] Diversos autores han estudiado cómo desarrollar habilidades para evitar ejercer estos tres roles que he descrito y sobre todo qué hacer cuando tenemos delante de nosotros a alguno de ellos que nos está provocando. Yo subrayo aquí tres obras extraordinarias de obligada lectura si te interesa la temática: M. James y D. Jongeward, *Nacidos para triunfar,* Fondo Educativo Interamericano, México, 1982 (es un clásico que sigue y seguirá siempre estando vigente); Cl. Steiner, *El corazón del asunto. Amor, información y Análisis Transaccional,* Jeder, Sevilla, 2010; Cl. Steiner, *Educación emocional,* Jeder, Sevilla, 2011.

Primer rol: la Víctima

A nadie le gusta que le digan «deja de hacerte la víctima». No te preocupes, yo no te lo diré. Bueno, al menos así no. Porque cuando a uno le dicen eso te sientes muy incomprendido y con un gran sentimiento de impotencia. Porque realmente *sí* te sientes una Víctima de lo que haya pasado, pero nadie lo ve y encima te lo echan en cara. Y eso no hace más que ayudar a que todavía uno se sienta deprimido. De veras, te entiendo. Porque es cierto que has sido víctima de algo. Seguramente hace tiempo, por algo que viviste en tu infancia o en tu adolescencia, bien por algún trauma que hayas sufrido o bien porque en casa te enseñaron a encarar las cosas de esa manera. La cuestión es que hoy en día te has convertido en un adulto muy sensible que, de forma automática y sin darse cuenta, se pone a la defensiva cuando algo sucede. Y no te defiendes atacando directamente, no. Tu forma de defenderte es expresando dolor y entristeciéndote, a veces hasta llegar a la depresión. Dicho así no parece que sea una forma de defensa, ¿verdad? Más bien da la impresión de ser una rendición. Pues no. Te aseguro que debajo de esa tristeza, de ese sentimiento de derrota que puedes llegar a manifestar cuando algo te ha molestado o dolido, se esconde una manera sutil de defenderse y movilizar al contrario. Y esa manera sutil se llama chantaje emocional.

Todos hemos oído hablar del chantaje emocional. ¿Quién no lo ha sufrido en sus carnes alguna vez? Y a todos nos ha parecido una maniobra sucia por parte de quien la utiliza, pero desde luego efectiva, *muy* efectiva. ¡Es muy difícil no dejarse arrastrar y caer a cuatro patas ante un chantaje emocional! ¡Y qué rabia da cuando te das cuenta de que has picado el cebo del chantaje y te han manipulado emocionalmente! Sí... Los chantajes emocionales son muy difíciles de esquivar. Y son el arma favorita de los que, como tú, habéis desarrollado el rol de Víctima.

Como te decía, por alguna razón o circunstancia que viviste, has desarrollado una sensibilidad a recoger el conflicto desde el lado del victimismo. Es por eso que probablemente en su día tú fuiste una Víctima real. Y a partir de entonces, vives lo que te sucede desde ese mismo rol, desde el rol de Víctima, como si el agravio original hubiera dejado una impronta en tu personalidad y fuera repitiéndose.

Te explico el caso de Tina. Esta mujer adulta a punto de llegar a los cuarenta años fue una Víctima real de su padre, un hombre muy duro que no escondía que hubiera preferido haber tenido un hijo varón en vez de una niña. La madre de Tina era de naturaleza débil y otra Víctima en manos de su marido, con lo que después de dar a luz enseguida se sumió en una larga depresión. Tina tenía energía y sobrevivió a base de esforzarse por agradar a su padre y conseguir su aprobación. Por eso nunca se le encaró abiertamente, sino que buscó sin descanso alcanzar el éxito y demostrar, si no ya a su padre, a sí misma, que era una mujer buena y capaz. Sin embargo, nació dentro de ella una sensibilidad extrema para sentirse cuestionada y rechazada, lo que la hacía defenderse de aquello que la molestaba a base de quejarse y lamentar lo poco que la apreciaban. «¿Por qué tiene que sucederme esto a mí? Con lo que he sufrido y ahora esto. Estoy agobiada, no puedo más, me rindo». Estas son algunas de las perlas que lanzaba cuando se sentía despreciada por la vida, o por la gente, o por el jefe o por la pareja.

Lo mismo que a Quim. Él provenía de una familia cariñosa, sin embargo sufrió acoso escolar en segundo curso de secundaria. Él siempre había sido un chico afable, sus padres y maestros estaban muy orgullosos de él, era buen estudiante y buen amigo de sus amigos, aunque no tenía muchos debido a su carácter más bien introvertido. El pequeño Quim sabía que era un buen niño, era consciente de la buena opinión que los adultos tenían de él. Y también sabía que gozaba del amor y la protección de su familia, siempre tan atenta a sus necesidades. El acoso que sufrió ese curso le enseñó un par de cosas. La primera, que su familia siempre estaría ahí para defenderle. La segunda, que aun siendo una buena persona, hay gente que eso no lo aprecia y le harán daño. Así que Quim desarrolló una sensibilidad para sentirse cuestionado y lamentarse de la injusticia que un buen chico como él tenía que aguantar de los demás. Y ahí nació la Víctima. «¿Por qué nadie me entiende? ¡Qué mala suerte! Si no fuera porque os aprecio, me hubiera ido lejos hace tiempo». Estas eran algunas de sus expresiones favoritas.

Como Víctima hay una propensión a lamentarse de sí mismo ante alguna frustración. Y eso es porque en ese momento no te sientes comprendido ni respetado por tu pareja hasta el punto de que puedes llegar a hacer largas listas de agravios (sí, sí, la mítica «lista negra» existe y fue un invento de tus antepasados con este rol). ¿Y qué tienen en común todos los agravios anotados en la lista? Pues el mismo mensaje oculto: «Qué malo eres conmigo y cómo padezco yo por tu culpa». Y este mensaje, aunque no te des cuenta ni pretendas hacerlo, lo envías al exterior para que los otros lo capten y reaccionen, bien solucionando el conflicto o disculpándose. ¿Has visto? Tomas el control de la situación pero de forma pasiva, casi imperceptible. Ahí se encuentra el chantaje emocional, el arma secreta del rol de Víctima.

Vamos a ver algunos ejemplos a través de las respuestas que has escogido en el cuestionario.

A la pregunta: «*Si presientes que tu pareja se va a molestar por alguna razón o situación que haya sucedido, tú acostumbras...*», has contestado: «*A enfadarme por el hecho de que ella se enfade y le pongo ejemplos de tantas cosas que a mí me han molestado y he aguantado sin quejarme*». ¡Efectivamente! Aquí encontramos un ejemplo de cómo sientes la carga de las injusticias que has tenido que aguantar, muchas veces sin quejarte para no parecer débil y, sobre todo, porque eres buena persona (y no lo dudo) como para además soportar que sean otros los que se quejen. Y menos tu pareja. Porque ella te conoce bien, toda tu vida, tu historia, sabe lo buena gente que eres y cómo a veces has sufrido por ello, porque han abusado de tu bondad y han encontrado en ti una fuente inagotable de amor y paciencia. Como para que ahora venga ella y se atreva a molestarse por algo. ¡De ninguna de las maneras! No hay quien haya sufrido o haya aguantado más que tú, no es justo que tu pareja ahora te eche en cara algo, a ti, que mucho has hecho por esta relación. Y la víctima que reside en ti se quejará, y si no es escuchada, amenazará con dejar de ser buena persona (imposible, tú eres incapaz de matar una mosca, pero en ese momento los nervios te pueden) y rompen con todo (ahí tenemos el chantaje). Y si aun así tu pareja pasa de ti (o eso crees tú), te entristecerás y te encerrarás en ti mismo («no tengo ganas de nada, sal tú con tus amigos», por ejemplo, frase típica). Cuidado, porque si esto sucede muy a menudo, te deprimirás.

Lo has intentado todo para llamar la atención de tu pareja y tratar de demostrar que se equivoca contigo, que debiera considerarte más de lo que hace. Por eso sueles tener unas respuestas muy marcadas que tú seguramente ni te darás cuenta de que las dices pero que si le preguntáramos a tu pareja con seguridad sabría identificarlas rápidamente. Por ejemplo, es posible que a la pregunta:

«*Cuando discutís, las frases que más repites (o similares) son…*», puedes haber escogido las siguientes: «*Parece que todo lo hago mal*», «*Es que nunca me escuchas*», «*Pasas de mí*». Llega un momento en que ya no sabes qué responderle a tu pareja, crees que está ciega porque no se percata de lo que para ti es evidente, y lo evidente *siempre* consiste en que tú *siempre* sales perdiendo. He marcado la palabra «siempre» con toda intención, porque es una de las preferidas de las Víctimas. Juntamente con «nunca». «Ya no me llamas nunca». «Siempre me haces lo mismo». «Nunca he tenido un gesto cariñoso tuyo»… ¿De veras? ¿De veras, de veras? ¿Seguro que tu pareja *nunca* se ha mostrado cariñosa contigo? Confiésalo, el dolor que vives en esos momentos en que te sientes despreciado por tu pareja es tan grande que te hace ser algo exagerado… Y por lo que acaba de pasar en un minuto olvidas lo que habéis vivido en toda la relación. Eso sí que es injusto, ¿no crees?

Ahora entenderás por qué a la pregunta: «*Cuando explicas a otras personas los problemas o conflictos que has tenido con tu pareja…*», has contestado: «*Necesito más de media hora, tengo que dar detalles y quizás exagero un poco, pero no lo puedo evitar porque estoy muy dolido*». Bueno, ahí al menos lo has reconocido. Los que vivís mucho este rol tenéis una memoria privilegiada. Envidio esta cualidad (aunque no los fines para la que la usáis, claro está). ¡Qué capacidad de almacenaje de fechas, nombres y lugares tenéis! ¡Realmente increíble! Y tiras de ejemplos de momentos y detalles que aparentemente alguien podría decir que son insignificantes pero que puestos en el discurso de tu explicación cobran un significado y una importancia hasta ahora insospechada. Por eso es muy probable que en la pregunta: «*Después de una discusión…*», hayas contestado: «*No la doy por concluida, hay que insistir un poco más porque hay cosas que no pueden quedar así, aunque me lleve días*». La razón es que el rol de Víctima suele ser muy obsesivo y eso guarda relación con la memoria que tenéis para los detalles y el rencor con que construís la lista negra. ¡Sois muy insistentes y perseverantes! O sea, pesados (y no te ofendas, seguramente tu pareja o gente de tu entorno te lo habrá dicho también). No sueltas fácilmente algo. Insistes, buscas y peleas hasta que vean la injusticia que has sufrido, el error que han cometido y lo buena persona que has sido en el pasado y ahora. Nadie duda de eso, aunque tú creas que sí. Sencillamente, tu gran sensibilidad y falta de autoestima te empujan a creer que es así, pero casi seguro que en la mayoría de ocasiones quien se está equivocando eres tú. Sin embargo, insistes o te das por vencido y decides desaparecer, tirar la toalla…

…Y entonces vas más allá, y a la pregunta: «*Ante la impotencia de ver que no puedes hacer entrar en razón a tu pareja sobre algún tema…*», muy probablemente hayas escogido esta respuesta: «*Desearía morirme o desaparecer, irme lejos y dejarlo todo atrás*». ¡Ay! Terreno pantanoso, porque ese es el preludio de un chantaje emocional que hará que tu pareja se arrepienta de lo que ha hecho o dicho, se disculpe, intente enmendar su error y cruce los dedos para que no sea muy tarde antes de que te desanimes del todo en esta relación. Para Tania fue muy tarde. Estaba casada con Víctor, una Víctima con una infancia difícil que le convirtió en una persona excesivamente sensible al rechazo. Eso se incrementó con la llegada de los hijos. No creas que no era un buen padre, al contrario, adoraba a sus hijos. Pero por otro lado no llevaba bien que su pareja no le prestara tantas atenciones como antes de ser padres, cuando disponían de más tiempo para ambos. Y aunque Víctor era plenamente consciente de esto, no podía evitar vivir continuas frustraciones cuando su pareja le contrariaba o no se mostraba cariñosa cuando él más lo necesitaba (que casi era continuamente). Y las discusiones iban en aumento, y siempre con comparaciones, que si yo he hecho esto y en cambio tú no, que si yo más y en cambio tú menos… Básicamente, este es el resumen de sus discusiones. Al principio Tania aflojaba cuando veía tan desanimado a su marido y hacía todo lo posible para compensarle y demostrarle que le quería, a pesar de no poder expresarlo como él quería. Pero un día se cansó de tanta queja y, sencilla y llanamente, no le hizo caso. Entonces Víctor se encontró realmente mal y canceló una actividad familiar y luego otra y otra. Necesitó medicación para superar la depresión que le llevó a no querer moverse de la cama. Ni siquiera el cariño de sus hijos pudo ayudarle a evitar la apatía que sufría y, como ya le dijo una vez a su mujer, hizo que deseara morirse o largarse bien lejos de casa. Bueno, digamos que lo hizo, pero en forma de depresión. Las Víctimas os podéis hacer mucho daño si no sabéis manejar la frustración que sentís en pareja y podéis empujar a vuestro compañero a sentimientos de culpabilidad muy intensos si jugáis fuerte a chantajearle. Por eso en la pregunta: «*Si tuvieras que elegir el estado de ánimo que sientes cuando te encuentras mal, dirías que es…*», habrás contestado: «*Depre, sin duda. Me pongo muy triste*». Te creo, el rol de Víctima es un depredador de emociones si se usa con frecuencia. Hay mejores maneras de pedir amor y aprobación en pareja y es la lección pendiente que tenéis que aprender los que os movéis en este rol.

¡Y podéis aprender a hacerlo! ¡Podéis salir del victimismo que parece que invade vuestro ser y ser capaces de vivir la propia vida de otra manera, sin estar alerta continuamente! Lo que ocurre es que podéis convertiros en personas muy negativas, excesivamente pesimistas y muy pesadas en pareja. En esta relación es el otro el que se encarga de darle empuje y marcha, porque si por ti fuera no harías mucho, por no decir nada. Eso al principio te dio un aire de adaptabilidad que a tu pareja le resultó interesante. Eras una persona conformista, sin muchas complicaciones a la hora de tomar decisiones y sobre todo muy cariñosa. Buen cóctel, hay que reconocerlo. ¿A quién no le hubiera gustado una pareja así? Pero la cosa se fue volviendo compleja… Sobre todo cuando, al pasar el tiempo, tu pareja se relaja y no está tan pendiente de ti o no tiene en tanta consideración lo que dices como lo hacía al inicio de la relación (algo que suele pasar en todas las relaciones, se llama rutina, costumbre, confianza…). Y entonces, te vuelves desconfiado. Ya no crees tanto en el amor de tu pareja y lo pones en duda. Ya no le preguntas «¿me quieres?», sino «¿seguro que me quieres?», y empieza a invadirte una negatividad extraña que te lleva a ver el vaso medio vacío en vez del medio lleno. Y es lo que la pregunta: *«En el momento de planificar con tu pareja alguna actividad de ocio o las vacaciones, tu actitud más común es…»,* puede haber hecho que contestes: *«Para qué proponer algo, nunca se me hace caso».* Mira que llegáis a ser negativos las Víctimas. Lo más triste es que tengo constatado que lo sentís de verdad, que no es una mentira para manipular al otro y que os regale unos arrumacos de consuelo. No. La manipulación es una estrategia mental, una jugada de inteligencia, y lo tuyo es pura y esencialmente emocional. Tú sientes así, en gris, a veces gris oscuro y a veces en negro total. Te sientes desvalido como una criatura. No engañas a nadie, aunque parezca inverosímil que un adulto hecho y derecho como tú pueda percibir y sentir las cosas con la vulnerabilidad de un niño. Pues sí. Y como un niño puedes sentir placer cuando otro adulto te tiende la mano y te rescata de tu malestar demostrándote lo importante que eres para él y lo mucho que te quiere. Pero claro, la diferencia es que tú no eres ningún niño… Eres un adulto. Víctima, pero adulto. En el fondo, no eres víctima de los otros, sino de ti mismo y deberás ponerle fuerza de voluntad y trabajo interior del bueno si quieres vencer la inercia que tienes dentro por verlo todo en negativo.

Y ahora, permíteme que busquemos un pequeño lema que resuma cuanto he comentado de este rol. «*¿Cuál crees que es el dicho que mejor te define?*». Es posible que hayas escogido este: «*Piensa mal y acertarás*». Pues entonces, no hay duda, tu rol favorito en pareja es el de Víctima y a tu pareja le hará sufrir de lo lindo, pero a ti muchísimo más… El primer paso para desactivarlo es reconocer las armas que utilizas cuando estás en Víctima, observar atentamente cuándo las utilizas en tu día a día y morderte la lengua antes de volverlas a usar. Sí, no es una broma. Verlas asomar por tu cabeza y frenarlas en tu boca es un buen ejercicio para ayudar a tu corazón herido a que aprenda a vivir y dejarse querer de otra manera.

A continuación, voy a explicarte las armas más utilizadas por el rol de Víctima. Pon atención porque muy probablemente hayas recurrido a todas en diferentes momentos y con bastante frecuencia. Ya sé que me dirás que tu pareja también lo ha hecho, y llevarás razón, porque en una discusión al final ambos acaban usando todas las armas y artimañas que pueden para salirse con la suya y obtener lo que buscan. Pero ¿quién acostumbra a usarlas primero? ¿Quién es el que pone la primera zancadilla que incita al otro a hacer lo mismo? Esa es la clave, y es probable que en muchas ocasiones seas tú el instigador. Lo vuelvo a repetir: las siguientes armas de extorsión no son otra cosa que esfuerzos equivocados por tu parte de conseguir atención y aprobación de tu pareja y por eso lo único que conseguirás con ellas es todo lo contrario, malos rollos y distanciamiento entre vosotros. ¿Estás seguro de que quieres llamar la atención de tu pareja de esta forma aunque cueste una bronca entre vosotros? Medita bien esta pregunta y deja de hacer lo que a continuación te explicaré.

NSLMQHS

Esta es una de las armas que más utiliza una Víctima. Son las siglas de Nadie-Sabe-Lo-Mucho-Que-He-Sufrido. Y ciertamente, nadie nunca lo sabrá. Porque aunque los demás intenten ser empáticos contigo, siempre tienes la sensación de que se quedan cortos y eso no pronostica nada bueno porque va a generar sentimiento de deuda en la pareja. Fue el caso de Eva y Fernando. Cuando se conocieron, él estaba en plena lucha en los tribunales contra su exmujer por la custodia de su hija. Eva lo apoyó en todo, fue paciente, se adaptó en tiempo y en economía a la batalla campal que estaba viviendo Fernando con su ex. Así estuvieron unos cuantos años, porque el litigio judicial se convirtió en una historia lenta y penosa. Eva tuvo que aguantar algunas balas desviadas a su persona por parte de la exmujer de Fernando y también por parte de la hija de este, que de vez en cuando le hacía algunos comentarios envenenados por su madre que la herían muchísimo puesto que le había cogido cariño a la pequeña. Cuando todo acabó y Fernando obtuvo una sentencia favorable que auguraba el inicio de tiempos más tranquilos, empezó la segunda batalla. Todos parecían contentos: Fernando tenía la custodia de su hija, la niña ya no sería testigo del enfrentamiento entre sus padres, y los abuelos, tíos y amigos celebraban el final de una guerra demasiado larga. Todos menos Eva. Ella había sufrido mucho y no estaba contenta con el resultado. «¿Tanto luchar para conseguir tan poco? ¿Nadie va a condenar a tu ex por todo el daño que nos ha hecho? ¿Quién me devuelve los años que he perdido sufriendo?». Nada parecía consolarla, nada de lo obtenido parecía ser lo suficientemente bueno para calmar el dolor de Eva. Pero tuvo que aguantarse, porque judicialmente así quedaron las cosas y era un tema ya cerrado. Entonces usó su dolor para pasar cuentas. Pasar cuentas con el mundo entero, con su pareja y por último consigo misma. «Nadie-Sabe-Lo-Mucho-Que-He-Sufrido, así que no me exijas nada más ahora». Es una de las primeras condiciones que puso. «Nadie-Sabe-Lo-Mucho-Que-He-Sufrido, así que no intentes convencerme de que haga algo y dame la razón en lo que te diga». Fue su segunda condición. «Nadie-Sabe-Lo-Mucho-Que-He-Sufrido, así que me voy de compras». Fue su tercera condición. Fernando, cansado de los chantajes de Eva, de sentirse culpable por su desgracia e impotente por no poder reparar el daño causado por mucho que se esforzara, empezó a distanciarse emocionalmente de ella. Y entonces Eva se entristeció y cayó en una depresión. Cuando la conocí, lo primero que me dijo fue «Nadie-Sabe-Lo-Mucho-Que-He-Sufrido, no me lo merecía, no sé por qué me metí en una relación así». Ahí ya no le pasaba cuentas al mundo ni a su pareja; ahí ya se las pasaba a sí misma. Ya lo comenté antes, lo malo de chantajear a la pareja es que al final uno cae en las redes de su propio chantaje. Usar esta arma produce un efecto muy desestabilizador en la pareja, porque genera sentimiento de culpabilidad en el otro y por tanto de deuda, una deuda que nunca llegará a pagar del todo porque el daño ha sido tan grande que nada nunca será suficiente para repararlo. Y ahí está el resultado: una pareja unida ya no por el amor, sino por la hipoteca emocional pendiente de pago a tiempo ilimitado. Volviendo al caso de Eva, con esta jugada ella ataba de por vida a Fernando y se aseguraba su amor, admiración y agradecimiento eternos (o eso creía ella), pero no contó con que su pareja era un veterano de guerra y un superviviente de las relaciones tóxicas que no estaba dispuesto a dejarse atrapar por otra más. Y la dejó.

No resulta extraño que, pese a las amenazas de separación y abandono que la Víctima suele hacer en sus momentos más álgidos de desesperación, no cumpla nunca su amenaza. Siempre acabáis cediendo o, como os gusta decir a muchos, termináis perdonando a la pareja y os quedáis. Porque sois buenas personas. Porque le amáis mucho. Y porque, seamos claros, sois dependientes de la relación. Necesitáis más y más. Y pedís a base de queja y lamento. Hasta que tensáis la cuerda y esta se rompe. No es que esté prohibido quejarse y de vez en cuando decirle a la pareja: «Hola, ¿existo en tu vida?», pero claro, muy de vez en cuando, toda frustración no puede convertirse en un «pobre de mí, ya no me amas». La autocompasión es realmente mala para la salud. Muchas enfermedades son diagnosticadas como enfermedades imaginarias por los médicos porque no encuentran otra explicación que la psicológica. Taquicardias, dolores de cabeza, insomnio, adicciones (sobre todo el alcoholismo). La Víctima puede llegar a chantajear a su pareja con problemas de salud. «El día menos pensado me encontrarás muerta en casa». Bestial, una de las armas más potentes y desestabilizadoras en la pareja. «He tenido que ir al hospital después de nuestra discusión». Si la pareja no la atiende y cede en el chantaje, en poco tiempo esta frase se convertirá en la anterior. «Tengo una contractura severa en la espalda, el médico me ha dado la baja y recomendado reposo absoluto». Si encima consigue la baja médica, el Nadie-Sabe-Lo-Mucho-Que-He-Sufrido habrá llegado a su zenit y garantizado el beneficio que busca la Víctima: sentirse amado y aprobado por su pareja con garantía de por vida.

Reinterpretar

Esta arma es infalible. Si quieres paralizar a tu pareja en aquello que esté haciendo o pretenda hacer, úsala. Consiste en convertir todo lo que la pareja haga en una amenaza para vuestro amor. «¿Prefieres a tus amigos antes que a mí?». Toma ya. Un golpe certero en pleno abdomen. Reinterpretar suele usarse como colofón final de una discusión. Es el resumen final de la Víctima, su forma de concluir lo que para ella no tiene sentido. No es fácil contestar a una pregunta así, porque es obvio que si tu pareja sale con unos amigos es que en este momento le apetece estar con ellos en vez de, pongamos por caso puestos a exagerar, hacer el amor contigo. La conclusión final y errónea de la Víctima es «no me ama», cuando el sentido común nos dice que estar con los amigos no es sinónimo de no amar a la pareja. Obviamente, todo debe contextualizarse y valorarse en su frecuencia e intensidad, pero en el caso de la Víctima la única justificación que necesita es que su pareja no la elige en ese preciso momento como prioridad en su vida, por lo que concluye que no es amado. La fórmula de la reinterpretación siempre es la misma. No hay que confundirla con la condición, que es también un chantaje pero mucho más explícito y más fácil de rebatir porque las condiciones son fácilmente substituibles por otras más absurdas que dejan en ridículo a la Víctima y destapa descaradamente su chantaje (caso típico: «Si me quisieras, te quedarías». Respuesta: «¿Y si yo te pidiera que te tiraras por un balcón, te tirarías?»). Reinterpretar es mucho más sutil, no hay condiciones, sino conclusiones expresadas en forma de observación o afirmación de tipo universal. «Ya veo que no cuentas conmigo para nada. ¿Siempre voy a ser el último en tu lista de prioridades?». Recordemos que el Víctima es pesimista por naturaleza y sus interpretaciones acaban siendo predecibles porque todas expresan el rechazo que casi de forma crónica vive en su interior.

Pata de palo

Ya lo he comentado más arriba, los que os movéis en un rol de Víctima sois muy dependientes de la pareja aunque la dureza que a veces demostráis haga que no lo parezca. Con esta arma demostráis una debilidad o una incapacidad (vuestra pata de palo) que no podéis superar sin la ayuda de la pareja. «Sabes que si no llegas pronto a casa no puedo dormir» (de esa manera obtiene que su pareja no salga de noche con sus amigos). «Al final no he podido comprar el mueble porque, como siempre, no te he localizado al teléfono» (demuestra lo mucho que lo considera y lo ama, a diferencia del otro, que nunca tiene tiempo de atenderle). «No sé ir de vacaciones sin ti, no me lo paso bien. Así que mejor te espero en casa a que regreses de tu escapada con los amigos» (demuestra lo mucho que lo necesita y lo culpabiliza de lo poco que la cuida). Ahora dime, en confianza, ¿realmente eres incapaz de pasártelo bien unos días sin tu pareja? ¿Seguro que te has esforzado lo suficiente para intentarlo? Si tu pareja te cuestiona tal incapacidad, lo más seguro es que te rebotes y digas algo así como «cada uno es como es». Pero con esta respuesta, que no le falta verdad, puedes estar extorsionándole sutilmente para que se haga cargo de ti y de tu soledad en vez de estar pasándoselo pipa con sus amigos o su familia no sé dónde. A veces podéis hacer sentir muy culpables a la pareja y colocarles en una gran presión. Ana empezó a beber en casa cuando su pareja cambió de trabajo y comenzó a viajar. Ella no soportó no saber de él en todo un día y las llamadas de teléfono no mitigaban su angustia imaginándole conociendo gente nueva o yendo de copas con el resto del departamento que viajaba con él. Así que empezó a beber para llevar mejor su pesar. Él le hizo prometer que no volvería a beber y que pediría ayuda a un profesional, y Ana así lo hizo. Pero un día de mucho trabajo no pudo localizarlo por teléfono, rompió su promesa y bebió.

«Sabes que no puedo controlarme cuando no tengo noticias tuyas». Fue lo que dijo para justificarse. De esta manera se reafirmaba en su incapacidad por estar sola, le responsabilizaba a él de tal incapacidad y le hacía sentir culpable de no prestarle la suficiente atención como ella merecía. De veras, es mucho más fácil decir en voz alta «¡te necesito!» y reconocer que tienes un miedo terrible a perderlo a causa de una autoestima que hace aguas.

Sí, pero

Esta arma es un clásico. La utilizan multitud de Víctimas que en realidad no desean que les den lo que piden, sino continuar perpetuando su rol victimista para obtener a cambio el cariño, la pena y la compañía que buscan. ¿Alguna vez te ha sucedido que tu pareja ha intentado ayudarte en algo y aun así parece que no acierta en cómo hacerlo? No es que sea un inepto en intentar ayudarte, ¡es que no aceptas ninguna de sus propuestas!

—No sé qué ponerme para la cena de esta noche, nada me sienta bien.

—Ponte el vestido rojo, estás muy guapa con él.

—Está sucio, no puedo ponérmelo.

—Pues aquel conjunto que te compraste el otro día.

—Es demasiado festivo, no va para una cena con amigos.

—Pues tejanos y una camisa, como iré yo.

—No quiero ponerme los tejanos, he engordado y no quiero que lo noten.

—¡Qué va! Pero si estás preciosa. Póntelos, seguro que estás muy guapa.

—Que te he dicho que no, tú no lo entiendes. No puedo ir a la cena, no tengo cada que ponerme. ¡Échame una mano!

—¡Ya lo intento, pero no me haces caso! ¿Y lo que llevabas esta mañana no te sirve?

—Sí, pero quería vestirme para la ocasión y no como si saliera a comprar el pan.

—Bueno, pues ponte lo que quieras porque a ti te queda todo bien.

—Eso me lo dices ahora por decir.

—Que no, que si no estuvieras guapa te lo diría, de verdad.

—Estoy desanimada. ¿Y si cancelamos la cena?

No se trata únicamente de inseguridad; se trata de buscar apoyo sin límite por parte de la pareja perpetuando el «pobrecito de mí», sin encontrar solución posible por mucho que se le presenten alternativas. Fíjate cómo en este diálogo el chico cesa en su intento de darle opciones con la ropa y pasa a animarla piropeándola. Eso es exactamente lo que se busca con esta arma: el refuerzo positivo del otro. Qué mal pedimos a veces un piropo o un gesto de cariño a la pareja, ¿verdad? Como todas las armas, si el «sí, pero» se usa con mucha frecuencia fomentará el pasotismo de la pareja y, al final, siguiendo con el ejemplo anterior, será él quien proponga: «Mejor quédate en casa y ya iré yo solo a la cena, que estás inaguantable». Y ahí se habrán acabado los ánimos y piropos de la pareja y en cambio empezará la depresión de la Víctima y la crisis en la pareja.

Si no fuera por ti...

Si soy sincera, esta es un arma que me genera cierta compasión hacia la Víctima. Porque en el fondo la usa para evitar alguna situación que ella desea pero que a la vez teme y culpa a la pareja de no poder realizarla para no sentirse responsable de su propia ineptitud (y de paso recibe las disculpas y atención de su pareja que tanto necesita). Hace unos años conocí a Axel. Era un hombre de edad avanzada, bastante cansado de trabajar y con muchas ganas de jubilarse. A lo largo de su vida había pasado por etapas de apatía que conseguía superar con la ayuda de antidepresivos, aunque siempre se resistió a coger la baja laboral. Reconocía abiertamente que su problema siempre había sido su baja autoestima y se alegraba de que aun así hubiera conseguido tener una pareja que lo apoyara y con la que había podido formar una familia. Me explicaba que cuando decidieron irse a vivir juntos, él tuvo que dejar la casa unifamiliar donde vivía con sus padres para trasladarse a un pisito en el centro de la ciudad. «Fue horrible —me comentó—. Realmente lo pasé mal. Yo era joven y caprichoso, muy sobreprotegido por mi madre, y pasar de las comodidades de un chalé en plena naturaleza a un piso de sesenta metros cuadrados en la capital fue un cambio brusco para mí y además supuso dejar mi carrera para ponerme a trabajar, ya que solo con su trabajo no podíamos mantenernos. Pero él insistía tanto en que nos fuéramos a vivir juntos y yo estaba tan enamorado que no me lo pensé tres veces a pesar del sacrificio». Y ese sacrifico se convirtió en un filón que supo utilizar. «Lo confieso, fui cruel con mi pareja. Cuando discutíamos siempre le recordaba que si no hubiera sido por él yo habría acabado mi carrera, sería ingeniero, ganaría muchísimo más y no tendría que estar viviendo en esa pocilga. Pobrecillo. Él me respondía que dejara el trabajo y que estudiara, que ya nos apañaríamos. Y es cierto, mis padres nos hubieran echado una mano económicamente hasta que yo me graduara. Pero nunca lo acepté ni dejé mi trabajo. Y no acabé mis estudios, por supuesto». Axel y Álvaro, tuvieron sus crisis de pareja, algunas de ellas motivadas por la culpabilidad que oportunamente Axel arrojaba a Álvaro, haciéndolo responsable de algo que posiblemente él no estaba dispuesto a hacer (acabar su carrera) y garantizar la permanencia de su pareja a base de hacerle sentir en deuda por su sacrificio.

Cuidado con el chantaje emocional, cuidado con las deudas pendientes en pareja y sobre todo cuidado con el «si no fuera por ti...». Antes de decirle esto a tu pareja, ¿estás seguro de que si no fuera por ella, tú serías más feliz? ¿Seguro, seguro? Si es que sí, entonces no se lo digas, ¡déjala! Y si dudas de tu respuesta, entonces reflexiona y empieza a disfrutar de lo que tienes y deja atrás lo que no pudo ser.

Perdón, soy estúpido

¿Os habéis encontrado alguna vez con alguien que no dejaba de disculparse? ¿A que acaba siendo agotador? ¡Pues muy probablemente estuviera haciendo uso de esta arma! Cualquier acción que suceda, por pequeña que sea, ahí está la Víctima pidiendo perdón y demostrando lo inepta que es en casi todo lo que hace. Esta forma de desvalorizarse disculpándose con frecuencia es un recurso muy útil para recibir el apoyo y cariño compasivo de la pareja. Seguramente al principio su pareja corría a rescatarle y a hacerle ver que no lo ha hecho tan mal: «Tranquila, está muy bien». «Tranquila, no pasa nada». «Tranquila, ya lo arreglo yo»... Sí, la pareja no deja de tranquilizar a la Víctima hasta que un día se cansa y le contesta: «¡Deja ya de disculparte por todo, no seas así!». A lo que la Víctima puede interpretar que se le está riñendo y aún potenciar más su imagen de persona desvalida y estúpida, para exasperación del otro. Hay que prestar atención a este tipo de arma porque en ocasiones está incentivada por la propia familia y sistema educativo, ya que ser una persona de corazón «humilde» es muy valorado por la sociedad. Sin embargo, no hay que confundir la humildad con la inferioridad (o falsa humildad), ya que a veces una persona que pide frecuentemente perdón es tomada por alguien dispuesto a ser responsable de lo que sea necesario para complacer y ayudar a los demás. ¡Nada más lejos! En «perdón, soy estúpido» no se pretende ayudar a minimizar un conflicto, sino que su objetivo es captar la atención y estima del otro y así garantizar su presencia con su protección. Buen cebo, hay que reconocer.

Deja de jugar con tu autoestima, no te apoyes en tus inseguridades para obtener un beneficio, aunque este beneficio sea garantizar la presencia de tu pareja. Créeme, le puedes seducir igual o más si te muestras más seguro y autónomo. Deja la falsa humildad y no te responsabilices de cada pequeño movimiento que suceda a tu alrededor solo para hacerte notar. No quieras atraer el amor siendo un estúpido. De veras, si en algún momento fue sexy, al cabo de poco tiempo dejará de serlo.

RECUERDA

- Nadie te señala, no existe un complot contra ti ni tienes que demostrar lo que vales. Quien te ame lo verá por sí mismo.
- No tengas tanto miedo al rechazo, ten cuidado con usar el chantaje emocional para retener a tu pareja.
- ¿Por qué necesitas tantas pruebas de amor de tu pareja? ¡Venga ya! ¿De dónde viene realmente tal inseguridad? Solo de tu mente. Así que relájate…

→

- Sé más positivo. No te quejes de todo y aprende a disfrutar de lo que tienes, por poco que te parezca.
- Deja de victimizarte con tu pareja. No la controles, no la pongas a prueba. Disfrútala y ámala como si cada día fuera el último.

Segundo rol: el Perseguidor

HAS OBTENIDO MAYORÍA DE RESPUESTAS «b».

Bueno, lo tuyo tiene tela. Si has obtenido este rol es que debes ser una persona realmente dura y peleona, que no significa que no tengas sentimientos y no puedas ser cariñoso, pero tienes una tendencia a ponerte a la defensiva en forma de ataque que hace que intimides un poco... En efecto, al igual que el rol de Víctima, tú también te pones a la defensiva ante las adversidades con las que te encuentras, pero a diferencia del primero, el rol de Perseguidor no calla, no actúa sutilmente en forma de chantajes emocionales, sino que ataca de forma directa y explícita. Lo de «no hay mejor defensa que un buen ataque» le va que ni pintado. Y este, te guste o no, es tu lema. El Perseguidor es más complejo de lo que a simple vista parece, porque no se dedica a atacar cuando es atacado (si fuera así, parecería más bien una Víctima que se defiende). No. El Perseguidor ataca aunque no le ataquen. Así es, tienes una sensibilidad hacia el rechazo que parece que lo ves en todas partes a tu alrededor, de manera que ya sales de casa con la escopeta cargada dispuesto a disparar antes de que el otro abra la boca. Es posible que para que no se vea tan descarado, utilices la ironía y ese «especial» sentido del humor que gastas (y que al parecer solo entiendes tú) para poder usar tu sentido crítico de una forma más disimulada. Aunque el golpe lo das igualmente. Tú también eres una criatura dañada por dentro, pero que en vez de buscar la aprobación del otro has escogido el camino de desaprobar a los demás para poder destacar tú. Es una forma de conseguir autoestima a base de destruir la de los demás. Y para ello golpearás, criticarás, perseguirás a tu pareja hasta que le quede claro la importancia que tienes y que te mereces, te admire y te necesite. Vaya, nadie lo diría, pero visto así queda claro que eres un buen dependiente de tu pareja.

El rol de Perseguidor tiene sus niveles de dureza. Una persona que llega a maltratar físicamente a su pareja es un Perseguidor en grado muy severo. Es el más letal, pero no el más peligroso en cuanto a que es visible con claridad y el más señalado y cercado por la sociedad y el sistema penal. En cambio, cuando el Perseguidor se manifiesta sutilmente, con comentarios que deja caer por aquí y por allá, pero sin ponerle una mano encima a la pareja, ese es el más insidioso y destructivo y el que provocará una rueda de discusiones y malentendidos en la relación que se transformarán con facilidad en un bucle difícil de cortar.

No pretendo hacerte sentir mal, solo que tomes conciencia de cómo te comunicas y de la trampa que se esconde detrás de algunos comentarios aparentemente inofensivos que acostumbras a hacer. Dirás que no lo haces a propósito, y seguro que es verdad. Sencillamente «salen» así de ti, porque en tu interior has adoptado esa posición defensiva-atacante ante la vida y ante tu pareja y así sale sin que te des cuenta muchas veces. Solo que tu pareja sí lo nota. Y reaccionará en consecuencia. Y entonces vendrá la bronca.

Vamos a ver algunos ejemplos de comentarios, respuestas y frases inofensivas en apariencia pero que usadas con frecuencia te aseguro que ofenderán a tu pareja y la harán saltar:

—Déjame tu coche que el mío lo llevé al taller.

—(Cara de circunstancias). Bueno, pero no te acostumbres [léase: «Estúpido, a mí no me pasan estas cosas»].

—Dame otra vez la dirección donde tenemos que ir mañana porque la he perdido.

—(Resoplando). Es la última vez que la repito [léase: «Inepto»].

—Esta película no me ha gustado nada, para mí no tiene ningún sentido.

—(Con los ojos en blanco). Es que no te enteras de nada. Ya te la explico yo [léase: «Tonto»].

—¡La fiesta de Carla pinta muy bien, seguro que nos lo pasamos genial!

—(Sonrisa irónica). Ya veremos [léase: «Ya te demostraré que te equivocas»].

—¿Por qué dices eso? ¿Es que no quieres ir?

—(Sonrisa irónica). Por nada, por nada. No he dicho nada. [Léase: «Tonto, yo sé cosas que tú no sabes»].

—Mira, he decidido dejarle el dinero que me pidió mi hermano.

—(Cara de circunstancias). No lo entiendo [léase: «Qué tonto eres»].

—Bueno, es mi hermano y quiero darle una oportunidad.

—Sigo sin entenderlo [léase: «Más tonto aún»].

—Pues no lo entiendas, respétalo.

—Ya, pero sigo sin entenderlo [léase: «Sigues siendo tonto»].

Son comentarios inofensivos, pero molestos. Siempre tienen el mismo trasfondo, subrayar el defecto del otro o de la situación. Un

Perseguidor lo es porque utiliza mucho este tipo de respuestas, aparecen con excesiva frecuencia en vuestras conversaciones y, claro, tu pareja se ofenderá porque sentirá que le haces un favor o le perdonas la vida cada vez que le contestas así. Ten cuidado con enviar a tu pareja un «qué poco sabes, suerte tienes de tenerme a mí». Quieres que te admire, quieres demostrar tu valor personal, tu inteligencia y que eres perfectamente digno de ser amado. Tus objetivos son nobles, pero tus armas para conseguirlos no. Deja de ser tan puntilloso y amplía tu paciencia. No hace falta subrayar siempre lo que no funciona o crees que no va a funcionar bien como si fueras un sabelotodo, a veces vale la pena sencillamente vivirlo y disfrutar del momento, aunque no sea perfecto.

Vamos a ver algunos ejemplos más a través de las respuestas que has escogido en el cuestionario.

Hablemos de tu capacidad de retórica. Eres habilidoso con las palabras, no tienes tan buena memoria como el rol de Víctima pero sabes darle un giro a los argumentos de forma que de repente todo cobra otro significado, confundiendo así a tu pareja y aprovechando su confusión para traerla a tu terreno y salir vencedor de la situación o discusión que estéis manteniendo. Por eso, en la pregunta: «*Si presientes que tu pareja se va a molestar por alguna razón o situación que haya sucedido, tú acostumbras…*», es normal que hayas contestado: «*A recoger pruebas y argumentos para demostrarle que no tiene motivos para enfadarse y que no debiera tomárselo así. Al final se da cuenta y acaba dándome la razón o al menos a aflojar un poco su actitud*». Eso a costa de debilitar a tu pareja que, agotada, cede. Como comenté antes, puedes ser muy insidioso en tus respuestas no tanto por lo que dices sino por las artimañas que usas para decirlas. Una de tus favoritas puede ser hacer pronósticos. Pronósticos que siempre son malos, por supuesto. «Luego no digas que no te avisé». Ahí va uno. «Ya verás, ya, prefiero no estar ahí para verlo». Otro más. «Cuando te des de bruces no me vengas luego llorando». Y otro más. «¿Lo ves? Te lo dije». Este ya es un clásico universal. Se te da bien eso de animar al personal… Y seguro que tu intención es prevenir a tu pareja, pero lo haces fatal… Así solo consigues que acepte el desafío de demostrarte que te equivocas y ya tenemos a dos amantes que dejan de serlo para convertirse en combatientes. El amor sirve para disfrutarlo, no para aleccionar a la pareja arrojándoselo a la cara. Así lo perderéis.

Por ejemplo, otra forma de «educar» a tu pareja puede ser haciéndole de espejo. Muchas personas creen que eso sirve de algo y no vale más que para expulsar el amor a patadas de la habitación. La manera más común de hacer de espejo es imitando. Imitar esperpénticamente para que el otro se dé cuenta del ridículo que hace no le ayudará a darse cuenta de eso mismo, sino que le ayudará a odiarte. «¿Vas a echarte a llorar como siempre haces, bua-bua-bua…?». Imitar es un acto agresivo, te servirá para ganar en fuerza delante de tu pareja, pero no para que se acerque a ti y confíe. Otra forma de hacer de espejo es parafraseando a la pareja. «"Quiero que me dejes un rato solo", esas fueron tus palabras, así que adiós muy buenas, me voy». Utilizar las palabras textuales del otro también sirve para debilitar sus argumentos, pero no para que te admire. Y luego está otra frase también muy utilizada por este rol a la hora de exponer sus argumentos: el «tú te lo pierdes». Este es el golpe final, suele usarse para dar por finalizada la discusión dejando un halo de misterio y curiosidad que sin duda creará dudas en la pareja. Y tiene varias formas de ser usado:

—Lástima que no puedas acompañarme en esta reunión, pero respeto que no te vaya bien [descarga frustración por la decisión de la pareja. Respeto fingido].

—Mira, si no puedes venir, qué se le va a hacer, tú te lo pierdes [descarga frustración, critica la decisión tomada, genera culpabilidad. Aparente aceptación].

—No sé qué otras ocasiones tendremos de hacer un viaje así. Si es la última, pues mala suerte por no haberla aprovechado [descarga frustración, declaración de ultimátum a la pareja, genera culpabilidad por la decisión tomada].

Seguramente, la presión psicológica que genera este tipo de respuesta en tu pareja hará que esta recapacite su postura y ceda a tus propuestas. Meter miedo siempre funciona, pero en pareja es cargarse la relación a marchas forzadas...

Quizás te has dado cuenta de que antes he utilizado la expresión «educar a la pareja». Eso muchas veces es lo que el rol de Perseguidor parece que pretenda hacer con su pareja, como si se tratara de un padre que riñe a su hijo. Solo que aquí son dos adultos y la conversación saliente puede parecer realmente absurda. Y, sin embargo, sucede. Por eso, a la pregunta: «*Cuando discutís, las frases que más repites (o similares) son...*», puedes haber elegido perfectamente la opción: «*Qué voy a hacer contigo*», «*No hay manera de que aprendas*», «*La has vuelto a pifiar*». A eso me refería. ¡Ni que tu pareja fuera una criatura a tu cargo! Esa es una parte de ti que genera ambivalencia en tu pareja. Por un lado, la cuidas, la mimas, la ayudas a tomar decisiones... Esa mano derecha que la sustenta sin duda le encanta. Pero te pasas, no sabes poner límites y entonces ya no la ayudas sino que la diriges. Y eso se nota todavía más en los momentos de frustración, donde directamente le riñes. He conocido parejas que se hablan como si se tratara de un padre a su hijo adolescente. «¿Con esas pintas sales de casa?». ¡Ni que fuera al colegio! A veces las dejas caer sin venir a cuento, solo porque ya vas con el radar puesto de «a ver qué pillo que no esté bien», como el profe que se mira las libretas del alumno en busca de alguna falta que corregir.

—(Con tono de sorna). Menuda mala cara que tienes hoy, ¿te has mirado al espejo? Ni que te hubiera atropellado un tren. A ver si dejas de ver tanto la tele por la noche y duermes más [queja velada, petición de más intimidad en pareja].
—(Ofendido, tono irónico). Gracias, no te he pedido consejo.
—(Ofendido). Perdona, solo me estaba preocupando por ti.

Y seguro que te estabas preocupando porque no ponemos en duda que amas a tu pareja, pero te falta mano izquierda... ¿Tanto costaría decirle: «Tienes mala cara, ¿te encuentras bien?» y «echo de menos que nos abracemos por las noches?». ¿De veras que es tan vergonzoso descubrir tus sentimientos?

No seas tan duro. No es justo que tu pareja acabe concluyendo que eres una mala persona por cómo te oye hablar, porque seguro que no lo eres. Pero debes aflojar en la manera como interactúas, porque acosas a tu pareja y luego serás tú quien se sienta ofendido porque tu pareja no ha sabido apreciar lo mucho que te preocupas por ella. Bueno, es que a veces no lo expresas de la mejor de las maneras, debes reconocer.

Por ejemplo, te muestras demasiado inflexible y muy contundente con tus palabras. Has decidido que algo es blanco y es blanco, no hay más vuelta de hoja. Rotundamente sentenciado. Por eso, a la pregunta: «*Cuando explicas a otras personas los problemas o conflictos que has tenido con tu pareja...*», puedes haber respondido: «*Soy breve y contundente en mi valoración sobre mi pareja y la discusión que hemos tenido, porque la situación para mí está más que clara y no hace falta darle más vueltas*». Y para enfatizar esta postura, puedes aparentemente negarte a hablar más del tema, porque quieres dejar claro que para ti es asunto zanjado, aunque no podrás evitar exponer ante los demás los argumentos y pruebas que así lo certifican y al final acabas explicando toda la historia.

Lo mismo sucede cuando se trata de planificar algo. Te gusta demostrar el dominio que tienes de la situación y por eso puedes mostrarte muy irónico con las propuestas que haga tu pareja. «¿Esto te llevas de viaje? Cualquiera diría que te vas a la otra punta del mundo. ¿No decías que sería un viaje corto?». Y si afectan a la economía todavía te mostrarás más exigente, ya que no estás dispuesto a malgastar el fruto de tu esfuerzo. «¿Verdad que no te gusta que me meta con tus cosas? Pues a mí tampoco que se malgaste mi dinero, después de lo que me ha costado ganarlo». Tienes un sentido del esfuerzo muy alto y ciertamente te gusta ser autosuficiente y demostrar a tu pareja cómo peleas por tirar adelante y mantener a la familia. Pero eso tiene un precio: la admiración y sumisión del otro. «No he trabajado tanto para esto, la próxima vez trabajaré menos», puedes llegar a amenazar. Por eso, a la pregunta: «*En el momento de planificar con tu pareja alguna actividad de ocio o las vacaciones, tu actitud más común es…*», puedes haber contestado: «*Siempre en función de nuestra economía, los caprichos sobran*».

A diferencia del rol de Víctima, tú no te deprimes cuando tu pareja no te da lo que necesitas. Tú te encolerizas. O sea, te enfadas, y mucho. Y cuando alguien se enfada, ya sabemos lo que pasa habitualmente: castiga al otro. El rol de Perseguidor tiene dos formas muy sutiles de castigar a la pareja: usando la fuerza o con el mutismo (o sea, retirándole la palabra). Veamos dos ejemplos de esto. A la pregunta: «*Ante la impotencia de ver que no puedes hacer entrar en razón a tu pareja sobre algún tema…*», es posible que hayas contestado: «*Me entran ganas de darle un bofetón, a ver si espabila*». Bueno, esperemos que nunca se lo des y tengas un buen control de tus impulsos. Aun así, es probable que alces la voz (por no decir chillar), hagas ruidos con los muebles, des portazos, le cuelgues el teléfono o le arrojes algo a tu pareja (aunque sea un cojín). Ahí es donde descargas la tensión corporal que la situación te ha generado y la forma como castigas a tu pareja.

O bien puedes callar. Si eres más de esta fórmula, a la pregunta: «*Después de una discusión…*», habrás respondido: «*Me distancio, no quiero que mi pareja me hable, necesito tiempo para permitir que se acerque a mí de nuevo*». Esta era la manera como Juan Antonio castigaba a su pareja, Raúl, cada vez que le invadía la impotencia de no poder hacerle cambiar de opinión respecto a algo. «No lo puedo evitar —me explicaba—. En esos momentos no siento nada y solo me apetece ignorarle, así que no le hablo en dos o tres días». Si haces eso muy a menudo, puedes imaginarte cómo debilita la relación de pareja. A los tres días el castigo habrá expirado pero tu pareja y sus sentimientos hacia ti también habrán cambiado. Es mejor que confieses con claridad tu malestar y quemes adrenalina, como seguramente tantas veces necesitas hacer. Por eso, a la pregunta: «*Si tuvieras que elegir el estado de ánimo que sientes cuando te encuentras mal, dirías que es…*», muy probablemente hayas contestado: «*De subidón, necesito caminar o ir al gimnasio para quemar adrenalina*». Pues hazlo, te irá bien salir de tu parloteo mental porque si te dejas arrastrar por él arremeterás contra cualquier cosa. Suda la camiseta, desfógate, vuelve a casa y dile a tu pareja que la respetas y la amas, con acuerdos o sin ellos.

Aunque sé que es más fácil decirlo que hacerlo, porque debes luchar contra el impulso de buscar notoriedad y respeto a costa de demostrar lo valioso e inteligente que eres. Tú eres fiel a tu estilo, estás convencido de que tienes la razón y estás dispuesto a demostrar cómo el otro se equivoca. Por eso, puestos a buscar un lema que te defina, es posible que a la pregunta: «*Cuál crees que es el dicho que mejor te define...*», hayas elegido este: «*Genio y figura hasta la sepultura*». Bueno, de lo que se trata precisamente es de no llevar la relación de pareja a la sepultura. Si eso es lo que quieres de verdad, si estás dispuesto a apostar por la relación antes que por tu ego, lo tienes relativamente fácil: deja de comportarte como un Perseguidor. ¿Cómo? Toma nota de las armas más utilizadas por este rol y observa cómo y cuándo las utilizas tú y deja de hacerlo. Sin excusas, sin echar mano del «mi pareja empezó primero y yo solo me defendí». Sencillamente, no las uses.

¡Te pillé!

Esta es una de las armas más estudiadas en comunicación social. Y en el terreno de pareja, solo puedo decirte que causa auténtico furor... pero del malo. ¡Es muy molesto sentir que tu pareja te ha «cazado» en una contradicción o en un error como si se alegrara de encontrar un defecto! Pues en eso consiste el «¡te pillé!», en una caza, ni más ni menos. Hay tantas formas variadas de utilizarlo, y todas ellas tan devastadoras. Una de las más comunes es en forma de redefinición y su fórmula no tiene pérdida. Consiste en empezar la frase siempre de la misma manera: recordando algo que la pareja dijo. Para, acto seguido, añadir la observación crítica. Por supuesto, todo bien acompañado del tono irónico adecuado. «El otro día dijiste que no hablarías más al vecino por maleducado. ¿Qué pasa, ya se ha educado?». «¿No eras tú la que siempre decías que no soportabas una casa desordenada? Pues, hala, ten la escoba y a limpiar». «Siempre presumes de que tus padres te pagaron el coche. Pues acude a ellos a que te echen una mano con esto porque yo no pienso ayudarte».

Tienes razón, todos hemos usado alguna vez el «¡te pillé!», pero debiera ser ocasionalmente, por lo que debe minimizarse lo más que se pueda en la relación de pareja, sobre todo cuando ya estáis conviviendo juntos, ya que ahí es donde existe más peligro de abusar de él debido al volumen de información que disponéis el uno del otro. Otra forma de emplearlo es haciendo una descripción a veces exagerada de la pareja y a continuación hacer el comentario crítico. «Mírale, aquí le tenemos, don perfecto, el que nunca se equivoca. ¿A que molesta que ser tú al que le ha *tocao* pringar con la multa de tráfico?». «Siempre con prisas, siempre con prisas y cuando pasa algo importante ni te mueves». ¡El Perseguidor no perdona ni una! Y la pareja siente que tiene al cobrador del frac siempre pegado a los talones…

Alboroto

Debo reconocer que esta arma es una de mis preferidas, no para usarla, claro está, sino en el análisis de las relaciones de pareja. ¡Y es que siempre me sorprende de qué forma variopinta puede aparecer! Consiste en desviar la atención sobre algo que la pareja está a punto de hacer para así evitar hacerlo. Por ejemplo, es una de las armas más usadas para evitar tener sexo. Benjamín lo tenía todo preparado para pasar una velada romántica con su pareja, Ángela. Había hecho la cena, puesto un bonito mantel en la mesa del comedor y unas velas encendidas acababan de dar el toque final. Cuando Ángela llegó a casa del trabajo, se llevó una sorpresa cuando vio todo el montaje. Dos días antes le había echado en cara a Benjamín que habían perdido el romanticismo y que ya no la miraba como lo hacía antes. Bueno, al parecer el hombre tomó nota y ahí estaba su esfuerzo por enmendar el distanciamiento que se había producido entre ambos debido a la rutina (o eso creía él). Cenaron, charlaron animosamente, rieron. Todo parecía ir bien. Llegaron las caricias, los besos, hasta que él la guió al dormitorio. Justo estaban empezando a enrollarse cuando Ángela paró en seco. Dios santo, el cubo de la colada estaba a reventar, no tendría la ropa preparada para el fin de semana si no empezaba a poner lavadoras. «Espera un momento, ahora vengo». Se fue adonde se almacenaba la ropa sucia y empezó a separar la blanca de la de color. Benjamín no daba crédito. «¿Perdón? ¿En serio tienes que hacer esto ahora?», la increpó. «Es un momento, no te muevas que enseguida retomamos». ¡Pero bueno! Debió de pensar él. A su regreso se lo encontró metido en la cama dispuesto a dormir. Lo siguiente que ocurrió es fácil de imaginar. Que si tanto esfuerzo para nada, que si no te importo en absoluto, que si no hay quien te entienda, que si te ofendes por nada, que no me hables, que tú tampoco a mí. Y apagaron las luces y cada uno en su lado de la cama, como cada noche. Esto es crear un alboroto. Ángela no quería intimar con su pareja, a pesar de quejarse de que últimamente ya no lo hacían. Y justo en el preciso instante en que ambos se acercan, ella boicotea el momento de forma que se genera un revuelo, muchas veces por una tontería, que mata el espíritu intimista que se había creado y hace que sea muy difícil volver a retomarlo.

Recuerdo otra pareja de edad avanzada, ambos jubilados. Rosita era una mujer moderna, muy vital, a quien la jubilación le había sentado estupendamente porque por fin tenía la oportunidad de dedicarse a las actividades culturales que tanto le entusiasmaban. Evaristo, su marido, era un hombre tranquilo a quien la jubilación no le había sentado tan bien. Acostumbrado a trabajar toda la vida, ahora que los hijos estaban emancipados y ya no ocupaba su tiempo en la oficina se había apalancado en el sofá de casa sintiéndose extraño por no tener nada que hacer. Rosita le animaba y lo provocaba para que se apuntara a alguna de las actividades que ella hacía con sus amigas o la acompañara a alguna de sus escapadas. Harto de tener que oír que era un aburrido, accedió y fue así como decidieron salir juntos al teatro una noche. Consiguieron las entradas, se vistieron para la ocasión y cuando estaban bajando por el ascensor sucedió el alboroto en cuestión de pocos segundos:

—(Rosita). A ver si te animas y acabas de pintar la habitación del mayor, que la dejaste a medias y está hecha un desastre.

—(Evaristo). ¿Y a qué viene eso ahora?

—(Rosita). Nada, me acabo de acordar.

(Silencio).

—(Rosita). Pero es que ya me veo que los primos de Badajoz no podrán venir este verano por culpa de que la habitación no estará preparada.

—(Evaristo). Bueno, ¿y qué quieres que le haga ahora?

—(Rosita). Espabilar un poquito más, como hago yo cada día, que si no nos dormimos en los laureles…

—(Evaristo). He trabajado mucho toda mi vida, tendré derecho a un descanso, ¿no? ¡Será posible!

—(Rosita). ¡Bueno, bueno, qué genio gastas!

—(Evaristo). Me subo *pa'casa*, se me han ido las ganas de salir.

—(Rosita). ¿Después de lo que me ha costado sacarte de casa y conseguir las entradas? ¡Qué desagradecido!

—(Evaristo). ¡Encima!

No pasaron de la portería del edificio y volvieron a subir al piso. Rosita generó un alboroto que boicoteó el intento de la pareja por compartir tiempo e intercambiar cariño. En esta conversación Rosita persigue a Evaristo, este se hace la Víctima con un Nadie-Sabe-

Lo-Mucho-Que-He-Sufrido y se convierte en Perseguidor de Rosita castigándola no yendo al teatro. Rosita ahora es la Víctima con un «si no fuera por mí» y se hace la ofendida. Al igual que Benjamín y Ángela, ambos se meten en un embrollo donde pasan a perseguirse mutuamente, pero siempre empieza uno que acusa al otro de algo o lo desplaza a un segundo lugar ninguneándolo. El alboroto siempre pretende lo mismo: generar confusión, librarse de algo para poder continuar quejándose, ya que eso es más fácil de hacer que intimar, sobre todo si esto último hace tiempo que no se practica.

Si no fuera por mí...

Esta es una expresión muy usada por el Perseguidor para vender su campaña de críticas. Basta con que ponga algún ejemplo del pasado en el cual su pareja se benefició de sus críticas: «Suerte que de vez en cuando me haces caso en vez de ponerme mala cara» (o sea, «si no fuera por mí»). «Para que luego digan que soy un jefe duro» (o sea, «si no fuera por mí»). «A veces es necesario mano dura para obtener algo, ¿lo ves?» (o sea, «si no fuera por mí»). «Es que eres muy blando, suerte que me tienes a mí» (o sea, «si no fuera por mí»). Vaya, que sabe elegir sus ejemplos y justificar su dureza, con lo cual obliga al otro a callar y aceptar tal evidencia... y también su persecución.

¡Mira lo que me has hecho hacer!

Aquí de nuevo el Perseguidor justifica su conducta, pero esta vez culpabilizando a la pareja. Su uso se reserva especialmente en los casos en que el Perseguidor no ha podido controlar sus impulsos, por eso es una de las armas más usadas por el maltratador, que justifica su violencia por lo mal que se ha portado la Víctima con él. «¡He tenido una pelea con mis padres que a mi padre por poco le da un infarto y todo por tu culpa!». «¡Todo esto lo has provocado tú y yo como siempre haciendo de poli malo!». «Hoy he enviado un cliente a paseo de lo nervioso que estoy, si me echan del trabajo será por culpa tuya». «He roto la puerta del pasillo de un portazo porque antes me has sacado de mis casillas». El Perseguidor no asumirá su responsabilidad y en cambio solicitará la debida compensación de su pareja con un acto de sumisión. Aparentemente, hace un papel de falsa Víctima y hace sentir a la Víctima real como si fuera su perseguidora. La habilidad de manejar este tipo de conversación es tan rápida que, sin saber cómo, la pareja se encuentra intentando compensar cosas o situaciones que no ha creado pero de las que su pareja Perseguidora le ha hecho parecer responsable. Eso la convierte en una de las armas más difíciles de manejar por lo que requiere de un Perseguidor inteligente y con baja capacidad empática, o sea, un gran manipulador.

Tribunal

Bueeeno… ¿Quién no habrá sido víctima de esta arma en algún momento de su vida de pareja? Es una de las más extendidas e incluso aclamadas para su uso en muchos grupos familiares y de amigos. «¿Qué tal tu nuevo novio?», le pregunta la madre a su hija aprovechando que el novio está a su lado. El chico aludido se queda bloqueado y a la expectativa de cómo su pareja contestará la preguntita de su suegra. «Huy, pues ya que lo preguntas, bien, aunque me ha salido un poco tacaño, el otro día pagué el cine yo», contesta entre risitas para no perder la simpatía. Pero a su novio ya lo ha dejado KO. Aunque las dos mujeres rían pretendiendo mostrar que solo se trata de una broma, al chico no le ha hecho ninguna gracia y ruega que la tierra le trague en ese momento. En principio esta arma pasa por ser algo inofensivo e incluso divertido de usar. Alguien podría decir: «Bueno, chico, no te lo tomes así, solo ha sido un comentario inofensivo». Pero lo que realmente genera dolor no es lo que se dice, sino *dónde* se dice. Y el dónde siempre consiste delante de otras personas que actuarán de jurado o tribunal de lo que se diga. Es una de las armas más comunes del Perseguidor ya que aprovecha la presencia de otros para decirle a su pareja lo que no se atreve a decirle en privado. De esta manera se protege de la reacción del otro ya que seguramente será moderada (por lo general, cuesta perder los papeles delante de otra gente) y busca apoyos externos que le den la razón a la crítica pública que acaba de hacer sobre su pareja.

No siempre hay aliados que le dan pie al Perseguidor a que critique en público a la pareja como en el caso del ejemplo anterior (muy típico de las reuniones familiares, por cierto). En la mayoría de los casos basta con un «¿sabéis lo que me dijo/hizo este [señalando la pareja] el otro día?». Y ahí empieza todo. El aludido ya puede dar golpecitos con el pie al otro para pedirle que calle, que no lo conseguirá, porque el engranaje se ha puesto en marcha y ahora será el público presente quien solicitará ansioso tal cotilleo. «¿De verdad hizo eso?». Ya está, el tribunal ha dictado sentencia y el aludido se ha visto «simpática e inocentemente» reprendido no únicamente por su pareja, sino también por otros. ¿Os imagináis lo que sucederá cuando la pareja llegue a casa? La discusión será monumental.

—¿Por qué tuviste que comentarlo?
—¡No es para tanto!

—¡No tienes ningún derecho a avergonzarme!

—¡Yo no he hecho eso!

—¡¿Qué pasaría si yo hiciera lo mismo y fuera contando tus cosas?!

—No es lo mismo, estás sacando todo de quicio.

Etc.

Desde luego, el Perseguidor se justificará haciendo pasar a la pareja por un exagerado, argumentando que venía a cuento por el contexto de la conversación (con lo cual intenta hacer pasar su comentario como algo normal) o poniendo ejemplos de otras ocasiones en las que también ha sucedido a la inversa. Y todo sonará muy «lógico» porque no se estará haciendo alusión al elemento clave de esta arma: el uso de público por parte del Perseguidor para reforzar lo que este le reclama a su pareja o para recibir apoyo en reafirmarse como superinteligente y alguien imprescindible para su pareja.

Abandona cuanto antes esta arma. Deja de usarla. Genera resentimiento y falta de lealtad en la pareja tanto a corto como a largo plazo. Y si en algún momento te encuentras que te están utilizando como tribunal de otra pareja, abandona tal conversación, limítate a decir que no quieres saberlo ni cotillear en asuntos privados de tu amigo. Te lo aseguro, así no habrás conservado una amistad únicamente, sino que le habrás hecho un favor a esa pareja.

¡Al rincón!

Podríamos decir que esta es el arma paralela al «sí, pero» que utiliza la Víctima. Como ya expliqué, esta última es capaz de encontrar defectos en cualquier propuesta que intente solucionar sus quejas, con lo que continúa lamentándose sin encontrar ningún tipo de consuelo que le sea satisfactorio. Así conserva su rol de Víctima. En el caso del Perseguidor, él anima a su pareja en algún proyecto o asunto que ella tenga entre manos, mostrándose generoso y paciente para ayudarla en lo que necesite. Sin embargo, en el momento en que su pareja lo intenta y obtiene un resultado, el Perseguidor siempre le encuentra algún defecto o bien ofrece otra idea mejor, de forma que después de motivar a su pareja, la arrincona sin salida. Esto mismo le sucedió a Luisa, que tenía en mente abrir una tienda juntamente con una socia. Hacía tiempo que no trabajaba y para ella era un reto volver a la vida laboral creando su propio negocio. Su pareja, Miguel, le había alertado de los peligros de hacer una gran inversión si no tenía un estudio de mercado bien elaborado, aun así la había animado a que hiciera el diseño del proyecto e incluso le había pasado el contacto de varios amigos consultores para que la asesoraran. Sin embargo, Miguel tenía una pequeña manía que empezaba a sacar de quicio a Luisa: cada vez que ella le informaba de algún cambio o avance en los preparativos, él tenía la habilidad de encontrar algún aspecto mejorable o de fijarse justamente en los puntos menos elaborados. «¿Alguna vez me dirás algo positivo?», se atrevió a preguntar ella. «Bueno, si quieres te miento», era la locuaz respuesta de él, que automáticamente se hacía pasar por su Salvador: «Solo trato de ayudarte». En fin, Luisa no tuvo otro remedio que acostumbrarse a las «ayudas» críticas de su pareja llegando a tener la desagradable sensación de que si algún día abría la tienda sería a pesar de él y no gracias a él. La sensación de que su pareja le hacía boicot y la arrinconaba cada vez que él pretendía ayudarla iba en aumento, hasta que un día, en un *flash* de clarividencia, compartió con él una idea que le rondaba por la cabeza: «Creo que en el fondo no quieres que abra la tienda, quizás por miedo a que me vaya mal o quizás por miedo a que me vaya bien y yo ya no dependa tanto de ti». Lista. Muy lista. En efecto, cuando el Perseguidor arrincona tantas veces a su pareja es porque obtiene un beneficio paralizándola, que, la mayoría de las veces, es mantener su estatus de poder y demostrar su superioridad para generar dependencia en el otro.

Siempre digo que una relación de pareja sana es aquella que sabe sacar lo mejor de cada uno de ellos. A veces el miedo a que el otro disponga de demasiada libertad o autonomía puede crear pánico a que se distancie o bien cambien rutinas que ya son satisfactorias para uno de ellos. Miguel el Perseguidor haría bien en no preocuparse tanto del diseño del comercio de su pareja y en cambio verbalizarle su preocupación de que a partir de entonces dispongan de menos tiempo para ambos, ya no pasen los sábados juntos viendo pelis como hasta ahora acostumbraban a hacer o que tengan que postergar el proyecto de tener hijos unos años más. Ambos hubieran tenido la oportunidad de ocupar su tiempo en algo más productivo que perseguirse y defenderse, como es planificar y proteger su espacio de pareja y familia.

RECUERDA

- ¡Para, para! La convivencia en pareja no es una batalla continua que hay que ganar. Así que descansa…
- Tu pareja no rivaliza contigo, nadie te está llamando estúpido por el hecho de opinar diferente que tú.
- Deja de comportarte como un instructor repelente. ¡Qué manía con cazar a tu pareja en un error!
- Permite que tu pareja se manifieste tal y como es estando contigo. ¡Tú eres su oportunidad para que encuentre en ti su expansión, no su cohibición!
- No persigas a tu pareja y ámala tal como es.

Tercer rol: el Salvador

HAS OBTENIDO MAYORÍA DE RESPUESTAS «C».

A todos nos gusta echar una mano a un amigo o incluso a un desconocido en un momento determinado. Y ya no te digo a nuestra pareja. Pero dejemos las cosas claras desde un inicio: ser generoso y buena persona no tiene nada que ver con ser un Salvador. Si has obtenido este resultado en el cuestionario, pues… solo puedo decirte que vas a sufrir un poco en esta vida. Bueno, de hecho eso es algo que ya sabrás, puesto que debes llevar algún tiempo siendo el Salvador de tu pareja, familia y amigos. ¿Cómo una persona como tú, que eres todo corazón, que lo único que deseas es ver bien a la gente y que tu pareja sea feliz, puede llegar a sentirse tan desgraciado e incomprendido? Buena pregunta. Algo falla, desde luego. Y creo que tengo la clave: has confundido ayudar con rescatar. Deja que te explique la diferencia.

La salvación o el rescate es un tipo de conducta que técnicamente se conoce con el nombre de codependencia y consiste en la necesidad imperiosa de ayudar al otro aunque tal ayuda no haya sido solicitada. Y de ahí que casi siempre el resultado sean conflictos y malentendidos.

Dejas de ser «buena persona» y haces de Salvador cuando te ocupas de cosas que los demás no te han pedido. O aún peor, haces más cosas de las que te corresponden porque crees que el que está en apuros será incapaz de salir adelante o solucionar sus problemas por sí mismo. Vamos, que con tu generosidad de alguna manera le estás llamando inepto… Quizás no lo habías visto nunca desde este punto de vista, ¿verdad?

¡Pero es que no lo puedes evitar! ¡Sufres cuando ves sufrimiento! Y con tu pareja los síntomas empeoran. ¡Necesitas liberarle de lo que le causa dolor, matar al jefe si es injusto con él, encararte a su ex si le está haciendo la vida imposible, dejarle tus ahorros para que pague las deudas con su socio y así que pueda volver a dormir tranquilo! ¡Lo que haga falta, porque ayudarle te hace feliz! ¡Y si además consigues que sea feliz, aún más feliz eres tú! En fin. Insisto, todos queremos la felicidad de la pareja y podemos tomar decisiones libres voluntariamente para poder ayudarla en una situación concreta. Lo que sucede con el Salvador es que no hay situaciones concretas. Su conducta es un patrón que funciona como un piloto automático que se enciende siempre que ve la ocasión de proponerse como ayudante-rescatador-facilitador de la pareja, aunque esta no desee ser ayudada. Y ahí, precisamente ahí, empiezan los problemas...

Y eso que a ti no te gustan ni el conflicto ni las discusiones. Inviertes mucho tu tiempo en calmar al otro. «No te lo tomes así, verás cómo no es para tanto. Me hago cargo yo de la situación, yo lo arreglaré. ¿Estás bien? ¿Seguro que estás bien? ¿Seguro, seguro?». Que sí, que sí, que se encuentra perfectamente. Y si no lo está, pues ya te lo dirá, ¿no crees? No, seguramente eres de los que no se fían de que el otro sea sincero contigo y por eso insistes en hacerte cargo de él hasta que estés plenamente convencido por ti mismo de que se encuentra bien. Vamos, que sueles ser bastante pesado en esos momentos y has hecho de la angustia una compañera habitual. ¡Dependes demasiado del bienestar ajeno! Algo que ya has intuido que es imposible controlar, aunque te empeñas en hacerlo. Es posible que algunos días te levantes con unas ganas de llorar que no te explicas y que a media tarde ya te falte la respiración. Calma. Respira. No puedes ser un héroe para tu pareja. No eres su héroe. Eres algo más grande que eso. Eres su amante, su amor. Tu amor por tu pareja calmará y consolará sus penas, pero no pretendas evitárselas (al menos no todas).

Nos gusta que nos necesiten. Que nuestra pareja llame pidiendo opinión o ayuda satisface a nuestra autoestima porque nos demuestra que somos importantes para ella. Pero claro, no puedes pretender que tu pareja se vuelva adicta a tus servicios humanitarios para sentirte amado y respetado por ella… Es posible que a otra persona le molestara tener una pareja que continuamente le pidiera consejo y ayuda. ¡En cambio a ti te encanta! Ahí tienes la diferencia entre quien está disponible a echar una mano a su pareja en un momento determinado y quien necesita salvarla para sentirse seguro en la relación. Es posible que de pequeño te educaran bajo la creencia de que en esta vida, para ser considerado una buena persona, debemos hacer felices a los demás. Lo que faltaba. ¿Te das cuenta de la cantidad de trabajo ilimitado que representaría eso? ¡¿Pero alguien quiere una carga así?! Suficientemente difícil es a veces buscar la propia felicidad, como para además responsabilizarse de la felicidad de otros (cuando estos otros sean adultos autónomos, claro está). Con esta creencia es posible que confundas la dificultad o problema que tenga tu pareja en algún asunto con una incapacidad suya. Y desde luego, la mayoría de las veces no es así. Que alguien tenga que hacer frente a algo no significa que no esté preparado para llevarlo a cabo o solucionarlo. La existencia de conflicto no es reflejo de ausencia de inteligencia. Y, sin embargo, caes con facilidad en el equívoco de que el otro no podrá conseguirlo por sí mismo. Y entonces es cuando te adelantas y generosamente (pues nadie te lo ha pedido) tú te encargas por él. Y es cuando puedes recibir a cambio un «¡pero quién te has creído que eres tú para meterte!» o similar y empiezan los problemas.

Mira, antes he dicho que no eres un héroe ni debieras pretender serlo para tu pareja. De veras, no te conviene serlo ni a ti ni a nadie porque es un tipo de personaje que acostumbra a tener una vida muy compleja y triste. ¿Te has fijado en las vidas de Spiderman, Batman

o Superman? Solo por citar a los héroes clásicos… ¡Son incapaces de ser felices en pareja! Se debaten entre mantener a salvo a su amada y hacerla feliz y tener que acudir en ayuda al sonido de alguna sirena de policía. Al final, estás dividido entre quedar bien con tu pareja o quedar bien con tu familia, el trabajo o los amigos. ¿A quién contentar? ¿Cómo liberarse de la culpabilidad de no haber estado suficientemente al lado de alguno de ellos? ¿¡Por qué no se nos habrá concedido el don de la omnipresencia!? Y todo esto sucede en la cabeza de Spiderman nada más, porque lo más seguro es que en la mayoría de ocasiones su presencia no haya sido requerida, solo que él ha tomado la decisión unilateral de que *sí* que era necesaria. ¿Has visto sus películas? Se metió en muchos problemas con los periodistas y policías que no solo no paraban de acosarle sino que además criticaban duramente su intromisión en algunas operaciones de rescate. ¡Por supuesto! No solamente no habían pedido su colaboración, sino que encima con su presencia los dejaba en ridículo por ineptos y poco eficaces. Todo un ejercicio de arrogancia por su parte. Eso mismo es posible que te haya sucedido a ti, que después de haberte sacrificado (voluntariamente) en algo por tu pareja, no te lo agradece y para rematar eres criticado por ello. Injusto, pero real como la vida misma.

A Juana no le hacía ninguna gracia ir a comer a casa de sus suegros, pero a su marido le hacía mucha ilusión estar en la casa que estos tenían en la costa y pasar allí el día con sus padres, su hermana y los hijos de esta. Así que no dijo nada para no disgustar a su pareja y accedió a pasar una jornada de domingo allí. ¡Qué pesada era su suegra y qué altiva su cuñada! Se le hacía muy difícil mantener una conversación con ellas, así que intentaba evitarlas tomando el sol en la piscina o jugando con los niños. De regreso a casa, Pablo, su marido, inició la fatal conversación:

—Qué callada has estado todo el día.

—¿Ah, sí? Pues no sé…

—Tenías que haberte visto la cara durante la comida. Para estar así, mejor no vengas, yo no te obligo.

—Hombre, ya sabes lo que opino de tu hermana, pero he creído que no querrías venir solo. ¿Qué hubiera dicho tu madre?

—Que diga lo que quiera, pero si no me acompañas a gusto, para estar pasándolo mal, prefiero ir solo.

—Yo lo he hecho para pasar juntos el domingo, es el único día que tenemos…

—Pues no sé qué hubiera sido peor, si que me acompañaras o que lo hubiéramos pasado por separado, la verdad. Ya habrá más domingos para estar juntos, ¿no?

En ese momento, Juana odió a su pareja. No lo pudo evitar. Lo odió por incomprensivo y egoísta cuando ella le había hecho un regalo acompañándolo aunque no tenía ganas. Y ni siquiera habiendo visto lo incómoda que estaba ella en esa reunión familiar le dio las gracias por su esfuerzo de estar ahí por él. Sí, seguramente me dirás que en estos casos uno nunca espera algo a cambio de lo que hace, pero ¿a que molesta mucho cuando aun así eres ninguneado y nadie ve tu esfuerzo? Ese rescate le valió a Juana un final de domingo de morros con su pareja. Lo que había hecho para la felicidad del otro se convirtió en infelicidad para ambos. Ya ves, ser un Salvador nunca compensa.

Cómo cuesta a veces decir «no», ¿verdad? ¡Tu pareja puede sufrir mucho con una negativa tuya o una opinión contraria! Pues no… No es así. Y aunque así fuera, debieras mostrarte sincero con ella y no regalarle a sus oídos lo que espera oír para que así te ame. No seas su Salvador para que te quiera y te necesite (o mejor dicho, te necesite y te quiera, por este orden). ¿Qué será de ti cuando ya no te necesite? ¿Qué vacío sentirás en tu vida cuando ya no tengas a nadie a quien salvar? ¿Alguien sabe qué fue de Batman cuando se restauró la paz y el orden en Gotham City? Un «no» a tiempo, un «prefiero no ir» bien expresado, sin que represente una crítica ni un chantaje al otro, puede evitar a la pareja situaciones extrañas y sentimientos de deuda entre ellos, además de dotar a la relación de madurez y autonomía.

Vamos a verlo ahora en tus respuestas.

Aquí tenemos el primer ejemplo. A la pregunta: «*Si presientes que tu pareja se va a molestar por alguna razón o situación que haya sucedido, tú acostumbras…*», es posible que hayas respondido: «*Me pongo muy nervioso/a y me adelanto a darle explicaciones de lo sucedido y a pedirle disculpas (aunque no sea culpa mía) para evitar a toda costa que se enfade*».

Qué mal que llevas el enfado o la tristeza de tu pareja. Para ti son como emociones prohibidas a evitar a toda costa, como si sentirlas representaran un fracaso en tu vida. «Huy, estoy triste, algo no va bien en mi vida, soy un fracasado». «Huy, mi pareja se ha enfadado, señal de que no me quiere, qué diría la gente, tenemos problemas, qué fracaso…». Lo primero que debes entender es que vivir de vez en cuando emociones desagradables como la tristeza, el miedo o la rabia no son indicadores de que tu vida en pareja esté siendo una ruina. Es más, sentirlos es casi un derecho tanto de tu pareja como de ti mismo. Claro está que también depende de la frecuencia con que se vivan (si tu pareja siempre está enfadado, pues ese es otro tema), pero por lo que a ti respecta no puedes estar siempre en tensión por intentar evitar cualquier situación que altere o violente a tu pareja. Ni que fuera una criatura que no pudiera afrontar alguna adversidad. No puedes hacer de vuestra relación un *resort* 5 estrellas, deja que tu pareja y entorno vivan, con el ensayo-error que eso representa, y que vivan sus frustraciones.

Por eso, a la pregunta: «*Cuando explicas a otras personas los problemas o conflictos que has tenido con tu pareja, tú…*», dices: «*No suelo compartir estos temas con mis amigos, y si lo hago no le doy mucha importancia, enseguida digo que ya lo hemos solucionado*». De lo contrario, serías un Salvador nefasto que no cumple con su cometido… No tienes que estar siempre con una sonrisa eterna, mostrando dientes para tranquilizar al entorno en plan «No se preocupen, todo controlado, no hay amenazada alguna en nuestra relación». Y no lo haces para rivalizar con otras parejas mostrando una aparente calma y felicidad en vuestra relación, sino porque no quieres preocupar a nadie y menos a la familia. Es posible que las crisis que tengáis en pareja no las expliques a tus familiares más allegados por no preocuparlos, quizás con suerte lo comentes a algún amigo de mucha confianza, pero ya está. Evidentemente, no se trata de que lo publiques, sino de que te liberes del rechazo que te genera cualquier conflicto, por pequeño que sea, que te impulsa a evitarlo y a esconderlo como si fuera una tacha en tu currículum como persona. Acéptalo, corresponsabilízate con tu pareja si es un asunto que os incumbe a ambos o deja que ella asuma su responsabilidad de la manera que elija hacerlo. No se lo evites.

También es muy posible que hayas respondido a: «*Cuando discu-tís, las frases que más repites (o similares) son...*»: «*Lo siento*», «*Perdóna-me*», «*No te enfades*». Te responsabilizas hasta del aire que respira tu pareja. «¿Está muy contaminado? ¿Te produce alergia? Lo siento». Sería ridículo que tú te disculparas por eso, ¿verdad? Pues a menudo lo haces. Necesitas minimizar el impacto de lo que perturba a tu pareja y la mejor manera que se te ocurre es responsabilizándote tú. Que tu pareja se ha dejado el móvil en casa, le das el tuyo; que ha tenido una bronca con alguien, enseguida le dices que no es culpa suya sino seguramente del otro; que está molesto porque tiene que desplazarse a no sé dónde, ya vas tú... Sí, eres un encanto. Pero sufro por ti, porque el día que menos te lo esperes tu pareja te dirá que no hace falta, que no te preocupes o, peor aún, dejará de explicarte muchas cosas para no preocuparte (porque ya te conoce) y eso te dolerá a mares... Porque aun siendo consciente de que no es un desprecio, lo sentirás como tal... Y de nuevo tu petición favorita: «Por favor, no te enfades, por favor no te enfades...». Al final tu pareja increpa «¡Me enfado si me da la gana!». Claro, tiene derecho. Recuerda, es adulto, es autónomo y responsable de sí mismo. Deja que viva sus frustracio-nes. No te identifiques con ellas. Tú no eres tu pareja. Tu pareja no eres tú. Sus problemas no son tuyos (o al menos, no todos). Respetar la individualidad del otro es también entender que tiene sus propios asuntos y sus propias frustraciones. Acompáñale, apóyale moralmen-te en esos momentos, pero no los asumas como propios ni los mini-mices. ¿Quieres ayudarle? Pregúntale cómo antes de actuar. ¿Te res-ponde que no puedes hacer nada? Entonces solo estate a su lado. Tu sola presencia será suficiente y más reconfortante de lo que te imagi-nas. Te parecerá que no haces nada, pero ya estarás haciendo mucho.

Aquí va otro buen ejemplo. A la pregunta del cuestionario: «*Des-pués de una discusión...*», seguramente habrás respondido: «*Necesito* comprobar que mi pareja se encuentra bien y no está muy afectado, si no, no me quedo del todo tranquilo». Pues ya sabes, relájate. Repítete hasta la saciedad «es adulto, es responsable, sabe decidir por sí mismo, confío en él; / es adulto, es responsable, sabe decidir por sí mismo, confío en él; / es adulto, es responsable, sabe decidir por sí mismo, confío en él…». Porque de eso se trata: de confiar en la pareja. ¿Y si se equivoca? ¿Y si se hace daño? ¿Qué puedo hacer yo? ¿Cómo demostrarle en ese momento que lo quiero? De nuevo te digo: pregúntale qué necesita, pregúntale antes de actuar tú, pídele permiso para darle un consejo, apóyale en sus decisiones y consuélale en sus errores. Si incides más, no parecerá amor, parecerá acoso. ¡Qué rabia cuando no puedes hacerle cambiar de opinión a la pareja! ¡Cuando quieres echarle una mano y no te deja! ¡Cuando te has sacrificado por él o estás dispuesto a hacerlo y en cambio el otro lo menosprecia! No tendrás otro remedio que aguantarte… No puedes salvarle, no quiere que le salves, solo tu presencia silenciosa.

Sé que eso puedes llevarlo especialmente mal. Por eso, a la pregunta: «*Ante la impotencia de ver que no puedes hacer entrar en razón a tu pareja sobre algún tema…*», habrás respondido: «*Me bloqueo, pierdo casi el sentido del tiempo, enmudezco, no me sale decir nada*». A eso me refiero. Aguántalo. Aguanta las ganas de ocuparte, no intervengas sin su consentimiento y admira el valor de tu pareja. Al fin y al cabo, ella sí puede ser un héroe para ti, si admiras su autonomía y determinación.

Te voy a poner otro ejemplo de qué eres capaz de hacer para evitar el conflicto. A la pregunta: «*En el momento de planificar con tu pareja alguna actividad de ocio o las vacaciones, tu actitud más común es…*», muy probablemente hayas contestado: «*Por lo general, yo me adapto a lo que salga*». Sí, no sea que vayas a provocar malestar en tu pareja debido a tu elección. Mejor callar y adap tarse. Aunque no te guste. ¡Cómo necesitas reforzar tu asertividad y superar tu miedo al conflicto! Lo peor de esto es si algo va mal… Entonces no solo te arrepentirás de haber callado tu opinión en su momento sino que criticarás la decisión tomada por tu pareja. A lo que ella te dirá algo así como: «¿Y por qué no me lo dijiste?», a lo que tu soltarás un «porque no me atreví, no quería molestarte, te veía tan ilusionado…», o cualquier otra excusa que suene a «preferí sacrificarme por ti». Igual le sucedió a Javier con su novio, Ignacio. Este último quería unas vacaciones tranquilas sin moverse mucho de casa ya que en todo el año no había parado de viajar. Javier accedió al plan. Aunque sería mejor decir que *se adaptó* al plan, porque no era el que él hubiera preferido, pero calló. Sucedió que ese verano hubo una auténtica ola de calor en la ciudad e Ignacio se agobió bastante con esas temperaturas, negándose a salir de casa durante el día para no alejarse del aire acondicionado. Entonces, y solo entonces, fue cuando Javier el Salvador habló:

—(Javier). Habría sido mejor que nos hubiéramos ido a la costa. Ahora tendríamos piscina y brisa del mar y no este bochorno.

—(Ignacio). ¡Cómo íbamos a saber que haría tanto calor este verano! La verdad es que es insoportable.

—(Javier). Última vez que nos quedamos en casa. ¡Última vez! Con lo bien que estaríamos bañándonos… Qué aburrimiento, me dan ganas de irme.

—(Ignacio). Bueno, oye, si tantas ganas tenías de playita habérmelo dicho, yo qué culpa tengo.

—(Javier). Pues no dije nada por ti, porque sé que andas cansado y por miedo a que te agobiaras en el viaje. ¡Maldita sea! ¡Tenía que haber insistido para que fuéramos a algún sitio!

Pues sí, debería haberlo hecho. Que no significa que su pareja hubiera accedido, quizás se hubieran quedado igualmente en casa, pero Javier no estaría enrabiado consigo mismo ni consecuentemente su autoestima bajaría en picado como sucedió en ese momento. A veces eso es lo que le sucede al Salvador, que se responsabiliza haya hecho lo que haya hecho: si habla, porque habla; si calla, porque calla. Y se enfada consigo mismo y con su pareja y con el mundo mundial... ¡Porque encima de que se ha sacrificado por su pareja, encima se siente culpable! No te sacrifiques. Habla. Exprésate. Comunícate con tu pareja de forma sincera y respetuosa, no evites la disconformidad, al contrario, trátala con amabilidad y con firmeza y llegad a acuerdos. Y cuando los tengáis, sean los que sean, no te los eches en cara, ni a ti ni a tu compañero.

¿Y por qué digo esto último? Porque conozco tu habilidad por entrar en pánico en el último momento y arrepentirte de lo dicho o hecho, por más bueno que te pareciera en ese momento. El miedo. El miedo a hacer daño, a no haber sido generoso, a parecer una mala persona, a no hacer feliz a los demás (y que te dejen)... Eso puede llegar a torturarte y proclamar «donde dije digo, digo Diego» en cuestión de horas o incluso minutos. Lo que te puede llevar a un lío mental de esos que al final ya no sabes lo que quieres ni cómo te llamas. Por eso, a la pregunta: «*Si tuvieras que elegir el estado de ánimo que sientes cuando te encuentras mal, dirías que es...*», muy probablemente hayas contestado: «*De temor, de repente me siento inseguro y empiezo a dudar de todo: en el trabajo, con los amigos, con mi familia...*». Sip, a eso me refiero. La verdad es que, si lo miras fríamente, no existe eso de «la mejor opción» porque cualquier opción tiene sus consecuencias y siempre habrá alguien a quien no le guste o salga perdiendo. Si eso es lo que intentas evitar, no vas a poder. Así que malo por malo, consúltate primero a ti qué piensas y cómo te sientes, luego a ti, luego otra vez a ti, y luego a los demás. Y compártelo cuanto antes, antes de que te entre el pánico y te quedes bloqueado.

Y puestos a buscar un lema que defina tu rol, es posible que por descarte hayas elegido la opción: «*Para servirle a Dios y a usted*». Quizás no te guste demasiado, pero lo hayas escogido porque las otras opciones te sonaban aún peor. Bueno, por mucho que te pese, ese es tu impulso vital, el que caracteriza tu existencia: rescatar y servir a los demás. Alguien lo traduciría por «ser buena persona», «sacrificarse por los demás», «no ser egoísta» y expresiones similares… Pero la verdad es que la complacencia nada tiene que ver con la democracia ni con la felicidad. Asegúrate de ser auténtico con tu pareja, eso os llevará a una relación basada en la sinceridad, el respeto y la confianza en el otro como adulto inteligente y autónomo.

No es fácil «desarticular» un rol que forma parte de nosotros y se pone en marcha casi de forma imperceptible cada vez que hablamos o hacemos algo. Y menos aún cuando culturalmente, en nuestra educación, se ha premiado tanto determinadas conductas que fomentan la represión en pro del bienestar del otro, como es el caso del rol de Salvador. Deja que te explique algunas armas que el Salvador utiliza sutilmente para rescatar, llamar la atención de su pareja y evitar sentirse culpable.

Abrumado

Esta es el arma por excelencia del Salvador, su marca personal. Presta atención porque puede que te sientas identificado ya que se trata de algo tan habitual e «inofensivo» como cargarse de trabajo y responsabilidades de manera que siempre te sientes, pues eso, abrumado y cuando ves que no llegas a terminar todas las cosas (normal, el día solo tiene veinticuatro horas) o que no te salen lo bien que te gustaría, te quejas. Ahí es donde aparece tu mal humor, ese del que ya hablé antes y que tu pareja conoce de sobra. Y tu pareja, harta de verte siempre igual, te recuerda que estás así porque tú te lo has buscado, y eso cae como un jarro de agua fría… Aparentemente, visto desde un plano social, el Salvador aparece como un incomprendido a quien nadie le da las gracias por su esfuerzo. Pero desde un plano psicológico, el Salvador necesita sentirse útil y ganarse el respeto, admiración o estima que quiere de su pareja para que así esta dependa de él.

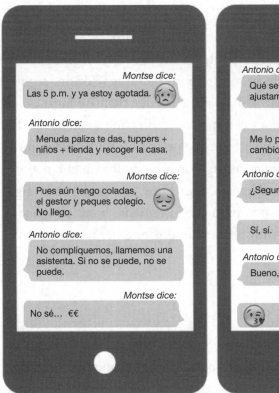
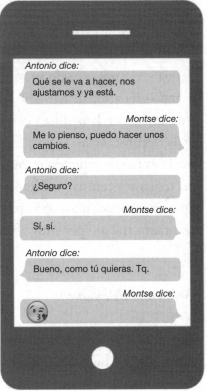

Montse ha conseguido lo que iba buscando: que su pareja sepa lo mucho que se esfuerza y su aportación a la familia. Cuando Antonio pretende ayudarla proponiendo una solución, Montse lo vive como un reproche e incluso puede sentirse ofendida al interpretar que no tiene capacidad para aguantar y ocuparse de todo lo que se ocupa. Por eso no aceptará ninguna solución, ya que sería entendida como una especie de derrota, y soportará lo que le echen. Resistencia que, además, ha tenido recompensa, ya que su pareja le ha enviado un mensaje de cariño inmediatamente después. Los problemas vendrán cuando Antonio se canse de los mensajes abrumados y la critique por no dejarse ayudar. Montse ya no se sentirá feliz por su esfuerzo ya que no recibe admiración, sino crítica. Será el momento idóneo para que ella use otra arma, el «¡solo trato de ayudar!», y que explicaré de aquí a un momento.

Si Montse no reflexiona sobre los motivos de discusión con su pareja y el aumento de su sentimiento de insatisfacción, seguirá usando esta arma de Salvadora para sentir que tiene un lugar único y destacable en la familia y el respeto y admiración de su pareja. En estas circunstancias, la peor frase que podría oír un Salvador abrumado es eso de «cuando te encargabas tú, todo iba mucho mejor y no teníamos tantos problemas». ¡Por Dios, que nadie se lo diga! Porque entonces reforzaremos lo que justamente busca el Salvador con tanto trabajo por muy abrumado que esté: ser necesitado.

¡Solo trato de ayudar!

Esta es la frase con la que todo Salvador defiende su rol, algo así como «lo que he hecho ha sido para ayudar». Aunque no con este tono, sino con otro que denote más ingratitud: «¡Encima de lo que he hecho, recibo críticas!». Exacto, parece más bien la expresión de una Víctima en vez de la de un Salvador, pero es que este último siempre acaba sintiéndose víctima de la incomprensión e ingratitud de su pareja. Esta es el arma por excelencia que se usa para justificar las ayudas que se ofrecen sin que hayan sido solicitadas por la pareja. Permitidme un pequeño gag: «¿Quién te manda meterte en asuntos de mi familia?», increpa uno. «Bueno, solo pretendía echar un mano porque te quiero», se defiende el Salvador. «Pues no me quieras tanto». ¡Ay! Tocado y hundido.

Esta arma bien podría llamarse también «yo en tu lugar». El «yo en tu lugar» lo usa el Salvador para regalar su generosidad y demostrar su capacidad de empatía explicando lo que él haría si se encontrara en una situación similar… Con una pequeña diferencia: acostumbra a utilizarla cuando su pareja le ha pedido en ocasiones anteriores que no se inmiscuya en algunos temas personales o bien el propio Salvador intenta no parecer muy invasivo. El resultado es aún peor, porque no continúa únicamente dando consejos u opiniones que nadie le ha pedido, sino que además tendrán la apariencia de ser una crítica velada:

—Si yo estuviera en tu lugar, aprovecharía la ocasión y me cambiaría de coche.

—No sé, quiero acabar de hacer algunos números más antes de decidirme. Hablaré con mi gestor.

—¡Mira qué eres tozuda! ¡Si es una ocasión única y la estás desperdiciando!

—Bueno, he dicho que me lo pensaré.

—No lo entiendo, yo lo tendría clarísimo [léase: «Eres tonta por no hacerme caso»].

Si el Salvador no le hubiera contestado después de darle su «consejo empático», la cosa hubiera quedado en eso, en un mero consejo inofensivo. Pero que insistiera en él y se ofendiera por no reconocer su valía es lo que desenmascara el intento frustrado del Salvador por rescatar a su pareja y obtener su admiración y felicidad. Al no conseguirlo, la frustración e ingratitud afloran rápidamente y discusión a la vista.

¿Qué debiera haber hecho, pues? No rebelarse contra el derecho de su pareja a reflexionar sobre una decisión y a actuar libremente. Primero, pregunta antes de dar un consejo: «¿Puedo darte mi opinión sobre esto?». Si la respuesta es afirmativa, después de dársela solo se puede hacer una cosa más: respetar la decisión del otro. O como máximo responder con un «¿estás seguro?», y volver a respetar la respuesta obtenida, sea la más acertada o no. Y, por descontado, luego no aprovechar la ocasión para decirle: «¿Lo ves? Me habrías tenido que hacer caso». Porque uno dejará de ser un Salvador para ser ahora un Perseguidor. Y eso significará nueva bronca con la pareja.

Pobre de mí... lo hice por ti

Pero ¡ay, las broncas con un Salvador! No son directas como las que uno podría tener con un Perseguidor (al menos este habla alto y claro dándote su opinión sin ningún tipo de filtro, pecando de exceso). Las peleas con un Salvador son más bien sutiles, hay pocos gritos, bastantes lágrimas y mucho, pero que mucho, «pobre de mí». Esta arma, junto con la siguiente que comentaré, actúan como ayudas para que este rol se atreva a quejarse e incluso a criticar a su pareja, algo que de otra manera le costaría en exceso ya que, como hemos visto, el Salvador tiene verdadero pánico al conflicto y a ser considerado mala persona. De forma que en vez de ser malo, será Víctima, y desde el victimismo se quejará de lo que se tenga que quejar que, en definitiva, siempre será de lo mismo: de no recibir la admiración y amor correspondiente a la ayuda y sacrificio que es capaz de hacer en pareja.

Esta arma parte de la siguiente premisa: «Es inaudito que mi pareja me contradiga después de ver todo lo buena persona que soy». Si esto no se cumple, si el Salvador no tiene su beneficio, empieza el lamento. No será una queja como lo haría un Perseguidor: «¡Si no fuera por mí…!». Tampoco una queja como lo haría una Víctima: «Nadie-Sabe-Lo Mucho-Que-He-Sufrido con todo esto…». El primero machaca a la pareja; el segundo se hunde en su autocompadecimiento. El Salvador también machaca, también se muestra derrotado, pero añade un componente más que marca la diferencia: el «lo hice por ti». ¡Catapúm! Esto es lo que atrapa a la pareja en un dilema moral que le obliga a aceptar el rescate de su pareja aunque no quiera, ya que de lo contrario sería como rechazar su amor. Esa es la esencia de esta arma y la característica definitoria por excelencia de este rol: que rescatar es sinónimo de amar, y por tanto no aceptar el rescate del Salvador es sinónimo de no aceptar su amor y rechazarle. Feo. ¿Quién se atrevería a repudiar un regalo de amor? La pareja no tiene otro remedio que aceptar la propuesta de su Salvador y encima sentirse agradecido. Pero aún hay más: en caso de que no acceda a lo que el Salvador propone, entonces se creará entre ellos una deuda pendiente que deberá ser saldada en el futuro o de lo contrario será recordada: «¿Te acuerdas de aquello que yo hice por ti y que tú ninguneaste? Pues aún me lo debes». Claro está, el Salvador no hará una pregunta tan descarada como la que yo he apuntado porque jamás, y digo JAMÁS, manifestará querer algo a cambio de su esfuerzo y ayuda «desinteresada». Y de alguna manera es cierto: no quiere nada material ni grandes alardes… pero pequeños alardes, sí. Los necesita.

Son su motivación. Saber que está haciendo feliz a la pareja, que esta la admira y respeta y que es una pieza in-dis-pen-sa-ble en su vida es su razón de ser, por eso utiliza este rol.

—(Pablo). Tengo buenas noticias, te he conseguido hora con un especialista traumatólogo muy bueno que te mirará la espalda.

—(Sandra). ¿Y eso?

—(Pablo). Estuve hablando con Gisela, de la oficina. Deberías hacerte una resonancia para ver exactamente cómo es esa contractura, quizás por eso tengas también las migrañas, y me dijo que…

—(Sandra). Perdona, ¿has hablado de mis migrañas con la gente de tu trabajo?

—(Pablo). Pues sí, que te pasaras todo el finde acostada en el sofá no es normal. El marido de Gisela trabaja en la clínica y ha conseguido…

—(Sandra). Pero a ver ¿no me decías que no tratabas mucho con la gente del trabajo? ¿Ahora les hablas de mi salud? ¿Y qué más les has contado?

—(Pablo). Bueno, Gisela es muy maja y he podido hablar con su marido. Le he tenido que explicar cómo estás, me ha hecho algunas preguntas y se ha hecho una idea de lo que te puede ir bien. Te ha conseguido hora con el traumatólogo, dice que es muy bueno. ¿No te alegras?

—(Sandra). ¡Pero si yo ya tengo cita con mi médico! No pienso anular la visita programada. Mira, creo que me lo tenías que haber consultado antes y al menos haber hablado yo con esa persona.

—(Pablo). Estás decaída y muerta de dolor, yo no puedo verte así y algo tenía que hacer.

—(Sandra). Y te lo agradezco, pero solo digo que me lo tendrías que haber consultado antes. ¿Si hubiera tenido dolores menstruales también se lo hubieras explicado? Es algo privado mío.

—(Pablo). No esperaba que te lo tomaras así. ¡Con lo contento que venía de que tuvieras hora con ese médico! Lo he hecho por ti, que lo sepas.

(Silencio).

—(Sandra). ¿Y qué día tengo hora con ese médico?

¿Cómo negarse a tal muestra de cariño aunque se haya producido a costa de la previa voluntad o información del otro? Sandra no podía negarse a tal esfuerzo por parte de Pablo, pero si este utiliza mucho esta arma y toma decisiones sobre qué es lo que más le conviene a su pareja a expensas de esta, su pareja dejará de ceder tan fácilmente a los rescates de Pablo el Salvador. Pero entonces Pablo aún puede enroscar más la cosa y aumentar la presión sobre su pareja. En vez de decirle «lo hice por ti», le dirá «lo hice por nosotros». El cambio del «ti» al «nosotros» triplica el efecto de esta arma, porque el «nosotros» es la relación, de manera que ahora es la continuidad de la pareja la que está en peligro, no solo la salud de Sandra. «Lo hice por nosotros, porque no podemos seguir así, porque ya no es lo mismo que antes», etc. Caramba, nunca unas migrañas pusieron tanto en peligro... Ya veis, el «pobre de mí... lo hice por ti... y por nosotros» no es un arma inofensiva y el Salvador sabe cómo utilizarla.

Cariño

Tampoco lo es la que ahora paso a explicar. Debo reconocer que esta es una de las armas que más admiración me causa. Se usa para crear confusión en la pareja, ¡y vaya si lo consigue! A mí no deja de sorprenderme cada vez que veo cómo se utiliza, no consigo acostumbrarme a su efecto, con lo que demuestra o bien que yo soy vulnerable a este tipo de interacciones (opción nunca descartable), o bien que esta arma es realmente poderosa en su efectividad. Con la palabra «cariño» y otras similares («querido», «amor»), el Salvador se permite la licencia de dar su opinión o contradecir a su pareja (hasta aquí, un gran logro) pero incluyendo un elemento («cariño») que compense tal atrevimiento y evite que el otro se moleste (ya tenemos otra vez el miedo a crear conflicto). «Estoy harta, amor». «¿Me estás hablando en serio, querida?». «Saca las cosas del coche y date prisa, que no llegamos, cariño».

Esta peculiar forma de terminar la frase hace que esta pierda dureza y el otro no tenga otro remedio que aceptar la crítica. El Salvador utiliza un estilo de comunicación amistoso y afectuoso en apariencia, pero enviando un mensaje que expresa su opinión, mandato o crítica. De forma que se crea una contradicción entre dos niveles de comunicación y genera una confusión en la pareja que, lejos de replicar, calla o bien responde con suavidad. Desde luego, aquí el término «cariño» no significa ni de lejos cariño, precisamente. Solo está siendo utilizado como escudo anticonflictos y aval para la obtención de la atención y estima que siempre reclama el Salvador.

Y aún hay otra manera de obtener el mismo resultado, pero doblemente eficaz. Consiste en cambiar «cariño» por el nombre de pila de la pareja para solicitarle o recriminarle algo. De veras, es brutal. «¿Quieres escucharme, Marta? No me estás entendiendo, Marta. Deja de hacer eso, Marta. Siempre igual, Marta. ¿Me estás escuchando, Marta?». Marta por aquí, Marta por allá… Sí, sin duda Marta le está escuchando. Qué remedio, ¡nos quedamos paralizados cuando oímos nuestro nombre! Y si Marta se atreve a quejarse con un, por ejemplo, «¡deja de usar mi nombre, que me lo vas a gastar!», su pareja Salvadora la increpará que no la ha insultado en ningún momento y que está siendo muy respetuosa. Sí claro, eso es cierto... Pero no deja de producir un malestar extraño si esta arma se utiliza con recurrencia. ¡Molestarse de oír su propio nombre es una paradoja terriblemente desagradable para uno!

Y si el Salvador se atreve a usar el nombre y apellidos de su pareja, los efectos aún son más devastadores, porque el otro saltará ofendido por oír su propio nombre (¿?) sin saber exactamente de qué quejarse... «Marta González Costa, ¿me quieres escuchar, por favor?». Si usa este recurso con frecuencia, el resultado será lo que conocemos como estar de morros con la pareja, o sea, ofendido sin saber explicar por qué con precisión.

¿Por qué el Salvador usa «cariño» como arma? Para permitirse opinar o criticar sin aparentar ser mala persona por ello y no perder la estima de su pareja. La verdad es que lo único que consigue es poner a esta en guardia y que actúe a regañadientes, sin motivo aparente para molestarse pero a la vez molesta por no sé qué... Y es que hay términos que son sagrados y no pueden usarse para otros fines más que para los que fueron inventados: «cariño» solo para decir «te quiero» y el nombre de pila solo para usarlo con respeto, no como lanzadera de críticas. Si quieres que tu pareja te escuche, pídeselo y aguarda tu turno de palabra. Y si no consigues convencerla, no la obligues a aceptar tu rescate, respeta su decisión o llegad a un acuerdo donde ambos algo perderéis (tener la razón, salirse con la suya), pero también algo ganaréis (comunicación, paz y respeto mutuo).

- Ten cuidado con la culpabilidad, es una trampa que te pones para no ser tú mismo.
- Permite el conflicto, es la oportunidad que necesita tu pareja y la relación para crecer.
- ¡Para de hacer cosas que no quieres solo para que tu pareja sea feliz y tú sentirte buena persona! Con el tiempo pasarás de sentirte útil a sentirte inexplicablemente triste o enfadado con tu pareja.
- No te adelantes a las situaciones y busques soluciones cuando nadie te lo ha pedido, porque solo sirve para invertir en malentendidos.
- Deja de rescatar a tu pareja. Amar no es rescatar, es preguntar, expresarse auténticamente y confiar. Empieza a hacerlo desde ya.

Cuarto rol: el Amigo

Has obtenido mayoría de respuestas «d».

Tú asumes tus responsabilidades y dejas que el otro asuma las suyas. Has encontrado la manera de quererte y cuidarte a la vez que quieres y cuidas a tu pareja. Es decir, no vas de Víctima, no criticas ni salvas continuamente a tu pareja. Sabes buscar la atención y el reconocimiento de tu pareja sin necesidad de jugar a ningún rol para obtenerlas. Enhorabuena.

Te importa lo que le pase al otro, pero no te involucras totalmente, cosa que alguien puede confundir con indiferencia, pero no es así. Tú no aspiras a solucionarle los problemas al otro, sino a comprenderle y a apoyarle en lo que necesite. Tienes una gran complicidad con tu pareja, eso para ti es indispensable, si no, no hay pareja. Necesitas sentir cierto grado de libertad personal, tener tu espacio y esperar que tu pareja te lo permita, le agrade o no (ese será su problema), e incluso le animas a que también cultive su individualismo (pero si lo hace o no, también será su problema). Juntos pero no revueltos es el lema de tu convivencia en pareja, y las discusiones las que sean necesarias, pero breves y eficaces, por favor, que en la vida hay cosas mejores que hacer.

Es como si supieras darte cuenta de que algo malo va a pasar si reaccionas impulsivamente y por eso no entras a desempeñar ninguno de los tres roles. Esta habilidad de no llamar la atención a la pareja ni de caer en el chantaje emocional que ella te esté haciendo te convierte en una especie de árbitro de la situación que en cuanto ve que no hay *fair play* para la jugada, propone otra.

Pero seamos justos. No usar ningún rol o usarlos lo mínimo no suele ser algo innato. Es inevitable haber abusado de alguno, ya sea porque uno es hijo de una madre o un padre Víctima, Perseguidor o Salvador y aprendió de ellos, o bien porque tu baja autoestima en el pasado te empujó a usar uno de ellos con facilidad, o bien porque has estado al lado de una pareja que los utilizaba mucho y te incitaba inevitablemente a que tú también lo hicieses. El uso de estos roles está tan extendido en nuestra comunicación diaria que sus características y funcionamiento se han aceptado y normalizado como algo propio y esperable en cualquier persona. Por eso es fácil aprender estas conductas y utilizarlas, en especial con personas con las que tenemos más confianza o, mejor dicho, de las que esperamos más afecto, o mejor dicho aún, a las que les pedimos más estima. Por consiguiente estos roles se emplean tanto en las relaciones de pareja a la vez que se aprende a utilizarlos también ahí.

Sea cual sea tu caso, los hubieras aprendido de tu familia, de tus amigos o de tu pareja, la cuestión es que los ha detectado, te has cansado de ellos y has renunciado a usarlos. Puede ser una renuncia consciente fruto de una reflexión contigo mismo sobre qué está pasando en tus relaciones o bien un rechazo inconsciente a determinadas conductas de algunas personas fruto también de tu madurez y experiencia personal. Tú pasas de la gente que parece que critique por deporte, al tiempo que no insistes demasiado en subrayar lo que a ti no te cuadra o no te gusta de los demás. De igual manera, no te gusta perder el tiempo quejándote de los demás, prefieres ser activo y apoyarte lo justo en otros y por supuesto no permites que te hagan siempre responsable de la felicidad de otras personas. En cuanto a los rescates, sabes decir «no, gracias» y no aceptar una oferta o una ayuda si tú no la has pedido sin confundirlo como un rechazo hacia el afecto del otro y, por supuesto, sabes echar una mano a quien lo necesite pero sin precipitarte en intervenir en la vida del otro a la primera de cambio. Con tu pareja, tú no eres su Víctima, ni su Perseguidor ni su Salvador. Tu rol es como el de un Amigo: cercano, cariñoso, consejero cuando te lo solicitan, generoso si está en tu mano dar en ese momento y distante cuando el otro quiere o debe resolver algo por sí mismo.

Ser Amigo de la pareja no es fácil. Lo es mucho más ser su amante (aquel con el que solo nos entendemos si hay sexo de por medio porque durante el resto de la convivencia la sintonía es nula) o su enemigo (con el que rivalizamos la mayoría del tiempo o bien hemos pasado al trato más indiferente). No, tener una actitud de amistad con la persona con la que uno convive y hace el amor no es tan sencillo, requiere una buena autoestima, capacidad de observación y grandes dosis de sentido del humor y creatividad. Por ejemplo:

—(Pep). ¡Hola! ¿Qué tal ha ido el día?

—(Lola). Ya era hora de que llegaras. Pues mal. Mal en la oficina, mal con mi hermana, que es una pesada del WhatsApp, mal con el taller del coche y mal con el *router* de la *wifi*, que otra vez no arranca. Y tú ¿qué? ¿Por qué llegas tan tarde?

—(Pep). Vaya… Está claro que no has tenido un día fácil, lo siento de veras. Me parece que no es el mejor momento para darte un beso, ¿o sí? ¿Necesitas que te eche una mano en algo?

—(Lola). A estas horas ya nada, ¡gracias!

—(Pep). Bueno, te dejo tu tiempo y luego si te apetece hablamos. Estaré en la cocina preparando algo.

Lola ha tenido un día de pena y está envuelta en una bola de negatividad. Si Pep se descuida entrará a formar parte de esa bola y ambos se engancharán, seguramente, en un juego de rivalidad tipo «a ver quién ha tenido el peor día». Sin embargo, Pep no va a asumir ningún rol, solo el de Amigo. Ha decidido mantenerse al margen. Pero Lola se siente víctima de su día gris y está dispuesta a hacérselo pagar a alguien y su víctima más cercana (aparte de la compañía telefónica del *router*) es Pep. Y ahí le lanza la pregunta-trampa sobre por qué llega tarde, dispuesta a comérselo conteste lo que conteste.

Pep analiza el contexto. No es un buen momento para que Lola entre en razones ni para que empatice con él y los motivos por los cuales llega tarde. Ya habrá otra ocasión mejor para eso. Al contrario, empatiza con ella («está claro que no has tenido un día fácil, lo siento de veras»), verbaliza en voz alta el estado de ánimo de ella en ese momento y lo hace intentando ser amable («me parece que no es el mejor momento para darte un beso, ¿o sí?») y, lejos de ser demasiado proactivo e intentar rescatarla de esa situación, le pregunta en qué puede ayudarla («¿necesitas que te eche una mano en algo?»). Cuando Lola aprieta en su negatividad haciéndole sentir culpable, Pep mantiene una distancia prudencial sin hacerse la Víctima, no la juzga y propone una alternativa creativa («te dejo tu tiempo y luego si te apetece hablamos. Estaré en la cocina preparando algo»).

Si Lola no afloja, Pep el Amigo asomará la cabeza de vez en cuando y le preguntará si ya se encuentra mejor y si le apetece hablar o cómo puede ayudar. Dependiendo de la respuesta de ella, seguirá manteniéndose lejos pero cercano, sin responder a la defensiva (Víctima), ni atacarla (Perseguidor) ni intentando enmendar la situación para que ella vuelva a sentirse feliz cuanto antes (Salvador).

Uf… No es tarea fácil, es todo un arte mantener un equilibrio así… Pero sin duda tienes habilidades para hacerlo. A veces con más éxito, a veces con menos. Bueno, de hecho todos tenemos capacidades para convertirnos en Amigo de nuestras parejas, es cuestión de mantener la atención en lo que está pasando, no entrar al ataque con alguno de los roles y desde luego disponer de una buena autoestima que te permita desear que tu pareja te ame, pero no depender de ello.

Veámoslo en tus respuestas.

A la pregunta: «*Si presientes que tu pareja se va a molestar por alguna razón o situación que haya sucedido, tú acostumbras…*», es posible que hayas contestado: «*A dejar que se enfade, tiene derecho a que algo le moleste, aunque yo no esté de acuerdo y procuro no echar más leña al fuego y darle algún consejo (si me deja)*». ¡Claro! Esa es la clave, no responderás a la defensiva, verás su ataque y se lo verbalizarás o sencillamente le dirás que no es un buen momento y te apartarás, manteniéndote en una distancia cercana, lejos pero disponible, al margen pero sin demostrar una indiferencia tipo «estás fatal, paso de ti». Tú sabes muy bien eso de que dos no pelean si uno no quiere. Y sabes practicarlo sin sentirte culpable. Porque tratas a tu pareja como un sujeto adulto capaz de ser responsable de sus propias decisiones y errores en caso de que los cometa. Luego no volverás y te reirás delante de su cara si no acertó en su elección, sino que la animarás y le darás tu apoyo moral incondicional, como un buen amigo haría. Por eso a la pregunta: «*Ante la impotencia de ver que no puedes hacer entrar en razón a tu pareja sobre algún tema...*», puede ser que hayas elegido: «*Allá él, al fin y al cabo es su problema*». No es un «¡que le zurzan!»; es un «es tu decisión, es tu responsabilidad». Esa es la actitud y ahí radica la diferencia entre una actitud competidora y otra respetuosa.

Hay un momento que ejemplifica muy bien lo que estoy diciendo y es cuando hay que explicar esto a amigos o familiares. Hay varias fórmulas. 1) Con crítica (que en la mayoría de casos acaba convirtiéndose en falta de respeto): «¡¡Es que no hay manera, y mira que se lo he dicho mil veces, pero es un tarugo y hace lo que le da la gana, la madre que lo parió!!». 2) Con indiferencia (que en la mayoría de casos es equivalente a llamar «estúpida» a la pareja): «Paso de él, se lo he dicho mil veces y ya me he *cansao*, allá él con lo que hace, y si se da un castañazo, pues que se lo dé, yo no quiero saber nada». Y 3) Con respeto (que la mayoría de veces tiene un mensaje optimista sobre la pareja): «Así es él, es su decisión, no la entiendo pero la respeto. Si sale bien, perfecto, y si sale mal pues saldrá adelante igualmente o le recogeremos los pedacitos y la vida continúa». Esa es la actitud, por eso a la pregunta: «*Cuando explicas a otras personas los problemas o conflictos que has tenido con tu pareja, tú...*», puedes haber respondido: «*Lo cuento como una anécdota y casi siempre acabamos riéndonos todos*». Insisto, cómo promocionemos socialmente a la pareja subraya la actitud que uno tiene hacia ella, sobre todo en los momentos de más adversidad. No se trata de ir siempre de estupendos y retratar una pareja perfecta, sino de saber hablar de la discordia desde la amistad, el respeto y el optimismo.

Sabes que si profundizáis en una discusión, la cosa se enroscará y para nada bueno, precisamente. Así que si no ha tenido un desenlace a los pocos minutos, tú prefieres minimizar el conflicto porque lo más seguro es que este se haya engordado más de lo que en verdad es. Esta actitud es sorprendente, no pones a raya únicamente las conversaciones poco productivas que inicie el otro, sino que te pones a raya a ti mismo dudando de los motivos que te llevan a iniciar una queja, una demanda o sencillamente estar de morros. No es que no te permitas estar, pero observas si tu mal humor te va a llevar a que te enfundes en el traje de algún rol y empieces a perseguir a tu pareja o a hacerte la Víctima. Por eso, a la pregunta: «*Cuando discutís, las frases que más repites (o similares) son...*», es probable que hayas elegido esta opción: «*No tiene tanta importancia*», «*Ni tú ni yo*», «*Vamos a dejar el tema aquí*». Son expresiones que sueles usar cuando las cosas se ponen feas y se las dices a tu pareja y a ti mismo para no quedar engullidos por la negatividad *in crescendo* del conflicto y darle un giro creativo o bien aparcarlo a tiempo. ¿Qué hace un amigo en conflicto con otro amigo? O bien abandona esa amistad o bien persigue a su amigo hasta aleccionarlo o bien acaba por aprender más cosas de esa persona y continúa con la amistad conociéndola mejor. Y pasapalabra. No hay más que hacer que dejar ir cuanto antes el mal rollo y quedarse con la esencia, que es el aprendizaje, conclusión o decisión que se haya tomado. Si guardamos con mucho celo el recuerdo de los malos momentos, ¡este puede tener efectos devastadores para la libido! Tú prefieres concentrarte en el acuerdo que habéis conseguido más que en el espacio de tiempo y energía que habéis invertido para conseguirlo. Porque, de lo contrario, se creará rencor contra la pareja y el rencor siempre se traduce en alguna forma de castigo que generalmente suele aplicarse en el momento de intimar. «Estoy dolida, necesito tiempo para que se me pase». Bien. Está en su derecho desde luego. Pero si pasa mucho tiempo, cada vez costará más acercarse sexualmente a la pareja. En tu caso, como Amigo paciente, lo tienes claro, ¡los enfados se te pasan enseguida! Por eso, en la pregunta: *«Después de una discusión...»*, seguramente has respondido: *«A los diez minutos se me ha olvidado, paso página enseguida»*. Un tesoro que quizás tu pareja no sabe apreciar o incluso lo considere una falta de «seriedad» por tu parte, como si las cosas te las tomaras demasiado a la ligera. En absoluto: tú te ocupas de forma práctica y luego lo dejas ir, recordando a la perfección lo sucedido, sin recrearte en ello y, desde luego, sin guardarlo como arma arrojadiza en el futuro. Un amigo de verdad nunca haría eso.

Es normal que a veces necesites más aire. Te frenas antes de chantajear a tu pareja y también te ocupas de no caer en los suyos. Verbalizas cómo se siente ella, cómo te sientes tú, te recuerdas que tu valor es infinito aunque en ese momento tu pareja te haga sentir lo contrario y propones una vía de salida alternativa a discutir quién se ha portado peor de los dos y quién tiene más razón. Vale. Vacaciones por favor. Yo entiendo perfectamente a amigos que necesitan salir de la rutina, conectar con la vida y con la dicha de tener pareja y no perder el optimismo en el amor. Por ese motivo, necesitáis fines de semana de tranquilidad, en casa o fuera, en pareja o sin pareja, pero con mucha desconexión. Así que es muy posible que a la pregunta: *«Si tuvieras que elegir el estado de ánimo que sientes cuando te encuentras mal, dirías que es...»*, contestes: *«De agobio, todo el mundo me molesta y necesito un finde para mí solo/a»*.

Eres de carne y hueso y hasta los amigos tienen derecho a desaparecer algunos días. Y lo vas a hacer sin sentirte mal por ello, o al menos debería ser así porque tu salud es una inversión para todos, en especial para el bienestar de tu pareja. Intentas que tu vida sea sencilla, de pequeños placeres que consisten sobre todo en apreciar los momentos únicos que te ofrece el día y la relación con tu pareja. Así que tampoco estás pidiendo una superescapada cada vez que te sientas agobiado. Solo algo diferente a lo de cada día, que os haga reír en pareja, descubrir algo juntos o hacer un «hmmm, qué bien…». Sencillo, barato, dejemos los grandes montajes para las grandes vacaciones. A veces puedes ser el rey de la improvisación, como un adolescente que le propone a su colega: «Oye, ¿vamos esta tarde al centro comercial?», y así los dos amigos cultivan sus ganas de pasar el rato juntos haciendo algo diferente. Pues eso, más o menos. De ahí a que no te importe improvisar en pareja, es más, lo necesitas. Necesitas un «¿por qué no? ¿Te apetece? ¿Me apetece? ¡Pues hagámoslo posible!». Sin críticas, sin quejas, sin pretender hacerlo para rescatar a nadie. Solo porque además de amaros, sois amigos. Por eso, es posible que a la pregunta: «*En el momento de planificar con tu pareja alguna actividad de ocio o las vacaciones, tu actitud más común es… ¡Improvisemos!*». Justamente por eso.

Y buscando un lema para el rol de Amigo… es muy probable que hayas escogido este: «*Dos no discuten si uno no quiere*». Ni anillo al dedo. La verdad es que poco más se puede añadir.

Con este lema dejas claro que no te interesa generar una situación donde debas ser atendido (Víctima), obedecido (Perseguidor) ni agradecido (Salvador). Por tanto, tú no necesitas armas que te permitan hacer un juego de rol con tu pareja, porque tu actitud amistosa suple por completo cualquier necesidad de obtener amor y admiración de ella por otros medios. Aun así, como he comentado antes, mantener el tipo como Amigo en situaciones de conflicto no es fácil, a veces hay que luchar contra la tentación de gritarle a la pareja: «¡Después de lo que yo he hecho por ti!» o «¡Si me quisieras...». Hay formas de responder que, si eres disciplinado y no te sales de la fórmula (porque convertirse en Víctima es tan fácil, tan pronto te descuidas, ¡zas!, ya estás gritándole a tu pareja: «¡Qué he hecho yo para merecer esto!»), te permitirá no salirte demasiado de tu papel de Amigo.

Empecemos en el caso de que sea tu pareja la que está metida en uno de los tres roles anteriormente descritos y con su conducta te está «invitando» a que tú también utilices alguno. Podrás neutralizar sus efectos ofreciendo una respuesta «distantemente cercana» y proponiendo una solución-alternativa-cooperativa de la siguiente manera:

1. Expresando en voz alta el estado de ánimo de tu pareja para demostrarle que empatizas con ella (de esta forma, la acompañas emocionalmente).
2. Preguntando qué necesita en estos momentos y cómo la puedes ayudar (en vez de decirle lo que tiene que hacer o hacerlo tú directamente).
3. Contestando con sinceridad si puedes hacer lo que te pide, sin ponerte a la defensiva ni juzgarla (para no rescatarla haciendo algo que es contrario a tu voluntad, lo cual luego te convertiría a ti en Víctima).
4. Presentando alternativas creativas/originales a las soluciones que te ha propuesto tu pareja (en caso de que no sean aceptables para ti) o a la conversación tóxica que intuyes puede producirse entre vosotros como no la evites...

Este último punto es clave. Te recomiendo mucho que la solución alternativa siempre la formules así:

A. Presentando un acuerdo de cooperación con la pareja. Aunque tu pareja no esté dispuesta a colaborar igualmente hazlo:
   - «¿Qué tal si lo dejamos aquí por ahora y nos calmamos los dos un poco?».
   - «Propongo que lo miremos desde otro punto de vista».
   - «¿Qué me dices si lo hablamos más tarde?».

B. Usando el plural, el «nosotros» en vez del «tú», así tu pareja no siente que la acusas de lo que está provocando quedándote tú al margen:
   - «Ambos estamos cansados [ella está cansada], ¿qué tal si…?».
   - «Si seguimos así ambos nos haremos daño y ninguno de los dos lo quiere [tú no lo quieres, tu pareja está demasiado dolida para pensar por ambos]. Propongo que…».

C. Apelando a su inteligencia y capacidad para sobrellevar el conflicto y buscar soluciones, con lo que la apoyas moralmente sin rescatarla de su situación:
   - «Otras veces has tenido días peores y los has superado, con este vas a poder seguro».
   - «Me preocupo relativamente porque conozco tus capacidades y siempre acabas sorprendiéndonos a todos».

Pero si, por el contrario, eres tú el que te muestras dolido y te has dado cuenta de que utilizas un rol de Víctima, Perseguidor o Salvador para acercarte u obtener algo de tu pareja, hay algunas preguntas que, si te las formulas justo antes de iniciar una conversación (con la velocidad del rayo, claro está, pero eso es cuestión de práctica, créeme, o lo que es lo mismo, contar hasta diez antes de hablar), te ayudarán a no iniciar conversaciones tóxicas. Aunque en tu caso tu predisposición para el rol de Amigo te sale de forma natural, no está de más que las tengas bien conscientes:

- ☐ ¿Con quién estoy realmente molesto?
- ☐ ¿Qué es lo que de verdad necesito ahora de mi pareja?
- ☐ ¿Estoy en condiciones para poder decirle ahora lo que necesito o cómo me siento?
- ☐ ¿Seguro que es necesario tener esta conversación *ahora*?
- ☐ ¿Quiero realmente hacer lo que mi pareja me propone? ¿Se lo he dicho?
- ☐ ¿Me ha pedido ayuda mi pareja? ¿Por qué le estoy dando mi ayuda?
- ☐ ¿Creo que mi pareja no es válida por sí misma y me necesita?
- ☐ ¿Creo que debo demostrarle a mi pareja lo bueno o inteligente que soy?
- ☐ ¿Siento que mi pareja me rechaza en algo? ¿Se lo he dicho abiertamente y con respeto? ¿Por qué no le creo?
- ☐ ¿Siento que mi pareja puede abandonarme por alguien mejor?
- ☐ ¿Me gustaría que mi pareja me prestara más atención *ahora*? ¿Cómo se lo voy a hacer saber?

Saber parar, no dejarse llevar por el impulso de llamar la atención a tu pareja y preguntarse «¿qué diablos estoy haciendo y qué pretendo con esto?». Estas serían tus armas y las llevas dentro. No dejes de practicarlas, nieve o truene en la casa, porque son un verdadero don.

RECUERDA

- No ceder a los chantajes emocionales no siempre será bien valorado por tu pareja, pero debes mantenerte firme en no hacerlo ante este tipo de presión.
- Tu respeto hacia las decisiones de tu pareja puede malinterpretarse como frialdad o pasotismo. No olvides ser siempre cordial.
- De vez en cuando, conviene recordar a tu pareja que no es un amigo más, que te importa lo que pasa en su vida aunque no actúes como ella quisiera y que en tu vida ella tiene un lugar destacado.

4

LOS ROLES INTERACTUANDO ENTRE SÍ

Bien, ahora ya conoces cuál es tu rol o roles favoritos cuando interactúas en pareja. Ha llegado el momento de averiguar cómo interactúan dos personas con sus respectivos roles, por tanto para este capítulo es necesario que sepas cuál es el rol favorito de tu pareja, bien porque también ha realizado el cuestionario o bien porque la conoces tanto que lo has identificado tú mismo leyendo las características de todos los roles…

Así que, de todas las combinaciones posibles entre los roles, busca aquella que corresponda a la vuestra. De cada una de ellas expongo un ejemplo de su interacción y claves para abandonar ese tipo de comunicación.

Si en tu caso obtuviste un empate entre todos los roles cuando hiciste el cuestionario, eso significa que te vas moviendo por todos ellos de una manera circular, o sea que intentas de varias maneras captar la atención y buscar la admiración de tu pareja según el contexto, o bien respondes al rol de tu pareja adoptando tú otro cada vez que ella va de Víctima, Perseguidora o Salvadora. Menos mal que también demuestras ser amigo de tu pareja en algunas ocasiones. Por eso te propongo que leas todas las combinaciones de interacciones prestando atención a la correspondiente al rol de amigo para que focalices tus esfuerzos en desarrollarlo todavía más y lo hagas destacar por encima de los otros tres roles (y rompas el empate entre ellos).

Si en cambio obtuviste en el cuestionario un empate solo entre dos roles, te sugiero que leas las combinaciones correspondientes a estos roles con el de tu pareja. Si uno de los dos roles empatados resultó ser el de Amigo, presta especialmente atención a la combinación correspondiente a este y aprovecha para aprender a desarrollarlo todavía más y convertirlo en tu rol dominante.

Por último, debo recordar que los roles, excepto el de Amigo, son formas de manipulación en pareja y su uso siempre es pernicioso para la buena comunicación y convivencia entre ambos. Por esa razón no hablo aquí de niveles de compatibilidad entre los roles ya que su compatibilidad siempre es baja. Porque dos personas que usen con frecuencia el rol de Víctima, Perseguidor y Salvador nunca llegarán a un buen entendimiento entre ellas y su comunicación, y muy probablemente su relación está condenada al fracaso.

Sin embargo, existe esperanza cuando al menos un integrante de la pareja sabe usar el rol de Amigo ya que es una oportunidad para que aprenda a desarrollarlo todavía más y empuje a su pareja a que también lo desarrolle y abandone el uso de los otros.

Salvador + Salvador

—Te quiero mucho.
—Yo más.
—No, yo más.

Hay dos características clave que marcan la interacción entre dos Salvadores: la competitividad entre bondades y la evitación del conflicto explícito.

Puede haber pasado que dos personas que han recibido una educación similar que les empuja a ser rescatadores en esta vida se hayan visto atraídos el uno por el otro. O puede haber pasado que uno de ambos haya aprendido sobre la generosidad del otro y adopte sus mismas creencias. «Valeria es una persona buena y sacrificada, he aprendido mucho de ella». Ay, Dios mío, espero que no mucho. En todo caso, ambos se miden en su intento de ser el que más aporte a la relación y mejor fama acumule para conseguir la admiración del otro y garantizar la permanencia de la pareja (o sea, su dependencia).

Y eso empujará a esta pareja irremediablemente a sentirse incomprendida y poco valorada el uno por el otro, ya que cada uno dejará claro que ha sido el que más se ha sacrificado y el que tiene más derecho a la hora de tomar una decisión o tener razón en algo.

Es curioso cómo una pareja así discute. Realmente digno de admirar. Es un equilibrio perfecto entre expresar malestar pero sin perder la compostura. Ya he comentado anteriormente que un Salvador siente pánico al conflicto, o mejor dicho, a ser él el causante del conflicto, así que lo evitará a toda costa o bien lo disimulará para no quedar como una mala persona. Cuando he tenido en mi despacho una pareja formada por dos Salvadores nunca ha existido una salida de tono en sus conversaciones ni ninguna situación tensa durante la visita. Todo fluye. Mejor dicho, el malestar fluye. Porque quejarse, sí se quejan, pero de una forma políticamente correcta. Incluso son capaces de respetarse el turno de palabra o pedirla educadamente. Por supuesto, esto que también hacen en su casa, en mi despacho se multiplica por tres porque hay audiencia (yo) y el Salvador siempre se crece cuando hay público para dejar bien claro lo buena persona que es. En resumen, tengo frente a mí a dos buenas personas que quieren tomar el liderazgo de la relación y buscar el máximo reconocimiento del otro.

Por lo general, este tipo de pareja no suele necesitar ayuda profesional y, en caso de que la solicite, la terapia solo durará unas pocas visitas. La razón es que ambos quieren dejar atrás los conflictos cuanto antes y por eso se los perdonan enseguida. Así que tema resuelto y terapia finalizada. Algo así como perdonarse la vida el uno al otro o dejarlo en tablas en nombre de la bondad y el decoro, que dicho de esta manera puede parecer una acción muy sana pero que no obstante oculta bastante letra pequeña. Porque, en realidad, no *superan* el conflicto, lo *enmudecen*. Se lo guardan como ejemplo de sus valerosas hazañas a tener en cuenta en el futuro y crean deudas entre ellos que a veces no llegan a saldarse nunca. Porque dejar ir un conflicto es una cuestión de actitud, no de deber moral y por tanto seguirá existiendo si el rol de Salvador sigue estando activo. Únicamente el conflicto desaparecerá si existe una actitud de aprendizaje y disposición para dejar ir algo sin juzgar en el futuro al otro. O sea, dejar de ser un Salvador y convertirse en un Amigo.

En este sentido, las armas que más suele utilizar una pareja de Salvadores son «pobre de mí... lo hice por ti» y «cariño». En el caso de la primera arma, suele emplearse en su fórmula «pobre de mí... lo hice por *nosotros*» para enfatizar aún más delante del Salvador rival su espíritu de sacrificio por la pareja.

—Fui yo la que dejó de trabajar para cuidar a nuestro hijo [primer Salvador se reivindica como tal].

—Y yo el que hizo más horas extras para ganar más [segundo Salvador compite en méritos].

—Para mí fue un sacrificio, pero lo hice por el bebé y la familia [primer Salvador usa el «pobre de mí... lo hice por nosotros»].

—Anda, ¿y yo no? Te recuerdo, amor, que tú al menos podías ver al niño, yo apenas [segundo Salvador sigue compitiendo en méritos con la ayuda del arma «cariño»].

Como podéis ver, el arma «cariño» (aquí con la fórmula «amor») la acaban necesitando para poder criticarse sin perder la compostura y no parecer demasiado agresivos. Al final sucede que uno de ellos pasa de forma irremediable al rol de Víctima para así poder salir del callejón sin salida en el que se han metido, y generalmente lo hace con la ayuda del arma «NSLMQHS».

—Anda, ¿y yo no? Te recuerdo, amor, que tú al menos podías ver al niño, yo apenas.
—Siempre igual, qué habré hecho yo para merecer esto… [primer Salvador pasa a Víctima con un «NSLMQHS»].

Puede suceder que ante situaciones muy comprometidas o arriesgadas, esta pareja se bloquee porque ninguno de ellos quiere asumir la responsabilidad de tomar una decisión que después pueda resultar equivocada y desencadenar una tragedia. Es muy común observar esto cuando necesitan solicitar un préstamo, cambiar de casa o de coche o planificar unas vacaciones especiales.

—Elige tú.
—Ay, no sé. Mejor di tú.
—No, propón tú, yo me adapto.
—Yo igual, lo que tú quieras.
Etc.

Parece de chiste, ¿verdad? ¡Pues no! Es una pareja de Salvadores rescatándose mutuamente. Al final puede suceder que releguen la decisión a un tercero, casi siempre a un familiar de confianza (y si algo sale mal, aquel pagará los platos rotos, claro está).

Si esta ha sido vuestra combinación de roles como pareja, dejad que os aconseje algo:

- ❐ ¡Dejad de mediros en generosidad! No uséis la bondad de vuestro corazón como arma para atrapar a la pareja y hacer que dependa de vosotros. Usadla para algo más grande. Usadla para que el otro sea libre. Aprended a amar.
- ❐ No confundáis la rabia con la violencia. Ambos le tenéis fobia a la rabia, cuando enfadarse es una emoción que tienen la mayoría de los mamíferos, así que no debe de ser tan mala, digo yo... Estar disgustado por algo es lícito, estar en desacuerdo con algo es lícito y que tu pareja se moleste o entristezca por ello también lo es (se llama diversidad). No la disimuléis y permitidla entre vosotros. A partir de ahí, hablad con sinceridad y respeto.
- ❐ ¡Permitíos fracasar! No estoy diciendo que deseéis que algo os salga mal u os guste cuando eso suceda. Pero no podéis huir de arriesgaros a tomar decisiones por miedo a fastidiarla. Aprended a tomad la iniciativa y a amaros a vosotros mismos y a la pareja sea cual sea el resultado de vuestra decisión.

Si queréis saber de qué otra forma alternativa estos dos Salvadores hubieran podido llevar sus conversaciones, os lo descubro en el último apartado dedicado al rol de Amigo.

Perseguidor + Salvador

—¿De dónde vienes?

—De casa de mi hermano, les he echado una mano con la niña.

—Otra vez Teresa de Calcuta.

Esta es una pareja muy típica. Irónicamente, podríamos llamarla «la bella y la bestia», aunque aquí muchas veces la bestia no se convierte en un apuesto príncipe y siguen siendo una bestia que somete a la bella y una bella atrapada en sus esfuerzos por contentar a la bestia. Como dije, con el uso de los roles la relación nunca tiene un final feliz…

El Perseguidor tiene celos de compartir la generosidad de su pareja Salvadora con otros porque quiere ser la persona prioritaria (por no decir la única) en la vida de aquella. Es posible que también tenga celos del éxito social de su pareja si oye los comentarios positivos que aquella recibe de la familia o amigos. De alguna manera sufre sensaciones contradictorias: reconoce la bondad innata de su pareja y eso le enamora, pero, por otro lado, la rechaza cuando siente que pierde la admiración o atención de ella o bien siente amenazada su influencia sobre ella.

Entonces puede llegar a ser verdaderamente cruel con su pareja, haciéndole sentir inepta y subrayando la superioridad de su inteligencia por encima de la bondad del otro. Las armas que el Perseguidor usa más en este tipo de relación son «si no fuera por mí», «tribunal» y «al rincón». Es fácil adivinar por qué utiliza la primera de ellas, ya que «si no fuera por mí» convierte al Perseguidor en un falso Salvador de su pareja compitiendo aparentemente con ella sobre quién ha hecho más por quién, pero mostrándole que, por muy buena persona que sea y por mucho que los demás la quieran, a decir verdad lo necesita a él. «Vas siempre recordándome que me dejaste el dinero que faltaba para abrir mi negocio, pero no olvides que gracias a mis consejos conseguiste ese ascenso». Es como decir «en realidad, yo no necesito de tus cuidados, sino que eres tú el que me necesita a mí para ser alguien». ¿Habéis oído alguna vez la expresión «eres lo que eres gracias a mí»? ¡Pues se la inventó un Perseguidor! Así es como somete a su pareja a depender de él, y cuando se trata de hacerlo con un Salvador, rivalizará en «bondades» e intentará ganar la admiración de su pareja repitiéndole con insistencia lo bueno que ha sido con ella en tantas ocasiones (acción esta que, recordemos, es muy bien valorada por el Salvador y de ahí que este muerda el cebo y caiga en la gratitud hacia su pareja).

Las armas «tribunal» y «¡al rincón!» le ayudarán a rematar la faena. Con la primera ridiculiza al Salvador y muestra la superioridad de su valor en público; con la segunda boicotea cualquier acción rescatadora de su pareja buscando algún defecto en ella. «Gracias por la cena, aunque hubiera preferido que me hubieras ido a recoger al trabajo». «Gracias por venir a buscarme, aunque preferiría encontrar la cena preparada cuando llego del trabajo cada noche». Pobre Salvador, ¡nunca acierta haga lo que haga!

Podéis imaginaros lo que intenta hacer el Salvador ante una situación así: usar el «solo trato de ayudar» y «abrumado». «Yo solo quería darte una sorpresa —puede responder defendiéndose, siguiendo con el ejemplo anterior—. No me da tiempo a todo. También llevé tu ropa a la tintorería, ¿de eso no me dices nada, cari?». Le resalta lo abrumado que está sacrificándose por su pareja y añade una crítica final suavizada con el uso del arma «cariño».

Como veis, es fácil que entre un Perseguidor y un Salvador se establezca un pulso para ver quién da más a quién. Y podéis estar seguros de que si eso les lleva a una discusión, esta será algo ruidosa, durará poco y acabará siendo un monólogo del Perseguidor. Será ruidosa por parte del Perseguidor, que suele tender a alzar la voz cuando quiere llamar la atención de su pareja. En cambio, el Salvador intentará por todos los medios bajar el tono de la discusión, no sea que molesten a los vecinos… Durará poco porque el Salvador, con su pánico a los conflictos, intentará minimizar lo más posible las causas de tal discusión abandonándola al poco tiempo.

Sin embargo, el Perseguidor no suele estar tan dispuesto a renunciar e insistirá en el tema ahora en forma de monólogo-sermón hasta que esté convencido de que su opinión se ha impuesto como la mejor o al menos de que se le ha escuchado del todo.

En un principio, el Salvador no teme al Perseguidor, solo lucha a toda costa por alegrarle y hacerle feliz, tarea compleja porque su pareja no es fácil de contentar, pero se esforzará en ello por amor. Pero si el Perseguidor es muy severo atosigando a su pareja y no dejándole pasar ni una, entonces el Salvador acabará temiéndole e intentará rescatarle ya no para hacerle feliz, sino para evitar su enfado o mal humor. Y se esforzará en ello, pero ya no por amor, sino por miedo.

Muchas parejas víctimas de violencia de género están formadas por un Perseguidor (el agresor) y por un Salvador (la víctima). El primero hace lo que sabe hacer, acosar; el segundo intenta por todos los medios rescatar al primero y a la pareja o familia y queda literalmente enganchado a su tarea por responsabilizarse en contentar a su pareja y reparar cuanto antes las crisis que tengan. Por eso a muchas víctimas de sus parejas les cuesta tanto abandonarlas, porque son Salvadoras con un gran sentido de lealtad y responsabilidad hacia los demás.

Estos son mis consejos para esta pareja:

☐ Perseguidor, por mucho que pongas a tu pareja al límite para poner a prueba su amor y su dependencia a ti, no te sentirás mejor. Ese run-run raro que te impulsa a cuestionarlo todo sobre el amor de tu pareja seguirá estando ahí aunque esta te demuestre su obediencia continuamente. Solo se irá cuando te ames a ti mismo y pierdas el pánico que tienes a que tu pareja te abandone. Aprende a llevar mejor tu frustración, esa que sientes cuando tu pareja Salvadora parece pasar de ti y atender a otros o cuando decide pensar por sí misma y tomar decisiones por su cuenta. Vigila tus impulsos y, sobre todo, haz un esfuerzo y practica el silencio. ¡Hablas mucho y piensas todavía más! Que tu pareja dependa de ti no es amor; que tu pareja no te abandone por temor a ti no es amor. Aprende a amar sin todo eso.

❑ Y para ti, Salvador, has encontrado a la pareja ideal que te ayudará a esmerarte en hacer lo que se te da mejor hacer: asistir a los demás. Pero cuidado, sentir que no lo haces lo bastante bien o que el otro no lo reconoce suficiente te provocará una frustración que hará caer en picado tu autoestima. Confía en la capacidad e inteligencia de tu pareja para obtener por sí misma la mayoría de las cosas que necesita y recuerda preguntar antes de ofrecer. No uses tu capacidad para ayudar para convertirte en siervo de nadie, no dejes que tu pareja saque provecho de eso. Estás para amarla y ella a ti, no para servirla.

Si queréis saber de qué otra forma este Perseguidor y este Salvador hubieran podido llevar la conversación del inicio, os lo descubro en el último apartado dedicado al rol de Amigo.

Salvador + Víctima

—Tengo un montón de trabajo por terminar en la oficina. ¡Soy un desastre!

—Ya me quedo yo con los niños esta tarde, así podrás adelantar.

—¡Qué haría yo sin ti!

Este tipo de combinación de roles en pareja representa el paraíso para un Salvador y una Víctima. «¡Bien, una Víctima a quien rescatar!»; «¡Bien, un Salvador que me rescatará!». Eso gritan ambos, respectivamente. El cóctel perfecto, ya veis. Por este motivo, con el tiempo ambos reforzarán bastante sus roles creándose una fuerte dependencia mutua. Y al final esa dependencia será lo único que aguante la relación, ya no el amor, pues este hace tiempo que se fue consumido por el rencor que siempre acumula la Víctima al no sentir suficiente lealtad por parte de su pareja, y las frustraciones que siempre vive el Salvador al no sentir su esfuerzo valorado. Así será su relación a largo plazo, juntos pero incómodos.

En sus desavenencias, no habrá muchos gritos pero sí alguna escena especialmente dramática por parte de la Víctima, a quien ya sabemos que le gusta llamar la atención con alguna crisis histérica (colgar el teléfono, desaparecer unas horas sin decir nada, algún ligero desfallecimiento, amenazar con coger la moto a toda pastilla y similares…). En cambio el Salvador será capaz de asumir toda la responsabilidad para superar cuanto antes la crisis y rescatar a su pareja de su malestar. Eso le llevará en muchas ocasiones a sentirse estúpido por asumir culpas cuando él es inocente. Pero ya sabes, gajes de ser un Salvador…

La Víctima será especialmente pesada, hasta el punto de que en muchos casos dejará su rol para pasar a ser Perseguidora de su pareja, demandando su ayuda y atención todo lo posible. Para ello utilizará las armas «pata de palo», «perdón, soy estúpido» y «reinterpretar».

Por su parte, el Salvador intentará justificarse y en ocasiones se sentirá víctima de la presión de su pareja a la que responderá usando principalmente las armas «abrumado» y «solo trato de ayudar».

—Tu madre te llama y vas corriendo a ver qué le pasa. Ya veo lo mucho que te importo [la Víctima reinterpreta].

—Bueno, ella es mi madre y tú mi pareja, no tiene nada que ver [el Salvador intenta razonar].

—Sabes que no me gusta volver a casa caminando tan tarde, te estaba esperando para que me llevaras en coche, lo he pasado fatal [la Víctima usa «pata de palo»].

—Hice lo que pude para llegar lo antes posible, pero no fue tan fácil, había tráfico [el Salvador está abrumado].

—Y yo esperándote en la salida del trabajo, vi marcharse a todos mis compañeros, ¡qué vergüenza pasé! ¡Qué poco piensas en mí! [la Víctima sigue reinterpretando. Comienza a perseguir a su pareja].

—Mira, hice todo lo que pude [el Salvador usa «solo trato de ayudar»]. ¡No puedo llegar a todo! [el Salvador sigue abrumado y se siente víctima de su pareja]. Para la próxima ocasión mejor te pides un taxi y así no te hago esperar en la calle [el Salvador asume la responsabilidad para acabar la discusión lo antes posible y ofrece una solución].

—Es lo que tenía que haber hecho pero en momentos así no caigo en esas cosas [la Víctima nuevamente usa «pata de palo», así deja de perseguir y vuelve a su rol original]. Lo siento, no quería ponerme así, pero es que me puse muy nerviosa [«Perdón, soy estúpido»].

—No pasa nada, lo entiendo [el Salvador salva a la Víctima, refuerza su rol en esta relación].

—Vale [la Víctima obtiene el beneficio que busca de su pareja al ser rescatada, refuerza su rol en esta relación].

Y los dos tan felices. Hasta que dejen de serlo, porque jugar muy a menudo a estos roles les pasará factura, desde luego. Al Salvador cada vez le costará más contentar a la Víctima con sus rescates y la Víctima cada vez exigirá más atención y apoyo a su pareja Salvadora. Pasarán del amor al odio y del odio al amor en cuestión de segundos y tanta montaña rusa nunca acaba siendo buena para la salud de una relación.

En esos extremos el Salvador, en un intento por recordarle a la Víctima todo lo que ha hecho por ella y que ahora no es capaz de reconocerle, usará «pobre de mí... lo hice por ti». Si su pareja reacciona ante eso con una disculpa: «Perdón, soy estúpido», ya están listos para empezar de nuevo.

Si estos son los roles que caracterizan vuestra relación, aquí tenéis mis consejos:

- A ti, Salvador, te recuerdo que no estás con una criatura, así que si de verdad quieres ayudar a tu pareja no la saques de todos los apuros o las frustraciones que sufra y deja que gane autoestima y seguridad por sí misma. No eres el encargado de la felicidad de tu pareja, formas parte de ella, pero no eres su constructor. Por tanto, no es necesario que te ocupes de todo, deja de estar abrumado con todo y concéntrate en tu felicidad. Seguramente habrás dicho muchas veces: «Si los demás son felices, yo soy feliz». Pues te aseguro que funciona mucho más si le das la vuelta: «Si yo soy feliz, los demás también lo son». Pruébalo.

- Y a ti, Víctima, deja de apoyarte tanto en tu pareja. ¡No es tu guardaespaldas! Vigila la intensidad con la que vives tus emociones, las multiplicas por mil y luego no hay quien consiga consolarte. No pongas a prueba la lealtad de tu pareja, mejor dicho, no le pongas a prueba, a secas. Disfruta de tu amor, no pierdas tanto el tiempo cuestionándotelo con cualquier cosa que no te cuadre o no te guste. No *cuentes* las veces que te llama tu pareja, *disfruta* de las que lo hace, sean muchas o pocas. No vivas tu amor con miedo, sino sintiéndote afortunada de tenerlo hoy. Esa es la mayor garantía de poderlo conservar para mañana.

Si queréis saber de qué forma alternativa este Salvador y esta Víctima hubieran podido llevar esa conversación, os lo descubro en el último apartado dedicado al rol de Amigo.

Perseguidor + Víctima

—¿Puedo quedar esta noche a cenar con mis amigas?
—Bueno, pero no vengas muy tarde.
—Vale.

Esta es una relación equivalente a la de un progenitor con su hijo. O sea, el primero (aquí el Perseguidor) educa al segundo (aquí la Víctima), ya que este es inmaduro y un ser desvalido. Le educará con una mezcla de cariño y autoridad, según convenga en cada momento, y le reñirá si no se porta bien. Por su parte, la Víctima, en ocasiones, hará de hijo pequeño, sumiso y obediente que admira a papá, y en otras ocasiones, ejercerá de hijo adolescente, rebelde y desafiante con pataletas incluidas. Este es, ni más ni menos, que el resumen de la dinámica entre estos dos roles. Mal. Inapropiado entre dos adultos. Pero es una de las combinaciones más frecuentes entre las parejas. Perseguidor y Víctima se comportan como Tom y Jerry: parece como si jugaran a hacerse la vida imposible mutuamente, pero cuando están al límite de la ruptura de repente vuelve el amor y tan amigos. ¿Por qué? Porque el Perseguidor necesita a alguien que le obedezca y la Víctima alguien que le asista, así que, por muy mal que vayan las cosas en la relación, serán capaces de darse muchas oportunidades hasta que uno de los dos diga basta. Padre-hijo, profesor-alumno, Perseguidor-Víctima. Es lo mismo.

El Perseguidor, en su tarea de educar a la Víctima, usará sobre todo las armas «si no fuera por mí», «mira lo que me has hecho hacer» y «¡al rincón!». La primera la utilizará cada vez que le dé órdenes sobre algo y lo hará de diferentes maneras. «¡Ay… menos mal que estoy yo!». Cuando quiera demostrarle a la Víctima lo bien que ha hecho obedeciéndole, «¡te recuerdo que si no fuera por mí estarías pidiendo limosna por las esquinas!». Cuando quiera recordarle a la Víctima el respeto que le debe.

Como podría sucederle a un educador con su pupilo, aquel puede perder los nervios al comprobar la *patosidad* del segundo o su desobediencia, cosa que puede hacerle cometer actos de los que después deberá justificarse. Ahí es cuando sacará a relucir un «mira lo que me has hecho hacer» para desresponsabilizarse y hacer sentir culpable a la Víctima. «Como no me has querido dar el dinero que te pedí por las buenas, no he tenido más remedio que cogerlo por las malas». Y cuando quiera disculparse, volverá a usar la misma arma, con otro tono de voz y más cariñoso, aunque más de lo mismo. «Lo siento, no tuve más remedio, de veras». En vez de reconocer que eso estuvo mal. Porque un Perseguidor muy raramente se disculpa, por no decir nunca. No… Eso sería perder su estatus frente a su pareja y la posibilidad de obtener la admiración y reconocimiento que este rol le permite.

¿Y qué puede suceder si el alumno está preparado para graduarse? ¿O sea, cuando la Víctima quiere dar pasos hacia la emancipación de su rol? Que su pareja, si es muy insegura, se lo evite boicoteando sutil o descaradamente sus planes para ser más autónomo.

El Perseguidor puede aparentemente animar a su pareja a que «crezca» y tome iniciativas en su ámbito personal o laboral, pero a la hora de la verdad encontrará defectos o problemas a todo lo que la pobre Víctima sugiere. «Está muy bien, aunque yo lo hubiera obtenido más barato». El arma «¡al rincón!» hará que al otro le entren dudas sobre las decisiones que tome y garantizará su dependencia con el Perseguidor como asesor-avalista de todo lo que emprenda.

Aunque esto solo sucedería en el mejor de los casos, ya que una persona muy metida en el rol de Víctima difícilmente emprenderá algún proyecto por su cuenta. Quizás lo soñará y fantaseará con él, pero sin llegar a materializarlo nunca. Y ya no porque su pareja se lo impida, sino porque la propia Víctima se boicotee a sí misma. Es fácil hacerlo, solo tiene que ver dificultades a todo lo que piense o bien le propongan. El arma «sí, pero» le irá de perlas para ello. «Me apuntaría a un taller de joyas, pero ¿y si luego no puedo continuar pagándolo? Habré perdido el dinero del primer año para nada». La capacidad de la Víctima para encontrar impedimentos es ilimitada. Verano: «No voy al gimnasio porque este bochorno me quita las fuerzas». Otoño: «No puedo ir al gimnasio, ¡la *rentrée* al trabajo ocupa todo mi tiempo!». Invierno: «Imposible ir al gimnasio, tengo las fiestas navideñas encima». Primavera: «Me olvido del gimnasio, con esta alergia primaveral no respiro bien». ¡La Víctima siempre es víctima de algo! Esta arma también la usará para justificarse ante la presión de su pareja Perseguidora y no aceptar ninguno de los consejos que esta le proponga.

—¿No tenías que haber puesto una lavadora ayer? ¿Qué hace toda la ropa todavía aquí apilada?

—Sí, pero se me hizo tarde y no pude [la Víctima se justifica con el primer «sí, pero»].

—¿Y qué más da que pongas la lavadora a las dos de la mañana? A ella no le importa, ¿sabes? [el Perseguidor empieza a perseguir].

—Ya, pero pensé que podía hacerlo hoy [segundo «sí, pero»].

—¿Y hoy…? [continúa la persecución].

—Iba a ponerla más tarde [tercer «sí, pero»].

—Olvídalo, ya me ocupo. No tienes remedio, menos mal que estoy yo para hacer las cosas [el Perseguidor inutiliza a la pareja y la reprende con un «si no fuera por mí»].

Como he comentado al inicio, esta es una relación de altos y bajos bastante profundos. Cuando esta pareja discute suele haber bastantes gritos y lloros, con chantajes emocionales e insultos por parte de ambos. Este tipo de dinámicas entre los roles provoca que la pareja necesite algunos días para recuperarse hasta volver a interactuar con cierta normalidad. Y eso deja mella en la memoria de la Víctima, que es la proclive a guardar datos con precisión y acumular rencor. Por eso, de vez en cuando, se quejará consigo misma, con un amigo o con la pareja, usando el «NSLMQHS». «Nadie sabe lo que he tenido que aguantar con mi pareja, pero esta vez es la última». Ojalá lo sea, pero para ello deberá aprender a salir del victimismo y eso no se consigue dejando o cambiando a la pareja, sino con T.I.I. (Trabajo Individual Interno). Y si no lo hace… pues vivirá de los sueños y culpabilizará a la pareja de no haberlos podido cumplir con el uso del arma «si no fuera por ti». «Si me hubiera casado con otro hombre, seguro que hoy sería más feliz». «Si ella no tuviera la familia que tiene ahora, podríamos haber montado nuestro propio negocio». «Si ella no fuera tan tiquismiquis, me atrevería a hacer algunos arreglos en casa».

Si esta es vuestra combinación de roles, os aconsejo lo siguiente:

◻ Para la Víctima: deja de victimizarte por todo. Quema la lista negra que tienes guardada (que seguro que la tienes) y deshazte de esos recuerdos penosos, ¡son tóxicos! Deja de poner excusas a cualquier cosa que quieras o tengas que hacer. Lamentarnos es algo que podemos hacer todos, desde luego. Pero uno debe estar seguro de que no esconde su debilidad para emprender algo detrás de las «peculiaridades adversas» de la pareja. No llames la atención de tu pareja actuando como un ser desvalido o que necesita que le pongan en vereda. Aspira a llamarle la atención con tu autonomía y autodeterminación y cruza los dedos para que sea capaz de apreciarlo. Pero recuerda, tu peor enemigo no es una pareja Perseguidora; tu peor enemigo es tu dependencia. Supérala aumentando tu autoestima.

◻ Para el Perseguidor: tu amor no se basa en la fortaleza, como quizás hayas pensado en algún momento, sino en el miedo. ¡Cuánto pánico hay en ti! Cada frustración que vives es un atentado contra tu persona. ¡Qué exageración! Aprende a aceptar lo diferente de tu pareja y no la acoses a críticas solo para demostrarle lo mucho que te necesita. Este juego de papás-y-mamás solo se juega en párvulos. Vigila con sacar conclusiones precipitadamente, no lo juzgues todo como una amenaza. No puedes vivir la vida como un «estás conmigo o contra mí». ¿Qué quieres? ¿Una pareja libre que quiere estar a tu lado o una pareja sumisa que teme irse de tu lado? Tú eliges.

Si queréis saber de qué mejor manera este Perseguidor y la Víctima hubieran podido llevar sus conversaciones, os lo descubro en el último apartado dedicado al rol de Amigo.

Perseguidor + Perseguidor

—Menudo careto que llevas hoy.
—Pues anda que tú.
—Yo lo dije primero.

¡Rayos y truenos! Esta pareja no durará más de tres discusiones así. Ambos tienen egos muy fuertes y una muy baja tolerancia a la frustración. También ambos tienen una autoestima basada en sentirse ganadores todo el tiempo por encima de la pareja para obtener admiración y dependencia por parte de ella. La guerra será tan fuerte que no llegarán a ningún acuerdo fácilmente y alguno tendrá que marchar de casa «temporalmente» hasta que venga el olvido… y después vuelta otra vez a la carga.

¿Habéis visto la película *La guerra de los Rose* (de Michael Douglas y Kathleen Turner)? ¿O *Quién teme a Virginia Woolf* (de Elizabeth Taylor y Richard Burton)? Pues en ambas películas las parejas protagonistas no dejan de perseguirse hasta su autodestrucción.

Al igual que sucede en la pareja de Salvadores, en una formada por dos Perseguidores tarde o temprano uno de ellos pasará al rol de Víctima. Puede tratarse siempre de la misma persona, aquel entre ambos que tenga más facilidad para convertirse en Víctima, o bien puede ser que ambos alternen este segundo rol según cómo haya sido la conversación (un día se victimiza uno, otro día se victimiza el otro). Cuando un Perseguidor pasa a Víctima suele hacerlo con el uso del arma «NSLMQHS». Veámoslo con el ejemplo anterior:

—Menudo careto que llevas hoy [primer Perseguidor].
—Pues anda que tú [defensa atacando del segundo Perseguidor].
—Yo lo dije primero [el primer Perseguidor insiste en el acoso].

—Lo que tengo que aguantar… [el segundo Perseguidor pasa a Víctima con un «NSLMQHS»].

Pero hasta que eso no pase, ambos Perseguidores se medirán lo más que puedan en conversaciones dotadas de una fuerza verbal y oratoria implacables. ¡Aprovecharían mucho mejor esa capacidad si la dedicaran al *marketing* o a la política, en serio! Dos roles de este tipo exigiéndose atención y reconocimiento usarán especialmente las armas «alboroto», «te pillé» y «tribunal», es decir, aquellas que pongan más en evidencia al otro y lo confundan con golpes bajos.

—Vas muy rápido conduciendo, aminora [primer Perseguidor hace una petición].
—¿Qué pasa? ¿Crees que no sé conducir? [respuesta a la defensiva del segundo Perseguidor].
—Lo que no sabes es leer, hay un aviso de radar, ¿ves? [respuesta a la defensiva del primer Perseguidor].
(Silencio).
—¿Al final qué va hacer tu hermana Marta, va a venir a la comunión de la niña o no? [segundo Perseguidor cambia de tema, inicia el «alboroto»].
—Ya te lo dije, está en Italia en una convención por trabajo y hasta las Navidades no regresa [primer Perseguidor].
—Va a ir toda la familia menos ella, qué ganas de dar la nota… [segundo Perseguidor acosa].
—¡¿Oye, a qué viene eso?! Ya quisiera yo que tu hermana no viniera, esa sí que da la nota [primer Perseguidor se defiende acosando].
—Sois todos iguales en vuestra familia, mira tu tío Fernando, otro qué tal [segundo Perseguidor persiste en el acoso].
—¡Ja! No opinabas igual cuando le pediste prestado el coche aquella vez [primer Perseguidor caza al segundo con un «te pillé»].

—¿Y el numerito que me montó después porque no le llené el depósito? ¡Venga, hombre! ¡No sé cómo aún le defiendes! [segundo Perseguidor persiste en el acoso].

—Vale, pues estoy deseando llegar pronto para comentarlo. ¡Van a flipar cuando vean lo desagradecido que eres! [primer Perseguidor amenaza con un «tribunal»].

—¿No decías que no corriera? [segundo Perseguidor caza al primero con un «te pillé»].

—Ya no puedo más contigo [primer Perseguidor pasa a Víctima con un «NSLMQHS»].

Da algo de miedito, ¿verdad? Conversaciones de este tipo llevan a la pareja a pleitear sin cesar en los tribunales, a veces incluso los lleva al hospital... ¡Con lo fácil que sería todo si estos dos no necesitaran demostrarse continuamente su superioridad!

Estos son mis tres principales e insistentes consejos para la pareja de Perseguidores:

❐ ¡Dejad de poneros a la defensiva! La vida no es una batalla que hay que ganar y la relación de pareja tampoco.

❐ Preguntad, preguntad y preguntad. «¿Por qué dices eso?», «¿a qué te refieres?», «¿qué me estás pidiendo exactamente?». Os juzgáis demasiado. Por mucho que creáis que conocéis al otro, preguntadle siempre antes de sacar conclusiones.

❐ Y aprended a disculparos. Una disculpa a tiempo es un «*stop*, volvamos a empezar». No es que tengáis que disculparos por haber hecho algo malo; es disculparse por no haber sido acertados en las formas. Un «vale, perdón, no he empezado con buen pie» salva matrimonios. No es una derrota, es una ganancia en vuestro caso, el pasaporte para evitar una guerra. ¿En serio queréis perder a la persona que amáis?

Si queréis saber de qué otra forma estos dos Perseguidores hubieran podido llevar su conversación, os lo descubro en el último apartado dedicado al rol de Amigo.

Víctima + Víctima

—Mi padre me ha vuelto a chillar por teléfono, a mi edad.
—Pues bienvenido al club de los incomprendidos.

Este es el amor propio de dos adolescentes enfadados con el mundo, de dos toxicómanos que comparten la dosis o de dos adultos que arrastran asuntos pendientes con sus familias en el pasado.

Como Romeo y Julieta, dos amantes víctimas de sus circunstancias que luchan contra ellas y encuentran el uno en el otro el consuelo y la complicidad que necesitan para hacerles frente. En el caso de la novela shakesperiana, la presión social arrastra a la pareja protagonista hasta la muerte. Sin embargo, ¿alguien ha pensado qué hubiera sido de ellos dos de haber podido formalizar su relación (puestos a imaginar, si hubieran podido huir a otro lugar lejos de sus familias, por ejemplo)?

Seguramente a medio plazo se asfixiarían en una relación basada en el apoyo mutuo. Tarde o temprano, entre dos Víctimas se crea una tensión de alerta donde oferta y demanda de atención se miden cada día. Y si la dosis de afecto y reconocimiento ya no es suficiente, dejaran de ser víctimas de las circunstancias sociales y familiares y pasaran a ser víctimas el uno del otro. Ese podría haber sido el desenlace alternativo de la historia de Romeo y Julieta: igual de trágico en el momento en que uno se hubiera sentido abandonado o menos atendido por el otro. Vamos, que estos dos estaban condenados hicieran lo que hicieran a no ser que aprendieran a desarrollar su autoestima y autonomía y a salir de su victimismo.

Dos personas que usan con facilidad este rol fueron víctimas reales en su infancia o primera juventud. Eso les ha llevado a una baja autoestima y a depender de lo que digan y hagan los demás, lo que les lleva a sentirse siempre aludidos y a un hambre de reconocimiento difícil de satisfacer. Ambos se unieron porque empatizan con el dolor del otro y con sus métodos para chantajear a su entorno. «¡Envíalos a la porra a todos!», le anima una Víctima a la otra. «No te preocupes, esta noche nos emborracharemos juntos», le consuela una a la otra.

El sexo juega un papel destacado en esta relación, ya que el contacto físico es una fuente básica de reconocimiento y admiración y la primera forma en que la Víctima busca afecto en su pareja. De ahí que estas parejas necesiten experiencias amorosos intensas y puedan ser extremadamente dramáticas en sus escenas tanto de amor como de despecho. Una pareja instalada en el rol de Víctima muy probablemente serán amigos toda la vida, porque lo que han compartido juntos difícilmente podrán compartirlo del mismo modo o grado con otras personas y eso crea entre ellos un lazo difícil de romper.

Como comentaba al principio, los problemas vienen cuando se miden sus penas para reclamar más atención a la pareja, ya que, antes o después, uno de ellos o ambos necesita aumentar la dosis de afecto y lealtad. Sus discusiones pueden llegar a ser bastante ruidosas con chantajes emocionales de primer grado, de esos que son de vida o muerte. «Me he hecho cortes en los brazos, ¿ves cuánto sufro?», puede demostrarle una Víctima a la otra, hasta que acaban buscándose mutuamente a través del contacto físico o teniendo sexo.

Las armas que utilizan son aquellas que demuestran mejor su debilidad al otro: «NSLMQHS», «pata de palo» y «perdón, soy estúpido». Ambos pueden emplearlas para rivalizar sobre quién lo ha pasado peor. En tal caso, usan el arma «sí, pero» en su versión «sí, pero yo peor».

—Este trabajo me está matando, ¡lo que tengo que aguantar de mi jefe! (primera Víctima usa «NSLMQHS»).

—Pues yo ni te cuento, lo mío es de juzgado de guardia (segunda Víctima responde con un «sí, pero yo peor»).

El pulso entre dos Víctimas siempre conduce a una de ellas a pasar a otro rol, generalmente a Perseguidor o a Salvador. Si cambia a Perseguidor seguramente lo hará con un «mira lo que me has hecho hacer»; en cambio, si cambia a Salvador suele hacerlo con un «pobre de mí… lo hice por ti» o «abrumado».

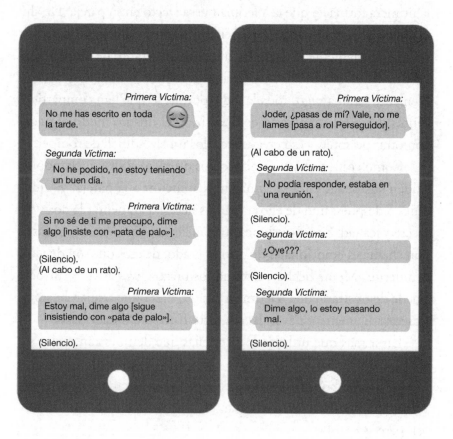

(Segunda Víctima llama por teléfono a la primera Víctima).

—(Llorando). *¿Por qué no me respondes los WhatsApp?* [segunda Víctima].

—*¿Qué pasa? Me has puesto muy nerviosa al no saber nada de ti y he tenido que salir a despejarme porque me iba a dar algo y no cogí el móvil* [primera Víctima se justifica como perseguidora con «mira lo que me has hecho hacer»].

—*No me merezco esto después del día de pena que he tenido* [segunda Víctima se queja con «NSLMQHS»].

—*¿Y yo? ¿Que intuía que algo pasaba y sin saber nada de ti?* [la primera Víctima se queja con «sí, pero yo peor»].

—*Sabes que lo eres todo para mí, siempre te lo he demostrado, pero a veces las circunstancias me pueden* [la segunda Víctima pasa a Salvador con «pobre de mí, lo que hice por ti» y «abrumado»].

—*Yo también lo siento, en esos momentos me imagino cualquier cosa y no soy capaz de controlarme, no sé qué me pasa* [la primera Víctima se victimiza con «perdón, soy estúpido»].

—*Nos vemos dentro de un ratito* [la segunda Víctima obtiene el beneficio que busca, se reafirma en su rol].

—*Vale* [la primera Víctima obtiene el beneficio que busca, se reafirma en su rol].

Fijaos que ninguno de los dos se preocupa realmente por el estado del otro, lo que cuenta es cómo lo está pasando cada uno en ese momento. En vez de preguntar algo tan sencillo como «¿por qué estás mal?, ¿qué te pasa?», se ordena «dime algo o me preocupo». Parece lo mismo, ¡pero no lo es en absoluto! «Dime algo o me preocupo» puede aparentar un «me importas y por eso estoy así», cuando en realidad es «estoy así porque dependo de ti, dedícame un gesto». ¡No es un mensaje de amor, es una prueba de lealtad! Da igual si el otro puede o no puede hablar, debe estar disponible para calmar a su pareja Víctima. El resultado es una conversación donde ambas Víctimas se retan a ver quién lo ha pasado peor y quién tiene más razón y merece un reconocimiento del otro. Y esa no es tarea fácil. ¡Competir contra quien dice que lo ha pasado peor es muy duro! El beneficio final puede venir con un reconocimiento del otro, como en el caso del ejemplo anterior, o con un distanciamiento entre ambos que finalizará con una sesión de sexo o bien con el paso de los días.

Para vosotros dos, os recomiendo:

❏ No rivalicéis con quien lo lleva peor. ¿Qué pretendéis con esto? Venga… No os llaméis la atención por vuestras penas, eso sí que es triste. Si no tenéis energía para intimar o consolar al otro, no le bloqueéis con un «yo estoy peor que tú, así que no me pidas nada». Sed empáticos y apoyadle con unas palabras, no hace falta ser muy efusivos, pero no esquivéis las atenciones que os pide el otro.

❏ Vigilad vuestro egoísmo, porque el uno por el otro, la casa sin barrer. Yo soy primero, no yo primero… Cederos espacio e importancia, ambos lo sois por igual. No os castiguéis mutuamente con el silencio, eso pasará factura debilitando vuestro amor.

Si queréis saber de qué otra forma estas dos Víctimas hubieran podido llevar esa conversación, os lo descubro en el último apartado dedicado al rol de Amigo.

Amigo + los otros roles

El rol de Amigo actúa prudentemente y con sabiduría porque identifica lo que su pareja está pretendiendo. Sabe respetar sin agobiar al otro, solo exige una condición: que la cosa pueda quedar en «tablas», o sea, ni tú ni yo, o mejor dicho, tú y yo ganamos algo, pero tú y yo tenemos que ceder también en algo ya que ambos tenemos razón porque existen múltiples verdades. Esta es la actitud que resume la filosofía de este rol. ¿Será capaz el otro miembro de la pareja de aprender algo de él y adoptarlo también? ¿O seguirá buscando la atención y admiración de su pareja con las armas que siempre ha usado? El tiempo, la convivencia y la fuerza de su amor lo dirán.

Vamos a ver cómo se desarrolla una conversación desde el rol de Amigo. Para ello, a continuación, recojo los diálogos que hemos visto en los apartados anteriores pertenecientes a las combinaciones de los otros roles y veremos de qué forma proseguirían si al menos un miembro de la pareja actuase desde este papel.

—Te quiero mucho.
—Yo más.
—No, yo más.
(Dos Salvadores hablando).
Alternativa:
—Te quiero mucho.
—Gracias, mi amor.

Soy consciente de que en muchas familias las palabras «perdón» y «gracias» están de más e incluso su uso puede ser ofensivo con la creencia de que entre familia hay confianza y no deben usarse más que con gente poco conocida. El Amigo es agradecido con las muestras de afecto de su pareja, como si fueran algo único y exclusivo con lo que se encuentra cada día, y las toma gratuitamente, no tiene nada que hacer con ellas más que disfrutarlas y regodearse. Por eso mismo, es totalmente prescindible tener que «devolverlas» en ese momento para quedar bien o ser educado con la pareja. Desde luego, puede contestarle «gracias, y yo a ti», pero solo si es auténtico en ese preciso momento, es decir, no solo si lo siente, sino que también desea decírselo al otro ahí y ahora, no porque «toque» hacerlo.

—Fui yo la que dejó de trabajar para cuidar a nuestro hijo.
—Y yo el que hizo más horas extras para ganar más.
—Para mí fue un sacrificio pero lo hice por el bebé y la familia. Etc.
(Dos Salvadores).
Alternativa:
—Fui yo la que dejó de trabajar para cuidar a nuestro hijo.
—Es cierto, y es de agradecer. A ver, ¿qué me estás pidiendo exactamente?

¡No jugar a demostrar quién ha dado más por la relación es fundamental! En vez de eso, sed más prácticos y centraos en conocer qué es lo que en ese momento está pidiendo vuestra pareja con el jaleo que está montando o la queja que está expresando. Aunque seguramente lo que está solicitando es un reconocimiento en voz alta, con lo cual empezad por ahí. A veces los adultos nos comportamos como críos que piden una chuchería cuando ven que otro también lo está haciendo. «¿Quieres un reconocimiento? ¡Pues yo también quiero otro y más grande que el tuyo!». Vale, vale, niños, hay para todos… Pero una relación de pareja no es el patio de una escuela, así que hay que saber respetar los turnos de las necesidades de cada uno, dar espacio al otro a que se exprese y ayudarle a que defina con precisión qué le sucede y qué necesita.

—¿De dónde vienes?
—De casa de mi hermano, les he echado una mano con la niña.

—Otra vez Teresa de Calcuta.

(Entre un Perseguidor y un Salvador).

Alternativa:

—¿De dónde vienes?

—De casa de mi hermano, les he echado una mano con la niña.

—¿Y cómo ha ido?

Respetar los intereses de la pareja es requisito indispensable; no sentirse amenazados por ellos es tarea de cada uno de nosotros. Si a uno le disgusta la decisión que ha tomado su pareja, lo último que debe hacer es criticarla o ridiculizarle. Mejor ser claros en la necesidad o petición y si hay que hacer un comentario entonces siempre mejor en forma de consejo. «¿Te puedo aconsejar algo? Creo que tu hermano abusa un poco de tu ayuda». Y si no hay consejo, mejor mostrar interés genuino por lo que hace la pareja. Si el hecho de que esta rescate a otros provoca que uno se sienta apartado o solo, es mejor hacer la demanda sin poner a la pareja entre las cuerdas para que elija, ya que automáticamente se sentirá víctima de vuestra presión. «No quiero decirte cuándo tienes que ir a cuidar a tu sobrina, pero últimamente echo de menos que estemos más juntos». En realidad, será el propio Salvador el que se presionará a sí mismo cuando decida qué hacer con su tiempo y a quién dedicárselo, pero los dilemas internos de cada uno deben ser formulados y resueltos por uno mismo, si se entromete la pareja, ¡zas!, problemas.

—Tengo un montón de trabajo por terminar en la oficina. ¡Soy un desastre!

—Ya me quedo yo con los niños esta tarde, así podrás adelantar.

—¡Qué haría yo sin ti!

(Entre un Salvador y una Víctima).

Alternativa:

—Tengo un montón de trabajo por terminar en la oficina. ¡Soy un desastre!

—Dime si te puedo ayudar en algo.

La pareja Amiga no desautoriza a su compañero avanzándose a tomar decisiones por este, sino que prefiere abusar de la pregunta basándose en una total y plena confianza en las aptitudes y capacidad del otro para tomar decisiones o buscar soluciones por sí mismo. Por supuesto, si lo que pide la pareja como ayuda es algo que uno no puede hacer en ese momento, hay que ser sincero y decírselo. Aun así, si uno decide echar una mano y ofrecer esa ayuda aunque no le guste, debe ser consciente de que tal rescate puede valerle después un resentimiento o malestar (es lo que pasa con los rescates) y que en tal caso deberá sufrirlo siempre en silencio.

—¿Puedo quedar esta noche a cenar con mis amigas?

—Bueno, pero no vengas muy tarde.

—Vale.

(Entre un Perseguidor y una Víctima).

Alternativa:

—¿Puedo quedar esta noche a cenar con mis amigas?

Dar permiso a la pareja para que esta haga algo es señal de que algo no va bien. Si vuestro compañero entra en rol de Víctima buscando un padre que le guíe o consienta, ¡huid de tal responsabilidad! Bien al contrario, apoyad la vida social y las actividades individuales de vuestra pareja además de ser claros en vuestras demandas. «No tienes que pedirme permiso. Preferiría que estas cosas nos las dijéramos con algo más de antelación para organizarme la tarde de otra manera. ¿Y adónde vais? Me alegro». Si ya tenías planes para esa noche: «No tienes que pedirme permiso. Preferiría que estas cosas nos las dijéramos con algo más de antelación para organizarme la tarde de otra manera. Ya tenía planes para esta noche, ¿crees que podéis quedar otro día?». En caso de que no pueda mover esa cena con las amigas: «Bueno, ¿me das una alternativa para mi noche? ¿Qué me propones?». El rol de Amigo «desatasca» el dilema de «o tú o yo» buscando una solución alternativa, y si el otro tiende a victimizarse invita a que sea este el que proponga tal solución para que después, entre ambos, acaben de pulirla.

Todo esto en el caso de que uno se encuentre con tal pregunta solicitando un permiso, pero lo realmente interesante es que dicha pregunta *no* llegue a formularse. Es decir, que no haya una Víctima a la que contestar, sino un adulto que asertivamente informa a su pareja de una decisión que ha tomado. Algo así como:

—Voy a quedar esta semana a cenar con mis amigas. ¿Miramos cómo tenemos los días con los niños?

Eso en el caso de que haya hijos, pero puede recoger cualquier otra información necesaria para acabar de tomar una decisión. Este punto es importante, ya que muchas parejas se comportan asertivamente pero con un estilo demasiado individualista sin recordar que conviven con otra persona que puede necesitar cierta información previa para poder organizarse (vamos, lo que comúnmente se llama «ir a la suya»). Es la diferencia entre decirle a la pareja: «Esta noche salgo con mis amigas [como si viviera sola]» y decirle: «Esta noche salgo con las amigas, ¿teníamos algún plan especial? [tengo en cuenta que vivo contigo y me aseguro de que la logística-infraestructura-actividades son compatibles esta noche]». Si la pareja contesta que no es posible, uno debe escuchar los motivos y buscar entre ambos la solución que permita satisfacer a ambos en alguna medida (porque seguramente al cien por cien no podrá ser, ya que para obtener algo a veces hay que renunciar a una parte).

—¿No tenías que haber puesto una lavadora ayer? ¿Qué hace toda la ropa todavía aquí apilada?

—Sí, pero se me hizo tarde y no pude.

—¿Y qué más da que pongas la lavadora a las dos de la mañana? A ella no le importa, ¿sabes?

Etc.

(Entre un Perseguidor y una Víctima).

Alternativa:

—¿No tenías que haber puesto una lavadora ayer? ¿Qué hace toda la ropa todavía aquí apilada?

—Es cierto y me disculpo. Ahora la pongo.

—Gracias, porque necesito los tejanos para mañana.

Esta conversación no es fácil de mantener. Implica equilibrios para no caer en la frustración de ver que el compañero se ha «columpiado» con una tarea con la que se había comprometido y para mantenerse asertivo sin hacer juicios ni rescates. Muchas veces respirar diez (o veinte) veces antes de contestar es de gran ayuda, aunque no suficiente. Deben existir dosis de relativismo para no elevar una situación así a categoría de catástrofe mundial. «Solo es ropa, solo es despiste, mi pareja me ama, no se ocupa de esto pero se ocupa de otras cosas por amor». No es un mal mantra, te permitirá varias cosas: 1) que tu pareja no puede demostrarte su amor por ti en todo lo que haga, o sea, deja que algo no lo haga bien; 2) tu pareja no es perfecta y tú debieras amarla así; 3) al fin y al cabo, solo es ropa y lavadoras, algo necesario de hacer, pero no tan-tan importante, así que déjalo ahí.

Esto para quien ha formulado la pregunta y no quiera convertirse en un Perseguidor. ¿Y para quién responde y no quiere hacerse la Víctima? Si has cometido un error y tu pareja «te ha pillado», acéptalo sin excusas y discúlpate. Es el camino más fácil para no empezar una travesía de justificaciones y argumentaciones eternas. Sí, pero, sí, pero, sí, pero… No debemos ser criaturas que intentamos convencer al profe de por qué no hemos hecho los deberes. El ego es un gran inconveniente para reconocer que no hemos cumplido con nuestra palabra o que nos hemos pasado con algo, pero marca la diferencia entre un rol de Víctima y un rol de Amigo. No te regodees en la disculpa, no te vayas a pasar al truco de intentar dar lástima. Reconoce el error mirando de frente y acto seguido haz una propuesta que permita repararlo lo antes posible. Lo de «lo antes posible» no es porque sí. Si lo dejas para más adelante tu pareja creerá que no sientes realmente el compromiso de hacerlo y perderás credibilidad. «En cuanto vuelva a casa esta tarde pongo la lavadora sin falta». Así mejor. Cuidado con responder como un Salvador: «Bueno, tranquilo, tranquilo, que no cunda el pánico, tendrás tus tejanos preparaditos mañana, ya verás». Porque de nuevo estarás enviando el mensaje de que no te comprometes con seriedad haciéndote además el ofendido. Asume lo que no has hecho y hazlo cuanto antes. Si aun así no puedes, reflexiona si acaso te has comprometido con algo que no quieres-puedes-eres capaz de hacer y haz una propuesta alternativa creativa a tu pareja. «No puedo hacer lavadoras, es superior a mis fuerzas, es algo que odio. Cambio esta tarea por otra». «¿Enseñamos a la señora de la limpieza cómo se ponen?». «Acepto poner solo la de los domingos», etc.

—Menudo careto que llevas hoy.
—Pues anda que tú.

—Yo lo dije primero.

(Dos Perseguidores hablando).

Alternativa:

—Menudo careto que llevas hoy.

—Ya.

No entrar en una provocación es el primer e imprescindible paso para cortar con una cascada de acusaciones mutuas. Si se responde con una justificación («es que hoy no he dormido mucho»), el que ha iniciado la conversación continuará con la idea de cazarte de cualquier manera («pues a ver a qué horas vamos a la cama»). En el rol de Amigo uno no busca «quedar bien» ante el otro, ni siquiera justificarse para defenderse del acoso que recibe. Sencillamente, se mantiene en el umbral de la conversación y la corta en seco. Eso es lo que técnicamente llamamos «no entrar en el juego». Claro está que un Perseguidor que se precie no aceptará que el otro no juegue y es muy probable que persista en su persecución hasta obtener la atención que busca de su pareja. En tal caso, el Amigo verbaliza lo que está pasando y así debilita la estrategia de acoso. «No insistas, déjalo ya» suele ser una fórmula muy utilizada. «Deja de provocarme» puede ser otra muy válida, a la que el Perseguidor negará que esté haciendo tal cosa y el Amigo nuevamente tendrá que dejarlo en un corte sin entrar más allá («ya», «vale», «ok»). No contestar a una provocación y descubrirla en voz alta es la única manera de hacer que no prospere y que tales artimañas de la pareja se extingan con el tiempo debido a su poco éxito. En serio, no intentéis «educar» a vuestra pareja en ese preciso momento para que deje de comportarse así, no os servirá de nada y el Perseguidor tendrá lo que quiere: la atención de su pareja venga como venga. Dejad las reflexiones sobre su conducta para otro momento en que vuestra pareja esté más receptiva y, desde luego, poniéndole sobre aviso de lo que le vais a decir, como lo haría un amigo que no quiere ofender. «No te molestes, pero necesito preguntarte algo. ¿Por qué a veces parece que buscas provocarme? ¿Qué es lo que realmente quieres en ese momento? ¿Es porque quieres hacerte el gracioso o porque te preocupas por mí? ¿Crees que podrías decírmelo de otra manera?» son las preguntas que más os recomiendo. Hacedlas con la intención de entender a la pareja, no de criticarle.

Desde luego, nada de esto pasaría si el miembro de la pareja que hizo tal comentario provocador se lo hubiera ahorrado y aprendiera a llamar la atención de su pareja de otra manera. «¡Qué mala cara tienes hoy! ¿No has dormido bien?». Una observación de este tipo debiera ir acompañada de la pregunta que se supone motiva tal observación. Es decir, debemos aprender a preguntar más a menudo a la pareja y expresar abiertamente aquello que nos inquieta. Hablamos mucho, juzgamos aún más y preguntamos poco, desgraciadamente.

—Vas muy rápido conduciendo, aminora.
—¿Qué pasa? ¿Crees que no sé conducir?
—Lo que no sabes es leer, hay un aviso de radar, ¿ves?
Etc.
(Dos Perseguidores hablando).
Alternativa:
—Vas muy rápido conduciendo, aminora.
—¿Por qué lo dices?

Aquí tenemos otro buen ejemplo de la importancia de no ponerse a la defensiva ante el primer comentario que uno no entiende de la pareja y hacer uso de la pregunta. Así que pregunta, trata de entender lo que a su vez busca tu pareja y responde sin ponerte de nuevo a la defensiva. Pero, sobre todo, responde sin pretender tener la última palabra. En el rol de Amigo uno quiere obtener información para entenderse con el otro Amigo, no para erigirse como único vencedor de una conversación.

Pero imaginemos que, lejos de eso, la pareja sí contesta a la defensiva ante el comentario recibido.

—Vas muy rápido conduciendo, aminora.
—¿Qué pasa? ¿Crees que no sé conducir?
—Sabes conducir muy bien. Lo digo porque he visto la señal de radar.

De nuevo, no caer en la provocación y responder con información lo más objetiva y técnica posible, sin olvidar darle antes el reconocimiento que seguramente está buscando.

—Mi padre me ha vuelto a chillar por teléfono, a mi edad.
—Pues bienvenido al club de los incomprendidos.
(Dos Víctimas hablando).
Alternativa:
—Mi padre me ha vuelto a chillar por teléfono, a mi edad.
—Joder, ¿estás bien?

No os lo toméis al pie de la letra, no quiero decir que debáis contestar con una palabrota, pero sí con una expresión que deje claro a vuestra pareja cómo lamentáis lo que ha sucedido para luego centraros inmediatamente en cómo se encuentra ella. En ese momento vuestra pareja necesita vuestra empatía y consuelo, así que id de inmediato a interesaros por cómo se encuentra. Consoladla sin explicar vuestras batallas personales, no centréis la conversación en vosotros mismos aunque creáis que con eso vuestra pareja Víctima se sentirá mejor. «Te entiendo, a mí me pasa lo mismo con mi madre, que siempre chocamos entre nosotros y bla-bla-bla». No es momento para medir quién lo ha pasado peor. Es momento para «recoger» al otro y mostrar un interés auténtico por cómo se encuentra y qué necesita, tal como lo haría un amigo.

Conversación

Primera Víctima:

No me has escrito en toda la tarde.

Segunda Víctima:

No he podido, no estoy teniendo un buen día.

Primera Víctima:

Si no sé de ti me preocupo, dime algo.

(Dos Víctimas hablando).

Alternativa

Primera Víctima:

No me has escrito en toda la tarde.

Segunda Víctima:

No he podido, no estoy teniendo un buen día.

Amigo:

Espero que tu día mejore. Tranquilo, escribe cuando puedas.

En el segundo caso tenemos otro ejemplo de cómo, desde el rol de Amigo, uno se centra en el momento que está viviendo el otro, no en sí mismo. El Amigo sabe aceptar que la pareja no está disponible en ese momento, por mucho que uno lo necesite para que le ayude a contener su ansiedad. La inmediatez es un signo de amor inmaduro e impulsivo. Saber posponer a la espera de que la pareja esté en un estado mejor es signo de empatía y respeto. Cuando el otro «falla» porque no puede estar ahí cuando uno le necesita, es importante no chantajearle y, por el contrario, desearle que se encuentre bien y permitirle no estar al alcance en ese momento. Muchas veces en pareja no hay nada que atraiga más que dejar espacio, ni nada que aleje más que asfixiar.

Esto es lo que podemos concluir de las acciones que caracterizan el rol de Amigo:

❐ Si tu pareja se lamenta por algo, ocúpate del estado de tu pareja, no del tuyo.

❐ No te pongas a la defensiva ante lo que no entiendes de tu pareja y pregúntale.

❐ No argumentes ante las provocaciones de tu pareja, corta la conversación cuanto antes.

❐ No intentes hacer análisis de la conducta de tu pareja en un momento crítico, déjalo para más adelante.

❐ Si te has equivocado o has fallado en algo en lo que te comprometiste, no pierdas tiempo justificándote. Discúlpate, propón una solución alternativa lo antes posible y hazla.

❐ No pidas permiso a tu pareja, informa de tus decisiones pero organízalas con la participación de tu pareja, no unilateralmente.

❐ No te adelantes a los problemas de tu pareja. Deja que ella te informe de ellos y pregunta en qué puedes ayudar. Ayúdale si está en tu mano y, si no lo está, haz una propuesta alternativa. Deja que no la acepte si no la quiere.

❏ La pareja no siempre está disponible cuando uno la necesita. Acéptalo y respétalo.

❏ Sé agradecido ante los esfuerzos que tu pareja te informa que ha hecho, no se los minimices y reconóceselos. Quizás sean pequeños para ti pero para ella habrán sido grandes.

❏ Si no sabes por qué tu pareja se queja tanto o está tan negativa, pregúntale directamente qué es lo que te está pidiendo o qué necesita de ti en ese momento. Si no lo sabe, dale tiempo y espacio.

❏ Cuando recibas un reconocimiento de tu pareja, tómalo, saboréalo y agradéceselo. No lo des nunca por seguro. Disfrútalo como si fuera el primero y el último que recibes de ella.

RECUERDA

- Dejad de quejaros tanto; en cambio, aprended a pedir y disfrutar de lo que tenéis.
- Dejad de criticaros tanto; en cambio, aprended a dar una opinión y respetar la diversidad.
- Dejad de rescataros tanto; en cambio, aprended a decir «no» y a confiar en la capacidad del otro.

TERCERA PARTE

DESCUBRE CÓMO RIVALIZAS CON TU PAREJA

CUESTIONARIO NÚMERO 3:
¿QUÉ TRUCOS UTILIZAS EN PAREJA?

A continuación verás un listado de preguntas. Cada una de ellas está numerada. Redondea el número de cada pregunta si reconoces que haces esa acción habitualmente, es decir, si contestarías a la pregunta afirmativamente.

1	¿Miento sobre cosas pequeñas o sin importancia para evitar malentendidos con mi pareja o evitar que ella se pueda molestar o preocupar?
2	¿Utilizo alguna vez la expresión «no te lo dije antes porque no quería preocuparte» o similar cuando he tenido que dar una información a mi pareja temiendo que no vaya a gustarle?
3	¿Omito información cuando mi pareja me pregunta sobre algo que no quiero explicar y así no tengo que mentir?
4	¿Acostumbro a tomar decisiones sin consultar a mi pareja dando por sabido lo que ella opinaría al respecto y justificándome después con expresiones del tipo «pensé que...», «se me olvidó preguntarte» o «no confías en mí»?

→

5	¿He escuchado decir en alguna ocasión a diferentes personas que soy muy individualista?
6	¿Acostumbro a sentirme mal cuando creo que mi pareja está más callada o distante conmigo de lo habitual?
7	[Solo si has marcado la anterior]. ¿Me siento culpable y acabo por enfadarme con ella si no consigo hacerla sentir mejor o que muestre más interés por mí?
8	¿No acabo nunca de creer a mi pareja cuando me dice que me quiere?
9	¿Estoy siempre tan ocupado que olvido repetidamente las reglas sobre el funcionamiento de la casa, como por ejemplo dónde se guardan las toallas, dónde se deja la ropa sucia o cómo dejar recogido el sofá?
10	¿Soy de las personas que aprovechan el tiempo haciendo otras cosas (como mirar el móvil, ver la televisión u ordenar una estancia) mientras mi pareja me está explicando algo?
11	¿Suelo utilizar algunas de las siguientes expresiones interrogativas cuando no estoy de acuerdo con mi pareja? Por ejemplo: «¿Realmente piensas eso?», «¿Pero te has oído a ti mismo?», «¿Estás completamente seguro de lo que dices?» o «Estás bromeando, ¿verdad?».
12	¿Alguna vez he recordado a mi pareja lo que se supone que un marido o una esposa tienen que hacer por el otro? Por ejemplo: «Eres mi pareja y por tanto tienes que contármelo todo», «Soy tu novia y tendrías que preferir estar conmigo antes que con los amigos» o «Una esposa nunca tiene secretos con su marido».
13	En los momentos en los que no he tolerado que algo salga mal o que me lleven la contraria, ¿le he recordado a mi pareja algún favor que le haya hecho yo en el pasado?

14	¿Acostumbro por defecto a acercarme a mi pareja (aunque no llegue nunca a tocarla) o a colocar mis manos en las caderas (postura del pistolero) cuando estoy hablando con ella?
15	¿Soy de las personas que enseguida sube el volumen de la voz cuando habla aunque no esté discutiendo (o eso me dicen)?
16	¿En alguna ocasión me han dicho diferentes personas que mi mirada habla por sí sola?
17	Cuando no estoy de acuerdo con mi pareja, ¿suelo resoplar fuerte o chasquear la lengua y callar lo que pienso?
18	[Solo si has marcado la anterior]. ¿Suelo hacerlo hasta que finalmente mi pareja me pregunta qué me sucede o me pide que lo deje estar?
19	¿En alguna ocasión he utilizado la expresión «si me quisieras, lo entenderías»?
20	¿He puesto condiciones innegociables para aceptar mantener una relación con mi pareja: hijos, matrimonio, vivir en tal sitio, etc.?
21	[Solo si has marcado la anterior]. Si no se han cumplido esas condiciones, ¿he continuado viéndome o conviviendo con mi pareja a la espera de que cambie de opinión o tratando de que las acepte?
22	¿He amenazado en alguna ocasión a mi pareja con dejar la relación mientras discutíamos?
23	[Solo si has marcado la anterior]. Al hacerlo, ¿he explicado cómo serían las consecuencias de la separación y estas suelen ser extremas? Por ejemplo: «Me iré lejos», «No volverás a verme», «Me quedo la casa», «Me llevo a los niños» o «Se lo contaré a todos».

→

24	¿Suelo utilizar ejemplos metafóricos para ilustrar mejor un sentimiento negativo? Por ejemplo: «Ha sido como si me clavaras una puñalada en el corazón», «Hubiera preferido que me atropellara un camión antes de vivir lo que me has hecho», etc.
25	¿Acostumbro a interrumpir a mi pareja cuando habla utilizando alguna de estas formas? Hablando mientras ella habla, cortándola antes de que acabe la frase o la explicación, gesticulando con la cara o imitando como habla.
26	¿Acostumbro a pedir justificaciones o demostraciones a mi pareja antes de acceder a su petición o darle la razón?
27	¿Utilizo alguna expresión de las siguientes cuando no estoy de acuerdo en algo con mi pareja?: «Eso no tiene ni pies ni cabeza», «Es totalmente irracional y falso» o «Eso es poco inteligente por tu parte»?
28	¿He recordado o insinuado en alguna ocasión a mi pareja que estoy más cualificado en materia de estudios y/o profesión y que yo tengo más la razón?
29	Cuando no estoy de acuerdo con algún planteamiento de mi pareja, ¿menciono a otras personas, estudios o libros que sé que son de influencia en ella? Por ejemplo: «Todo eso que lees no sirve para nada», «¿Y eso dónde lo has aprendido?», «La culpa es de la educación de tus padres», «¿Eso es lo que te enseñan en esa academia?», etc.
30	¿Suelo acabar hablando de otro problema del pasado o de algún asunto todavía pendiente cuando mi pareja y yo discutimos sobre algo muy concreto? Por ejemplo: «Por cierto, todavía espero unas disculpas por aquello que pasó», «Lo que ocurre es que eres un despistado, como has demostrado tantas veces», «Aprovecho para recordarte que tienes que hacer tal cosa aún», etc.

31	¿Suelo dejar la estancia para «despejarme» dando un portazo o haciendo ruido cuando veo que mi pareja no acepta mis planteamientos u opiniones?
32	Si algo no me sale bien o estoy manteniendo una discusión, ¿hago ruido con objetos o incluso llego a arrojarlos al suelo o contra la pared, aunque sean pequeños e «inofensivos»?
33	¿En alguna ocasión he dado alguna palmadita en el brazo o la pierna de mi pareja cuando he estado disgustado con ella aunque fuera «medio en broma»?
34	¿Alguna vez le he dado una bofetada a mi pareja o le he arrojado algún cojín u otro objeto «inofensivo», aunque haya sido «suave» o «medio en broma»?

A continuación, en la siguiente tabla vuelve a marcar con un círculo los números de las preguntas que hayas elegido. De esta manera podrás conocer el nombre y el tipo de truco que usas en pareja para intentar dominarla.

PREGUNTAS	NOMBRE DEL TRUCO	TIPO DE TRUCO
1, 2, 3	DISIMULO	
4, 5	SE ME OLVIDÓ	
6, 7, 8	FANTASÍA PARANOICA	**TRUCOS PSICOLÓGICOS SUTILES**
9, 10	MULTITAREA	
11	¿QUÉ QUIERES DECIR?	
12, 13	ME LO DEBES	

→

14	ACORTAR DISTANCIAS	**TRUCOS FÍSICOS SUTILES**
15	SUBIR EL TONO DE VOZ	
16	CLAVAR LA MIRADA	
17, 18	SONIDOS GUTURALES	
19, 20, 21	QUIÉREME O DÉJAME	**TRUCOS PSICOLÓGICOS DESCARADOS**
22, 23	CONMIGO O CONTRA MÍ	
24	EXAGERACIONES POÉTICAS	
25	TAPAPENSAMIENTOS	
26, 27, 28	SI NO LO PUEDES PROBAR, NO	
29	DESACREDITAR FUENTES	
30	REDEFINICIÓN DEL PROBLEMA	
31	PORTAZOS	**TRUCOS FÍSICOS DESCARADOS**
32	ARROJAR OBJETOS	
33, 34	GOLPEAR	

Ahora que ya conoces los trucos de dominio que tiendes a usar, lee más sobre ellos en el siguiente capítulo.

5

LOS TRUCOS DE DOMINIO EN PAREJA

El cuestionario que acabas de hacer te permitirá conocer de qué manera intentas dominar y controlar a tu pareja para demostrarle tu superioridad.

Acostumbramos a usar maniobras de poder cuando creemos que no podemos conseguir lo que queremos solo pidiéndolo. Ya no se trata de conseguir afecto y admiración de la pareja; ahora se trata de lograr que nos haga caso. Vaya, que nos obedezca. ¿Y por qué hacemos esto con la persona que amamos? Bueno, en realidad lo hacemos con todo el mundo, pero desde luego más con aquellas personas con las que tenemos un vínculo especial, porque queremos sentir que nos pertenecen y que tenemos un halo de influencia fuerte y poderoso sobre ellas. Y claro, con la pareja esta pretensión se multiplica. Estamos muy familiarizados con situaciones en las que cuando una persona pierde significa que otra gana y asumimos que lo que queremos no puede ser obtenido sin competir por ello. Tal es la naturaleza humana…

Con este cuestionario habréis descubierto las maniobras de poder más usuales en una relación de pareja. Yo les llamo *trucos* y todos comparten una misma finalidad: disuadir al otro para que haga algo que no quiere hacer y salir victoriosos.[11]

Todos podemos usar trucos de dominio con cualquier persona que nos relacionemos y desde luego en pareja. No son más característicos de un perfil de personalidad que de otro, ni son más usados por un género que por otro. Tanto el rol de Víctima, como el de Perseguidor y Salvador utilizan maniobras de dominio indistintamente. Y tampoco sería exacto decir que solo los utilizan personas con baja autoestima. Su uso es totalmente universal e incluso deliberado y estratégico en contextos laborales. Y de nuevo ¿por qué? Pues lo que dije: para someter, por competitividad, por pundonor, por egoísmo, por soberbia, por baja autoestima... Por ejemplo, en pareja son muy útiles como «acabadiscusiones». ¿Que hay una discusión y el otro va a ceder? ¡Pum! Se deja caer un truquito

---

[11] Es lo que en términos técnicos se conoce con el nombre de «juegos de poder». Son artimañas con las que rivalizamos en superioridad con nuestro interlocutor. Eric Berne los definió en la obra que publicó en 1962, *Teaching Group Therapy*, y analizó más ampliamente en un trabajo posterior de 1964, *Games People Play*. Ambas constituyen obras fundamentales del Análisis Transaccional y afortunadamente la editorial Jeder de Sevilla las ha compilado en un único volumen que recomiendo porque es toda una joya: E. Berne, *Más allá de juegos y guiones. Una selección de todas las obras del creador del Análisis Transaccional*, 2014. Existe un trabajo empírico sobre el uso de juegos de poder en dinámicas familiares que no tiene desperdicio: J. L. Martorell, *El análisis de juegos transaccionales. Un estudio empírico*, UNED, Madrid, 2002. Si no pretendes estudiarlos pero sí saber más de ellos y cómo los usamos en el día a día de nuestra comunicación, entonces tienes que leer a C. Steiner, *El otro lado del poder. Análisis Transaccional del poder personal*, Jeder, Sevilla, 2010. Si eres hombre y quieres profundizar en la sexualidad y las condiciones del buen trato en la pareja heterosexual, te recomiendo este otro del mismo autor: *Cuando un hombre ama a una mujer*, Jeder, Sevilla, 2012. Tuve el honor de prologarlo en la traducción española y puedo asegurarte que la forma de enfocar temas tan delicados lo convierten en una obra única.

y listos. Se le amenaza, se le ridiculiza y el compañero queda bloqueado. Fin de la partida, fin de la discusión. Y un único ganador.

Hay muchos trucos que usamos en las relaciones de pareja. Yo he escogido veinte y en las siguientes páginas os detallo sus características. Veréis que algunos de estos trucos son más mentales o psicológicos y otros son físicos; algunos se emplean sutilmente y otros de un modo más explícito. Prestad atención especialmente a aquellos que hayáis descubierto que utilizáis más a partir del cuestionario, así seréis más conscientes de ellos y dejaréis de utilizarlos. Porque, al igual que los roles en pareja, los trucos de poder siempre son perniciosos para la relación y debe evitarse su uso, a la par que debemos aprender a desarrollar una comunicación más sana, humilde y sincera con la pareja.

Algunas personas me han preguntado muchas veces qué pueden hacer o decir a su pareja para que deje de comportarse como lo está haciendo cuando está usando un truco de dominio o un chantaje emocional. «Cuando me diga tal, ¿le digo yo esto otro?». Mi respuesta siempre es la misma. Puedes intentar desenmascararle diciendo «me estás chantajeando» o «no hagas eso», pero que el otro continúe usando un truco de dominio solo depende de que quiera seguir haciéndolo o quiera cesar en su conducta.

En otros tipos de contextos relacionales puede haber acciones neutralizadoras de los juegos. Por ejemplo, un profesor puede decirle a un alumno: «Tranquilo, has captado toda mi atención, ya tienes lo que querías, así que ya puedes dejar de provocarme con los ruiditos en la mesa». Puede hacerlo porque pase lo que pase después entre ellos, cada uno se irá a su casa y punto y final. Pero en una relación de pareja eso no es así, esa persona sigue estando en nuestra vida, volvemos a verla más tarde, tenemos sexo con ella... ¿Cómo hacer eso después de haber sido víctima de algunos trucos de dominio? Muchas parejas intentan llevar su vida con aparente normalidad, pero les cuesta horrores después de haberse tratado como se han tratado. Por eso soy radical en este aspecto: no hay que aprender a neutralizar los trucos de dominio, hay que aprender a no usarlos.

Y para dejar de utilizarlos, primero hay que conocerlos y reconocer aquellos que uno más utiliza en su relación amorosa. Después, solo es cuestión de poner atención y tener disciplina para evitar emplearlos cuando haya tentación de hacerlo.

Pensad que algunos trucos representan el fin de la relación. Mejor dicho, llevan irremediablemente al final de la relación, porque son maltrato físico y psicológico y esta es una frontera infranqueable para cualquier pareja. Por eso insisto. Una vez hayáis conocido cuáles son los trucos preferidos en vuestra comunicación de pareja, solo debéis hacer una cosa: poner toda la motivación y esfuerzo para dejar de utilizarlos de ahora en adelante.

Trucos psicológicos sutiles

Disimulo

El término «mentira» genera rechazo con solo oírlo. Por lo general, la mentira está condenada y por ello es sancionada con severidad en cualquier tipo de relación, pero especialmente en pareja. Y no es para menos, porque mentir es la mejor manera de controlar y manipular al otro a partir de dejarlo vulnerable o apartado de cierta información. También es la forma de coacción que se cobra el precio más alto cuando es descubierto, ya que ataca directamente a la confianza de la pareja. Por eso mismo, mentir, lo que es mentir con descaro, se practica en pareja solo en situaciones o contextos muy concretos (una infidelidad o un asunto económico, por ejemplo), y no suele ser un recurso de uso cotidiano. Para eso está el «disimulo».

Este truco consiste en las medias verdades u omisión de información. No explicar algo es un derecho, pero decir que lo has explicado cuando no lo has hecho o solo a medias, es manipular. Por lo general, quien «reserva» información se defiende diciendo que no ha mentido, o sea, que no ha «tergiversado» la verdad. Es cierto, no lo ha hecho, no ha sido una mentira descarada, pero ha obtenido el mismo efecto que pretende esta: tomar el control de la situación manipulando al otro. Por eso el disimulo, como la mentira, es considerado un truco de coacción y poder.

O bien se considera a la pareja inmadura para conocer cierta información, o bien se la pretende «proteger» de información que podría herirla (o molestarla) o bien uno está cansado y no le apetece dar explicaciones completas que quizás provocarían más preguntas. Por los motivos que sea, en pareja se acostumbra a disimular y los daños siempre son los mismos que si se hubiera usado una mentira descarada. «¿Por qué no me dijiste que a la cena iba también tu ex?». Mmm… ¿Quizás para no preocuparte? ¿O para evitar una escena de celos? Bien, la evitó en su momento tomando el control de la situación con un disimulo, pero la confianza ha quedado mermada y ha creado en su lugar una sospecha, exactamente aquella que pretendía evitar.

—¿Por qué no me dijiste que tenías un hijo?
—No quería asustarte de buenas a primeras, no quería que te apartaras de mí si lo sabías, quería que antes me conocieras mejor; no lo comento hasta que conozco mejor a las personas, etc.

O sea, omitió la información hasta que emocionalmente estuvieran más comprometidos y el otro no pudiera echarse atrás en la relación. Controló la situación y la voluntad del otro por su propio interés. Empiezan mal…

—No sabía que nos habíamos endeudado con la Visa debido al viaje a Punta Cana.
—Pero ahora que lo hemos hecho, ¿a que ha valido la pena?

Seguramente es cierto, ¡que les quiten lo *bailao*! Pero el otro ha visto mermada su capacidad de decidir sobre algo que le atañe viéndose obligado a aceptarlo posteriormente con resignación. Por esa razón, el «disimulo» es un acto de poder donde uno toma el control con consciencia y el otro obedece sin consciencia de que lo está haciendo.

Como sucede en los demás trucos, sean físicos o psicológicos, las veces que se utilice el disimulo y el tipo de información que se omita determinan el grado de coacción y abuso de poder que existe en la relación. Pero una cosa está clara: la mentira, como el disimulo, aunque sea en un uso «puntual», generan ambivalencia en la pareja e incapacitan para intimar plenamente y tener relaciones sanas, o sea, desde la libertad y la sinceridad.

—Antes de que vayamos más lejos, quiero que sepas que tengo un hijo.
—Podemos ir a Punta Cana con un préstamo de la Visa. Yo creo que vale la pena, ¿qué opinas tú?
—A la cena de exalumnos irá también mi ex. Me da lo mismo que esté, pienso ir igualmente. No quiero que te preocupes por eso.

Ser sincero siempre es más arriesgado-complicado-tenso-difícil y en muchas ocasiones nos conduce a una conversación-debate-discusión con la pareja. Pero miradlo así: discutir sin ocultar la verdad es bello y un reparto democrático del poder en la pareja; obtener lo que uno quiere ocultando la verdad es hacer trampas y un ejercicio de soberbia sobre el otro. Siempre pregunto lo mismo a las parejas que conozco y que se han mentido: ¿cómo queréis amar?

Se me olvidó

Este es uno de mis trucos favoritos de observar. Por una parte, porque me fascina lo poderoso que es y por otra parte… ¡porque es muy difícil de desenmascarar! Porque ¿cómo le dices a alguien que ser casualmente tan despistado en las mismas cosas es la forma que tiene de rebelarse ante el control del otro? ¡Te lo negará, seguro! «Siempre he sido muy despistado, toda la vida». Sí, bueno, es que quizás siempre has tenido una especial alergia a la autoridad, empezando por tus padres y continuando con tu pareja, de la que temes que tome el control de tu vida. ¿Acaso esa misma persona es igual de despistada en el trabajo o con sus clientes? Muy probablemente en ese contexto recuerda las reglas escritas y no escritas que existan y sabe manejarse a la perfección. Lo que sucede en pareja es que muchas veces uno no quiere sentirse bajo el control del otro, de manera que se dedica a frustrar las expectativas de la pareja. ¿Cómo? Muy fácil, no atendiendo a sus peticiones.

—Cariño, te dije que sacaras la colada cuando llegaras a casa y cambiaras las toallas sucias de los baños, ¿no te acuerdas?
—¿Ah, sí?
—Te lo dije esta mañana…
—Pues lo siento, se me ha pasado totalmente…

Es preferible quedar como un bobo despistado que tiene que disculparse continuamente a hacer el esfuerzo de aceptar las indicaciones de la pareja. Comprometerse a medias con la convivencia en pareja es una forma pasiva de tomar el control de la relación ya que uno siempre se sale con la suya sin además parecer un egoísta. Puede incluso ser «excusado» por una comprensiva pareja que ha tirado la toalla en cuestión de esperar algo de su compañero. «A veces dudo de si realmente vive en nuestra casa. ¡Todavía no sabe dónde guardamos los recambios del papel de wáter! Ya puedo decírselo mil veces, es inútil». «Mi mujer se va de casa sin acordarse de que tenemos una puerta en el jardín. Ya puedo pedirle que compruebe si la ha cerrado con llave antes de salir, que no hay manera… Ya doy por hecho que un día nos entraran a casa».

Fijaos de qué forma más «inocente» el acosador convierte al otro en dependiente de la pareja al aumentar su sentido de responsabilidad en compensación a la poca que él demuestra. No nos engañemos. El sentido de la responsabilidad se educa. Quizás no de una manera global, pero en acciones concretas, si hay la suficiente motivación y la suficiente honestidad para reconocer el uso de este truco, es posible aceptar y *recordar* las reglas de convivencia y las peticiones que haga la pareja sin sentir por ello que uno pierde poder o valor personal.

Multitarea

Este truco es un sucedáneo del anterior. Con él también se pretende hacer caso omiso a lo que la pareja solicita en ese momento, minimizando la importancia de lo que se está pidiendo en ese momento y haciendo aumentar el valor de la escucha y la atención del otro. Algo así como «¿quieres que esté por ti? Insiste un poco más», pero sin decirlo de esta manera, claro.

—Explícamelo mientras contesto unos mails y recojo mi mesa.

—¿Pero estarás por mí?

—Sí, claro, te escucho perfectamente.

El *multitasking*, como ahora lo llaman muchos *smartphones*, está a la orden del día en nuestra sociedad e incluso es una cualidad muy valorada y solicitada en el mundo laboral… Pero no debiera serlo en la esfera personal y menos en la íntima. Por un lado, la calidad de la comunicación cae en picado, llegando incluso a suceder que muchas parejas parecen gestoras de su convivencia donde, a falta de tiempo, ya no se cuentan las pequeñeces graciosas que antes compartían con complicidad sino que hacen repasos prácticos de su día a día.

—Hoy he hecho la compra de la semana en el súper.

—Bien, mañana comeré en el despacho, que tengo varias reuniones en cadena.

—De acuerdo, ¿algo más?

—No, es todo.

Solo falta decir «corto y cierro». ¡Igual que una centralita! Esta pareja ha desistido de comunicarse. Hablan de «cosas», se informan de asuntos, pero ya no se explican nada de su vida. Han acortado esa parte de su comunicación, ¡no hay tiempo para ello! Y se han quedado con la parte más práctica. Ya no son amigos, son gestores de su convivencia. Y seguramente ya no son amantes, porque el sexo sin intimidad acaba empobreciéndose y porque además estarán demasiado cansados para practicarlo…

Eso es lo que hace este truco: crea una barrera para la intimidad. Si lo usan ambos miembros de la pareja deberían reflexionar sobre qué les lleva a suicidar su relación de pareja (el estrés de la presión del trabajo o de la crianza de los hijos, por ejemplo) y si el precio a pagar vale la pena, con lo cual deberían esforzarse en mejorar tanto la calidad como la cantidad de su comunicación.

Si solo uno de ellos practica el truco «multitarea», mantiene pendiente al otro de la poca o mucha atención que le quiera dispensar, de esta manera toma el control del ritmo de la relación:

—¿No puedes dejar de leer el periódico un momento? Te estoy hablando.

—(Resoplando). A ver, ¿qué es eso tan importante que me quieres decir?

Por supuesto, si no encuentra el tema de suficiente importancia puede llegar a hacerle sentir ridícula a su pareja por haberle exigido tanto (que le prestara atención exclusiva) para tan poco. Así es como se *inferioriza* a la pareja y uno crece en superioridad, haciendo valoraciones «sutiles» sobre las demandas del otro. Cuando, en realidad, no se trata del tema en cuestión que en ese momento requiera de atención, se trata de ofrecer *la* atención sea para lo que sea, solo porque tu pareja la pide en ese momento. Si uno está disponible, la da con contacto visual y escucha activa; si en ese momento no se está disponible, se informa con sinceridad («no puedo estar por ti en estos momentos») y se ofrece una alternativa próxima en el tiempo («por la tarde habré terminado con esto, te llamo y me lo explicas, que ya podré estar por ti»). Pero no se ofrece un medias-tintas tipo «tú vete hablando, que yo estoy ahí, con pocas ganas porque lo mío es más importante que lo tuyo pero haciéndote el favor de escucharte». Ah, vale, encima habrá que dar las gracias…

Hay que buscar *tiempo* y *actitud* para una comunicación de calidad con la pareja. En ocasiones un contacto visual sostenido mientras se conversa unos minutos es suficiente y garantiza un intercambio «democrático» entre ambos. En una relación, la sensación de tener que pedir «audiencia» a la pareja es indicador de que el nivel de poder entre ambos está desajustado. Hablad de vuestra disponibilidad, buscadla. Cuando la tengáis (y espero que sea bastante a menudo, no de vez en cuando), dadla con todos los sentidos; cuando no la tengáis, sed sinceros y aplazad la conversación a otro momento para después tenerla plenamente.

Fantasía paranoica

En una ocasión conocí a una pareja en la que él no paraba de hacer la misma pregunta cuando ella llegaba a casa después de una jornada de trabajo: «¿Qué te pasa?». «Nada», contestaba ella, pero al parecer él no acababa de estar convencido con la respuesta. «¿Qué te pasa?», insistía. «Ya te he dicho que nada, estoy cansada y no tengo ganas de hablar», se justificaba la chica. Parecía una pregunta para mostrar preocupación y ofrecer ayuda, pero pretendía otra cosa.

No entender algo de la conducta de la pareja o algún hábito que esta tenga puede generar sensación de pérdida de control de la relación. Tener la impresión de que uno «se queda fuera» de algo e intimidar a la pareja con dudas es una forma de garantizar que sigue manteniendo poder sobre el otro.

—No entiendo esa manía que tienes de volver del trabajo caminando [entiéndase: »¿y yo dónde quedo en eso?»].

—Ya te lo he dicho, me sirve para despejarme antes de llegar a casa.

Este truco ha sido muy ironizado en *gags* que escenifican momentos «típicos» de pareja. Escena: una pareja está paseando o tomando algo juntos. De repente, uno pregunta: «¿En qué piensas?». Traduciendo: «Estás pensando en mí, ¿verdad?». Por regla general, la respuesta calma momentáneamente a quien formula la duda, pero al poco tiempo este último vuelve a comprobar la prevalencia que tiene para la vida del otro. «Dime algo, estás muy callado». Traduciendo: «Espero seguir estando ahí dentro, en tu cabeza, porque soy lo más importante para ti».

Debe entenderse bien la finalidad del uso de este truco. No es únicamente una muestra de falta de autoestima (en este sentido, todos los trucos son apoyos para personas con algún tipo de inseguridad), sino que es una forma de mantenerse en el centro neurálgico de la relación, remarcando su importancia y obteniendo la información necesaria para controlar la vida social e interna (la mental) de la pareja y no «perderse nada».

No podemos tener el control absoluto de la relación y menos de los pensamientos y emociones de la pareja. Pretender eso es amar posesivamente y querer ocupar un lugar de poder sobre el otro. Al final, el acosador acaba eligiendo el plato o la bebida por el otro y responde por su pareja cuando esta es preguntada porque siente que sabe lo suficiente de ella como para hacerlo y mostrar así su dominio en la relación.

—¿Qué te pasa?
—Nada, que estoy cansada.
—Lo lamento, si te puedo ayudar en algo me lo dices.

Así mejor.

¿Qué quieres decir?

Este truco es muy utilizado en debates de política. «¿Está usted completamente seguro de poder prometer que bajará el nivel de desempleo en un año?». Es totalmente comprensible que dos candidatos rivales se cuestionen con descrédito los argumentos del otro. Pero no es tan comprensible que se pretenda hacer eso mismo en una relación amorosa. «¿Realmente me estás diciendo lo que me estás diciendo?» (acompañado de la cara y tono de estupefacción adecuados, por supuesto). Hay otra forma muy sutil de emplear este truco que está muy extendida: «¿Pero tú te estás escuchando a ti mismo?» (con boca abierta y ojos como platos). Es como decirle «estoy muy preocupado por ti porque te has vuelto totalmente loco». Ahora es el otro el que se ha quedado estupefacto, revisando en su cabeza qué es eso tan espantoso que habrá dicho y si de verdad ha perdido la cabeza. De esta manera se debilita a la pareja cuando no se quiere acceder a algo que está proponiendo.

La diferencia entre usar este truco y decirle: «No estoy de acuerdo con lo que me estás proponiendo» es el lugar de poder que el primero te permite obtener. «Yo soy el listo, tú eres el tonto que dice tonterías y que me necesita». Uno se alza con superioridad sobre el otro, utilizando la confusión y el sentimiento de culpa para cambiar el tono de la conversación, que pierde fuerza casi al instante a favor del acosador.

En cambio, usar «no estoy de acuerdo con lo que me estás proponiendo» es aceptar la diversidad de motivaciones o intereses que en un momento determinado tiene una pareja y dedicarle tiempo y energía a buscar un consenso satisfactorio para ambos… Lo sé, es el camino largo para resolver un dilema. El truco lo resuelve con más brevedad, sí, pero también acorta la vida amorosa de la relación. Porque un truco siempre, siempre, se cobra un precio sobre el amor.

Me lo debes

En las relaciones amorosas siempre se esperan ciertos privilegios por parte del otro por el hecho de ser pareja. Es algo no escrito pero que se da por entendido y de ahí que de vez en cuando surjan algunos malentendidos. Por ejemplo, no está explicitado pero mucha gente supone como una verdad universal que si tienes novio o novia, no puedes mirar o encontrar atractiva a otra persona, y si es así, uno debe disimularlo como si hubiera cometido un delito. Evidentemente, estoy dejando a un lado conductas groseras que sin duda ofenderán a la pareja y a cualquier persona que en aquel momento esté de acompañante (como por ejemplo comentarios morbosos o miradas insistentes y lascivas a terceras personas). «Pues no sé qué le veis las tías, yo le veo un tío normalito», puede recriminarle un chico en tono ofendido a su chica. «¿Estás celoso?», puede jugar ella, que se ha percatado del malestar de su pareja. «¿Yo? ¡Qué va!». Pero es posible que sus sentimientos estuvieran heridos al constatar que no es el único hombre atractivo a ojos de su mujer.

Algo similar sucede con el teléfono móvil. «Se supone que hay confianza total entre una pareja y puedo mirar y usar tu móvil». Y va y lo coge. No está escrito en ningún sitio, pero muchas personas entienden que estar en pareja implica por derecho tener acceso a las cuentas de mail y a los dispositivos del otro. De no ser así, se crea enseguida una ofensa y una sospecha. Algo así como «otras personas no pueden, pero yo sí porque soy tu pareja y tengo más poder sobre ti y tus cosas que otros. Si no me lo permites, me ofendes como pareja porque no me reconoces tal derecho. Y además, seguro que me escondes algo». Vaya por Dios... Como he dicho, tal derecho genera múltiples malentendidos en la vida de pareja y debates interminables sobre dónde acaba la privacidad y dónde empieza lo compartido en una relación amorosa.

El asunto se complica cuando se utiliza tal expectativa para presionar al otro a hacer algo contra su voluntad o bien negarse a ofrecer algo. Ahí está el uso del poder en la pareja y la consecuente manipulación del otro haciéndole sentir culpabilidad. «Soy tu mujer, no es normal que todavía no conozca a todos tus amigos». «Soy tu marido y me debes un respeto delante de tu familia». «Soy tu pareja, no me puedes negar que tengamos sexo, ¿o tengo que buscarlo en otra persona?». Dejar al otro con la duda de si está faltando a un compromiso es el objetivo de este truco. Es igual que decir «soy tu pareja, me debes algo y te lo estoy recordando». No pretendo cuestionar si la expectativa que se tiene es cierta o no. Es comprensible que en una relación uno espere del otro que lo presente ante su círculo social más íntimo y si no es así sin duda será frustrante. La cuestión aquí es cómo se resuelve tal expectativa frustrada: si haciéndola pasar por un deber obligado y reclamar tal derecho desde una posición de poder, o bien iniciando una conversación donde cada uno expresa sus voluntades y sus temores.

—Soy tu novia y todavía no conozco a todos tus amigos [entiéndase: «Soy tu novia, me lo debes y ellos deben saber de mi existencia»].

—Todavía no conozco a todos tus amigos, ¿por qué? La verdad es que me haría mucha ilusión conocerlos porque te conocería mejor, me gusta que me enseñes cosas y gente de tu mundo, me gusta saber que saben que tienes novia, etc.

La última versión de este ejemplo puede parecer cursi, pero es la que muestra las motivaciones de la pareja por estar y saber del otro, sin deudas y sin presión. Como siempre, el uso de la pregunta es fundamental para saber también las motivaciones y expectativas del otro. No todas las expectativas en una relación se pueden cumplir y por eso habrá frustraciones insalvables que ahí se quedarán, pero no puede usarse la fuerza psicológica para doblegar al otro y obtener a toda costa lo pretendido. La pareja debe ser más exigente en ese sentido y aspirar a recibir del amor gratuito, no del sentido del deber. La lealtad reside en el amor, no en la condición civil, por tanto lo que venga de la pareja debiera proceder de lo primero, no de lo segundo, o al menos no usarlo como truco de dominio y sumisión.

—Me gustaría conocer a todos tus amigos, me inquieta que no sea así.

—No significa que te quiera menos, no te amo más porque te los presente. Pero hay gente que prefiero que no entre en mi vida privada.

Por otro lado, el «me lo debes» también es usado para obtener tributo a cambio del esfuerzo o sacrificios hechos en el pasado o presente. Se supone que estos actos se realizan sin nada más a cambio que la felicidad de la pareja, pero en un momento determinado pueden utilizarse como fuente de poder sobre el otro para exigirle algo que de otra manera no se obtendría. «Trabajo duro para que no falte nada en casa, creo que merezco quedarme en el sofá viendo la tele». Esta afirmación parece tener toda la lógica, cuando a decir verdad funciona por el sentimiento de culpa que provoca en el otro gracias a haber añadido «para que no falte nada en casa». Ahí reside el truco, como si hubiera dicho «por mi esfuerzo, hecho para vosotros, ahora me debéis que descanse». Otra cosa muy diferente hubiera sido expresar una necesidad o una decisión sin usar la presión de la deuda: «Estoy cansado, me quedo en el sofá».

Reclamar el pago por los servicios prestados es un hábito muy extendido en las relaciones de pareja a la hora de presionar al otro cuando uno ve que se le acaba un argumento. Acostumbran a ser sutiles y aparentemente no-intencionadas, así el efecto se multiplica. «Sabes que nunca te he pedido nada a cambio y que lo que he hecho lo he hecho porque me salía del corazón, pero no creo que me merezca encima tener que pasar un fin de semana con tu familia». La alarma de la culpabilidad se ha activado en el otro. Si este contesta poniéndose a la defensiva, tenemos una escalada de deudas hasta el infinito de la que a la pareja le costará mucho salir. «Pues podrías ir por todas las veces que yo me encargo de la casa mientras tú estás en el gimnasio». Sí... Les costará horrores salir de esta discusión. Hubiera sido más fácil mantenerse asertivo desde un inicio: «Lo paso mal en esas reuniones familiares, una comida con tus padres la soporto, pero un fin de semana entero, no. Así que no voy a ir». La única salida posible a una discordia así es buscar una solución cooperativa lo más creativa posible y aceptar la parte de frustración que quede ya que la expectativa de ambos no se verá cumplida en su totalidad. «¿Qué te parece si inventamos cualquier excusa y vas solo el primer día?». Sea lo que sea que se acaben inventando, no puede pasar por usar la presión psicológica contra el otro.

Trucos físicos sutiles

Acortar distancias

Todos hemos oído hablar de la importancia de la comunicación no-verbal cuando queremos transmitir un mensaje. La posición del cuerpo y el para-lenguaje (volumen de la voz, entonación, ritmo) pueden reforzar lo que pretendemos decir o bien pueden contradecirlo. La distancia física que mantenga una pareja en un momento determinado es un factor de gran importancia en su comunicación ya que la proximidad, así como la posición que adopte una o ambas personas, tendrá un efecto intimidatorio sobre el otro.

Efectivamente, lo que hacemos con el cuerpo mientras nos comunicamos puede otorgarnos más poder como individuos o bien quitárnoslo. Muchas personas no saben que han descubierto este truco y que lo están aplicando para imponer su opinión frente a otros. Como la programación corporal o manera que tiene una persona de mover su cuerpo suele estar en automático, seguramente quien usa este truco físico con su pareja también lo hace en otros tipos de relaciones, por ejemplo con amigos o en el trabajo. Consiste en acercarse a su interlocutor mientras habla o espera algo. Puede hacerlo despacio, tomando posición progresivamente mientras camina o puede hacerlo con rapidez dándole más dramatismo al momento. Si viene acompañado de una orden, la incidencia sobre el otro es mayor y la presión aumenta.

—(Cogiendo una silla y sentándose al lado del otro). A ver, ¿me quieres escuchar?

Si además la posición permite contacto ocular directo, el otro no podrá evitar centrar toda su atención en el acosador. El efecto es de «acorralar» a la pareja para hacerla más vulnerable y que acceda a los propósitos del otro. Meterse las manos en los bolsillos mirando a la pareja produce un efecto de indiferencia sobrada. Colocar los brazos en jarras sobre las caderas (postura del pistolero) indica que no está dispuesto a ceder fácilmente. En el caso de que esa persona tenga un volumen corporal destacable (porque es muy alto o ancho), desde luego cuenta con ventaja en el uso de este truco. En ocasiones las parejas «juegan» con estas acciones intimidatorias como si acercarse tanto y mostrar ese poder físico sobre el otro fuera algo *sexy* y lo practican con cierta morbosidad. Puede tratarse de un juego sexual, desde luego, pero no lo es y ha sido usado como tal para doblegar la voluntad del otro sobre algún asunto. Algunos hombres saben que hacen callar a sus parejas si se acercan de una determinada manera; asimismo muchas mujeres saben cómo obtener lo que quieren de sus parejas jugando con la distancia de sus cuerpos. Tanto si lo hacen de forma amenazante o de forma insinuante, es un ejercicio de poder y control sobre la pareja.

Subir el tono de voz

Desde luego, cuando uno quiere chillar sube considerablemente el tono de su voz. El tema aquí es cuando eso sucede sin pretender gritar sino solo mostrar enfado. «¡No estoy gritando, es mi tono de voz!». ¿Cuántas veces habremos oído esa excusa? Hay quien ciertamente alza mucho la voz cuando habla y lo hace «por defecto», sin ser consciente de ello. Y no es que siempre habla así, puede regular a la perfección el volumen de su voz; lo hará cuando esté tratando de un tema importante, quiera reafirmarse en algo o quiera que le presten atención. En esos momentos concretos ¡clic! el interruptor del sonido se activa tres niveles más sin uno ser consciente de ello. En pareja este efecto se observa mucho entre aquellos que por el tipo de vida que llevan deben tomar decisiones muy a menudo y necesitan imponer su criterio al otro. Ellos te dirán que no se están peleando, que siempre se hablan así. Claro, están tan habituados a usar un truco de presión física sobre el otro que ni se enteran. «En mi familia siempre hemos hablado en casa de esta manera, siempre hemos sido muy ruidosos». Te creo y de ahí lo aprendiste, precisamente. Hay casas en las que el tono de voz es significativamente elevado. Los abuelos, los padres y los hijos hablan así, gritándose. Si prestamos atención al tipo de interacciones más frecuentes entre ellos, estas acostumbran a ser órdenes y quejas, es decir, mayoritariamente se persiguen y se reclaman atención los unos a los otros. A veces algún miembro de la pareja cae en la cuenta del tono de voz que han alcanzado y es cuando dice: «¿Por qué estamos chillando?». Con suerte el otro puede negarlo o bien contestar con un «no lo sé», pero es seguro que el diálogo que estuvieran teniendo cese o bien den por zanjado el tema de discusión de forma repentina. ¿La razón? Abandonaron el truco (subir el tono de voz) y se olvidaron de intentar ganar posiciones sobre el otro. Lo tengo comprobado: si haces bajar el volumen de voz a una pareja que está enzarzada en una conversación-discusión, esta se resuelve más prontamente. ¡Nunca falla!

No estoy pretendiendo decir que uno no pueda dar un chillido en un momento determinado y expresar así su enojo («¡¡me *cagüen*!!» o similar…). Pero es la frecuencia y la duración del tono de voz lo que lo convierte en una herramienta de poder sobre la pareja. Poned en alerta vuestros sentidos cuando habléis o discutáis en pareja, observad qué palabras elegís y qué tono utilizáis y reguladlo. No os impondréis sobre el otro, sino que pasará algo mejor: os entenderéis desde el respeto.

Clavar la mirada

¡Hay miradas que matan! ¡Que hablan por sí solas! Y hay quien parece tener un don especial para manejarlas… Pero este truco consiste en clavar y mantener deliberadamente la mirada en el otro, guardando silencio y de forma que el aludido se dé cuenta perfectamente de que está siendo observado hasta el punto de que le incomode. Por tanto, la duración de la mirada sostenida es importante y lo es asimismo guardar silencio y hacer una salida melodramática posterior con una frase categórica (en plan «esto no va a quedar así») o con un silencio «misterioso». La mirada clavada en la pareja siempre guarda un mensaje que por el contexto puede ser de Víctima («cómo puedes estar haciéndome esto») o de Perseguidor («eres un imbécil, de esta te acordarás») y tiene como objetivo movilizar la culpa del otro o intimidarle. Genera incomodidad física, no únicamente psicológica, por eso es considerada también una forma agresiva de obtener el control sobre el otro. Miraros, practicad la mirada picante, morbosa, inocente o sencillamente amorosa… Pero no esta. Si tenéis algo que decir, decidlo; si ya lo habéis dicho y no habéis obtenido lo que pretendíais, volved a intentarlo más tarde, y si no hay nada que hacer, pues verbalizad la frustración, pero no os amenacéis y menos con lo que dicen que es el espejo del alma o la puerta del amor. Con vuestros ojos, solo amaros.

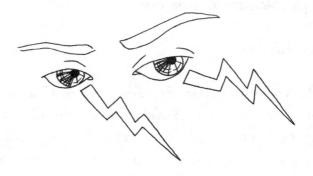

Sonidos guturales

Grrr… Mmm… Se nota la diferencia ¿verdad? Los sonidos guturales tienen grados de incidencia. Y, como siempre, estos dependen de la frecuencia del uso del truco. Si su empleo es puntual, sirve para expresar descontento o disconformidad en algo que el individuo no es capaz de verbalizar o bien quiere añadir un elemento dramático para reafirmarse en su postura. Si se usa repetidamente, es sin duda una estrategia de provocación para molestar al otro (y así castigarlo) o para que vuelva abrir un tema debate pasado. «¡Quieres parar con los chasquidos!», puede recriminar la pareja, cansada de oír al otro. Tales sonidos pueden aparecer tiempo más tarde, de repente, sin venir a cuento, lo cual provocará que la pareja se sienta desconcertada y pregunte insistentemente: «¿Pero qué te pasa?». «Nada, nada». Si el acosador no habla y mantiene los sonidos guturales más tiempo, más fuerte es la presión que ejerce sobre el otro, que acabará persiguiéndole para que confiese cuál es el motivo de esos soniditos, o sea, de su malestar. Al final obtuvo lo que quiso: poner a la pareja al límite y atraerla hasta el punto o el tema que le ha interesado.

Trucos psicológicos descarados

Quiéreme o déjame

Este es la versión en pareja del «todo o nada». Cuando alguien exclama: «¡Yo soy así!», en realidad está diciendo: «Esto es lo que hay y no voy a cambiar, así que lo aceptas o te largas y lo pierdes todo (o sea, a mí)». Por eso este truco es descarado, porque la presión que ejerce se siente en el acto y la pareja debe tomar una decisión en ese preciso momento: seguir con la relación aceptando lo que el otro dice o abandonarla. No hay vuelta de hoja.

Cuando un amigo te comenta medio en broma: «Mi mujer ya me ha dicho que si no vamos al pueblo de sus padres este verano que prepare los papeles del divorcio», puedes estar seguro de que en esa casa se sabe usar este truco (y también de quién lleva el mando en la relación). Quizás su mujer se lo ha dicho tal cual, pero tampoco es necesario que se lo verbalice tan explícitamente. Con una mirada o un silencio tenso en la casa el marido ya sabe lo que hay en juego. Cuando se ha utilizado este truco una vez, es muy raro que no se vuelva a echar mano de él, porque quien lo haya usado para presionar al otro ha obtenido mucho poder y ese estatus le impulsará a creer que puede obtener de nuevo lo que quiera de su pareja si se lo propone. Con lo cual, es muy probable que repita truco. El mismo u otro del mismo tipo.

Conmigo o contra mí

Parece el mismo que el anterior, pero no. Añade algo más: una amenaza oculta. «Si me dejas, seré tu enemigo», «Si me dejas, prepárate», «Si me dejas, atente a las consecuencias». Cuando tu pareja te dice: «¿Esas tenemos? Vale, tú mismo», he ahí el truco. Ya no estás *con* ella, estás *contra* ella. Cuando el otro se siente amenazado de falta de lealtad por parte de la pareja, coge una posición de fuerza y se convierte en un enemigo. «Aún no me conoces, puedo ser muy malo si me lo propongo». Bien, lo ha dejado claro… Ese es el truco: si me amas (entiéndase, me obedeces), soy bueno; si no me amas (entiéndase, no me obedeces), soy tu peor pesadilla. Casi nada… Muchos divorcios litigiosos no son otra cosa que el cumplimiento de esta amenaza. Mientras la pareja estaba unida, aunque desavenida, no pasaba nada más que disputas. Pero cuando se divorcian, el que utilizó este truco pasa a la acción: le quita la casa, los hijos, el dinero y todo lo que puede buscando la más absoluta desgracia en el otro. Ya lo advirtió mientras estaban juntos, o conmigo o contra mí, pero nunca imaginó que lo decía literalmente. Pues sí, debe quedar claro que quien utiliza este truco de extorsión siempre suele cumplir su amenaza de una manera u otra porque está en juego perder su poder y quedar como un patán si no lo hace. Solo se me ocurre deciros dos cosas: una, no uséis este truco (ni este ni otros, pero menos este); dos, mantened las distancias de quien lo usa, porque no augura nada bueno.

Exageraciones poéticas

«Me has roto el corazón». Romántico ¿verdad? No lo es tanto si está dentro de una discusión. «¿Cómo puedes preferir ir con tus amigos a ver el fútbol y dejarme en casa? Me rompes el corazón». Ahora ya no suena tan bonito, más bien asusta un poco. Utilizar una metáfora para describir los sentimientos (o mejor dicho, la frustración) que uno siente en ese momento es de gran efectividad. Porque es un truco fino, elegante y siempre magnifica las sensaciones que uno quiere transmitir (dicho de otra manera, que las exagera por mil). ¡Existen un sinfín de exageraciones poéticas en la literatura amorosa y otras tantas creadas por la cultura popular! Y todas ellas van directas a la autoestima de quien las recibe, y por eso oírlas persuade tanto, porque duelen. «No sabía que te escribías con tu ex. ¿Cómo has podido clavarme esa puñalada por la espalda? [entiéndase: mala persona, asesino, delincuente]». Sin duda podía habérselo dicho de otra manera, por ejemplo: «¿Te escribes con tu ex? ¡Cab**n!» o bien: «¡¿Cómo has podido?!», pero ni el insulto ni el grito hacen que el otro se cuestione a sí mismo su valor como persona como lo es capaz de hacer una exageración poética. «Tienes un bloque de hielo en vez de un corazón». «Me has partido el alma en dos». «Estoy peor que si me hubieran matado y echado mis restos al mar». Desde luego quien lo oye sabe perfectamente que es una exageración porque se ve a leguas, pero su efecto no radica en lo racional del truco (que bien poco tiene), sino en el impacto emocional que provoca y en la culpabilidad y compasión que moviliza casi al instante. «Venga, no te lo tomes así», suele ser la respuesta automática de la pareja y luego la disculpa: «Lo siento, no sabía que te molestaría tanto» (o sea, perdóname por haber sido tan despiadado contigo). Este truco nos enseña que si tocas la autoestima de tu pareja, la doblegarás. Cuidado con las exageraciones poéticas. Son poéticas, pero matonas.

Tapapensamientos

O dicho de otra manera, intimidar a la pareja de modo que quede bloqueada y pierda el hilo de lo que estaba diciendo e incluso pensando. Se trata de cualquier forma de interrupción durante el turno de palabra del otro. Hablar más alto «pisando» lo que está diciendo, gesticular o imitar mientras el otro habla y usar monosílabos reiteradamente son los tapapensamientos más usados en las comunicaciones en pareja.

—Cuando vuelvo a casa me encuentro siempre la cocina patas arriba y llega un momento en que una se cansa de…
—Ya, ya, ya, ya, que sí, que sí, que sí, que tienes razón…
—Oye, pero déjame hablar…
—Vaaale, que sí, pesaaada…

Dicho de otra manera: ¡cállate! Pero en vez de decírselo así o esperando su turno y con la explicación adecuada («ya lo sé, siempre me lo dices»), usa un tapapensamientos porque seguramente no tiene intención de hacer nada de lo que el otro le está pidiendo («ya lo sé, siempre me lo dices, pero no lo haré») y porque además, y sobre todo, quiere tomar el control de la conversación y salir victorioso de la acusación de su pareja. Ante eso, la pareja no tiene otro remedio que desistir de continuar hablando ya no únicamente porque el otro se lo está impidiendo con tanta interrupción, sino porque le ha llegado el mensaje oculto que todo tapapensamientos guarda: paso de ti. Así que ante el pasotismo demostrado, uno se retira y acaba *pasando* también de la conversación y del otro. Lo difícil viene después. Restaurar la confianza de la pareja cuando ambos se han mostrado su capacidad para «taparse» no es tarea fácil.

El uso de los tapapensamientos está muy extendido en todas las esferas de la sociedad. En política es casi un instrumento obligado de usar y en algunas técnicas de *marketing* también. No interesa que el otro piense o hable, sino que obedezca, vote o compre. Pero en pareja debemos aspirar a entendernos con el esfuerzo y la humildad que sean necesarios en cada momento y eso pasa por algo tan básico como dejar que el otro piense y hable, no por anularlo.

Si no lo puedes probar, no

Cuando uno se queda sin argumentos para defender una opinión, lo mejor es pedir argumentos hasta la saciedad al otro o bien demostrarle que sus argumentos están totalmente exentos de lógica y no pueden probar que su planteamiento sea el mejor. «A ver, demuéstramelo». Todo un reto que la pareja puede aceptar pero que lo más seguro es que, diga lo que diga, por mucho que se esfuerce, no le sirva de nada para convencer al compañero. Hay expresiones tipo «cuña» muy utilizadas para desarmar al que intenta defender una posición, como son «entonces es cuando» y «y por tanto».

—Si compramos la lámpara ahora podemos pagarla en cómodos plazos a partir de septiembre...

—... y por tanto endeudarnos hasta las próximas Navidades.

—No tendremos que pagar tantos meses, solo durante seis...

—... y por tanto se juntará con el pago de las vacaciones de verano y ya serán dos deudas.

—Dos no, en todo caso una acaba y otra empezaría.

—Y entonces es cuando nos convertimos en deudores en cadena de por vida. No es una idea que me atraiga, la verdad. ¿A ti sí?

¡Qué va a decir el otro! ¿Que a él sí que le gusta estar con deudas? El uso de expresiones que presionen al otro a probar que su idea es la más brillante tiene un efecto agotador además de hacerle sentir a uno que es un auténtico imbécil ya que no puede probar nada. Si el que usa el truco además lo remata con una pregunta, como en el diálogo anterior, el efecto se multiplica. Es algo así como decirle: «¿Lo ves, tonto?». Y claro, el otro calla.

Nuevamente no se quiere escuchar a la pareja, ni aceptar que pueda tener puntos de vista diferentes. Porque nuevamente solo uno quiere tener la razón o, mejor dicho, ser el mejor entre los dos.

Desacreditar fuentes

Del truco anterior todavía se puede sacar más punta. Basta con un «¿de dónde has sacado tal idea?», y ya está. Ridiculizar a la pareja cuestionando no únicamente lo que sabe sino dónde lo ha aprendido es el objetivo de este truco. Y es eficaz a mares... Sobre todo si se cuestionan fuentes tan intocables como la familia o alguna persona de referencia para la pareja. «¿Eso es lo que te enseñan en

ese supercurso de *coaching* de tu empresa? ¡Pues se han lucido!».
Que es como decir «yo soy más inteligente que esos y tú no lo
aprecias, bobo». Este truco es infalible si se usa como recurso antes
de «perder» en una conversación y a modo de resumen de todo lo
discutido. «Y todo esto que me cuentas, ¿de dónde lo has sacado?
¿Con quién has hablado? Porque no es propio de ti, te imaginaba
más inteligente». ¡Glups! Si el otro contesta que ciertamente lo ha
hablado previamente con alguien, se lo pondrá en bandeja al acosador, quien lo usará para alzarse como vencedor. «¡Lo ves! ¡Ya lo
decía yo! ¡Ya me extrañaba que dijeras esa sarta de tonterías!», para
luego añadir de inmediato: «Tú verás a quién escuchas», y ahí dejarle con la duda de convertirse o no en un estúpido.

En caso de que le responda que no ha estado hablando previamente con nadie, también se lo deja muy fácil al acosador, quien
lo comparará con otras fuentes muy cuestionadas usando una falsa
preocupación. «Pues ya hablas como tu madre, para que después
te quejes de ella. ¡Si sois iguales!». Desde luego, el otro entra en
duda sobre sí mismo. «¿Será verdad? ¿Me estoy comportando como
mi madre?». Y puede decidir guardar silencio y meditar sobre el
asunto.

¿Realmente queremos que esta sea la comunicación que carac-
terice el amor que sentimos hacia alguien?

Redefinición del problema

Redefinir es el término «suave» para no decir «cambiar». Cuando
una pareja discute sobre un tema conflictivo, una manera de desviar la atención sobre el asunto y tomar el control de la discusión
es, sencillamente, cambiando el tema conflictivo por otro.

—Sigo diciendo que lo mejor es ir ahora al supermercado para ya tener la compra en casa y no tener que ir a última hora corriendo y con las bolsas encima.

—Tú siempre tan previsora, a ver si también lo eres cuando se trata de ahorrar, que el mes pasado casi dejas la cuenta en números rojos…

¡Zas! ¡Cambiazo! Así de sutil, en medio de la conversación, como quien no quiere la cosa, pero de resultado inminente. «Eso no es cierto, yo no dejé la cuenta al descubierto». Y ya está, se olvidaron del supermercado. Hay expresiones que nos permiten redefinir un tema, por ejemplo: «Lo que pasa es que», «Aquí lo que sucede es que» o «En realidad, se trata de». «Aquí lo que sucede es que no quieres admitir tal cosa». «Para ser exactos, es un problema de confianza y no la tienes conmigo». «Lo que pasa es que quieres ir a lo tuyo, como aquella vez que…». Ciertamente, en algunas ocasiones, lo que se está discutiendo es otra cosa que a simple vista no aparece, pero en tal caso hay que explicitarlo sin dejar de lado el primer motivo de la discusión. Por ejemplo, si en ese momento una pareja discute si el coche cabe o no en la plaza de aparcamiento que han encontrado en la calle, no pueden aprovechar la situación para resolver la pereza que uno tiene de ir de visita a casa de esos familiares. «Primero decidamos qué hacemos con el coche porque hay que dejarlo en algún sitio. Y luego hablamos sobre la dichosa visita». Turnos de problemas, no substitución de unos por otros.

Trucos físicos descarados

Portazos

Un portazo es eso, un portazo. No hay más secreto que ese. A nadie le gusta oír cómo su pareja deja una estancia golpeando la puerta tras de sí. Pero es curioso la capacidad que tenemos para adaptarnos a este truco, es como si el portazo cada vez significara cosas diferentes. La primera vez que uno lo ve usar en su pareja puede sentir tristeza por ella, ya que esta ha dejado muy claro su malestar saliendo de la habitación de esa manera. Bien, la culpabilidad se ha activado, el acosador ha obtenido justo lo que buscaba: que su pareja vaya tras él para calmarle o preocupada por saber adónde va, o que a su regreso le esté esperando con el corazón en un puño dispuesta a suavizar lo ocurrido. El portazo tiene un poder intimidatorio nada despreciable...

Pero si se usa con mucha frecuencia, la pareja cambia su emoción de tristeza por la de rabia, pudiendo usar también el mismo truco para ver quién golpea más fuerte la puerta e intimida más al otro. Eso es un pulso en toda regla. Pero los pulsos son agotadores... y generalmente dan paso al pasotismo. Es decir, que si quiere irse dando un portazo, pues que se marche. «Siempre pasa igual, cuando está muy estresada se larga dando un portazo. No te preocupes». Esto es lo que se le puede explicar a un amigo para justificar el comportamiento de la pareja durante una cena, por ejemplo. Cuando eso sucede, existe un riesgo: que el acosador suba su nivel de violencia para volver a provocar las primeras sensaciones que su pareja tenía cuando empezó a dar portazos. Ese es el verdadero peligro de este truco, que no acostumbra a venir solo. Si no existe una verdadera conciencia del uso del poder y el control que se aplica a la pareja, tarde o temprano al «portazo» le seguirá otro truco físico de mayor magnitud.

Arrojar objetos

Como lo es este, por ejemplo. Hasta hace un tiempo era considerada una acción *sexy* si la hacía una mujer, al parecer le concedía un aire de rebeldía muy atractivo. Desde luego, si la misma acción la cometía un hombre, eso le convertía en un bruto tal cual pasaría hoy día. Afortunadamente, los prejuicios estéticos sobre lo atractivo de lanzar objetos sobre la pareja han cambiado y cada vez hay más consenso en definir tal acción como una forma de agresión. Da lo mismo lo pequeño o grande del objeto en sí; también da igual si este es arrojado en dirección a la pared, al suelo o donde se encuentra el compañero. Se pretende lo mismo: demostrar la intensidad de la ofensa vivida e intimidar al otro, primero provocando compasión, luego provocándole temor.

Cuando este truco se ha usado unas cuantas veces, la pareja crea los mecanismos necesarios para evitar que vuelva a suceder y por lo general si no son mecanismos de huida, lo son de sumisión. «Llegados a un punto he aprendido a callar para que no se ponga hecha una fiera y me lance algo». La intimidación ha surtido efecto. «Temo que le dé por cargarse la vajilla, pero también temo que se haga daño. No sé, me da cierta pena verle así». ¡Ay, la compasión! La que surge como efecto de un truco de dominio puede hacer que la pareja quede fatalmente enganchada a la relación, creándole un (falso) sentido de responsabilidad al hacerse cargo del estado del ánimo del otro. «Yo sé que si me fuera de su lado sería peor, haría alguna locura. Conmigo se modera más». Pues qué alivio… No nos engañemos, hacer volar objetos no es *sexy*, no es tierno y su solución no es la obediencia de la pareja. Es una forma descarada de ganar poder y dominio sobre la relación y debe acabar lo antes posible, sin excusas ni justificaciones, porque lo siguiente en la escalada de violencia será golpear.

Golpear

Cuando hablamos de golpear casi siempre nos vienen a la mente tremendas palizas que desgraciadamente algunas personas han sufrido en manos de sus parejas. Desde luego, eso es golpear en el nivel más severo de este truco de dominio. Pero no hace falta referirnos únicamente a episodios de gran violencia para hablar de su uso, ya que su efecto lo encontramos igual, e incluso con mayor intensidad, en contextos de pequeñas discusiones.

Algunas parejas se dan «inocentes» golpecitos en la pierna, en el brazo o algún «ligero» empujón en el hombro. «No es nada, solo estamos hablando», se justifican a menudo. Sí, justamente por eso aparecen estas pequeñas acciones, para hacer más incidencia en la conversación que se está desarrollando y presionar al otro para que acate. Si la violencia fuera desmesurada, el uso del truco les llevaría a ambos a la tragedia y el acosador no obtendría su beneficio, es decir, erigirse como ganador por encima del otro, ya que seguramente acabaría en la comisaría o en el hospital y la víctima en el hospital o en el cementerio. Nadie gana. La violencia extrema lleva al acosador a su autodestrucción y a la pérdida de poder y control sobre la víctima, a la que ya no tendrá acceso. Sin poner tanto en juego, los «pequeños» golpes obtienen mucho más en la relación de pareja y encima son fáciles de minimizar justificándolos. «Es que si no te cojo del brazo no me escuchas». Sí, claro, aunque a decir verdad no la has hecho escuchar, la has bloqueado intimidándola físicamente. Los golpes en esta medida, aun siendo físicos, tienen un efecto psicológico brutal. No únicamente porque atemorizan a la víctima, sino porque permiten jugar con ella psicológicamente, confundiéndola. «Pero si no te he hecho nada, exagerada… ¿Ahora no voy a poder ni tocarte? Me ofendes, ahora me acabas de hacer daño». Y mira por dónde, la víctima pasa a sentirse la acosadora de quien la ha presionado físicamente, su autoestima cae en picado y queda enganchada a la relación por su sentido de culpa y responsabilidad. ¡Menuda jugada maestra!

Por eso los golpes, por «inofensivos» que sean, no lo son. Generan un montón de alboroto y permiten el uso de otros trucos en cadena: fantasía paranoica, ¿qué quieres decir?, me lo debes, quiéreme o déjame, exageraciones poéticas, redefinición del problema… Pero sobre todo, hace que algo se rompa entre ellos, algo difícil de recuperar después. Ese amor no va a volver a ser el mismo, porque un golpe se puede perdonar, pero no olvidar y su recuerdo siempre tiene un efecto fantasma sobre la relación.

¿Tu pareja no te escucha? Espera tu turno. ¿No te lo da? Respira, respira. Dile que habláis más tarde y vete. Sin portazos y sin golpes. Sé que hay situaciones límite que ponen a prueba cualquier sistema nervioso. ¿Serás capaz de erigirte por encima de la frustración y el ego herido? Ahí, justamente ahí es donde uno demuestra su superioridad, no ante su pareja, sino ante sí mismo.

CONCLUSIONES SOBRE LOS TRUCOS DE DOMINIO EN PAREJA

- No los uses. Al menos NUNCA en pareja.
- Si los usas alguna vez, CUENTA LAS VECES, para tomar conciencia de ellos y asegurarte de que no lo haces más.
- Si tu pareja usa algún truco psicológico o físico descarado, activa tu antena interna y obsérvala. Si vuelve a repetirlo, pídele que no vuelva a hacerlo. Si insiste, ABANDÓNALE.
- Recuerda: el amor NO ES DEMOSTRAR nada al otro. El amor es amar desde la LIBERTAD.

CON TODO ESTO QUERÍA DECIR...

. . . Que si sabemos amar, todos somos compatibles con la persona que amamos y deseamos.

Cuando una pareja me comenta que, independientemente de cómo les vayan las cosas en su relación, lo que están aprendiendo en la terapia está siendo de gran valor para ellas como personas individuales, siempre me digo: «¡Hay buen pronóstico!». Y no suelo equivocarme.

La vida en pareja es una escuela para conocerse a uno mismo, no me lo negarás. Te saca lo mejor de ti... y también lo peor. ¿Y qué haces con eso? ¿Quejarte? Sí, es una opción. ¿Y después? Aprender de ti mismo. Cuando lo haces, cuando dejas de echar las culpas al otro y descentralizas tu foco de atención en la pareja para ponerlo sobre ti, entonces empieza a haber un atisbo de esperanza para que las cosas mejoren.

Intentamos tomar el control del amor del otro, y no solo de eso, también de sus pensamientos, sus emociones y sus acciones. ¡Es imposible! Cuando me preguntan: «¿Qué hago para que mi pareja cambie?». Yo soy rotunda: ¡nada! Bueno, claro, siempre puedes darle un consejo, pedirle que se deje de comportar así, decirle que pida ayuda a un profesional, pero seguro que eso ya lo habrás hecho. Allí (léase, el otro) no podemos hacer mucho más; aquí (léase, uno mismo) está todo el control del que disponemos para hacer algo. Evidentemente, si solo haces cambios tú y tu pareja ni se los plantea, pues deja que te diga que tienes la cosa complicada... Al menos tu trabajo personal habrá servido para conocer mejor tu personalidad, tus niveles de autoestima, la manera como pides amor y, sobre todo, la manera como a partir de ahora *no* vas a estar dispuesto a que te lo den.

Lo que vengo a decir es que tenemos que responsabilizarnos de la parte que nos toca en nuestra relación de pareja. Si cada uno hace eso, si ambos se preocupan de cómo se muestran en la convivencia, cómo piden la atención que necesitan y cómo toman la palabra cuando la toman, entonces esos dos estarán creando un seguro de vida para su relación. Espero que los tres cuestionarios te hayan sido de utilidad para eso mismo, para reflexionar sobre cómo eres cuando amas o, al menos, haber podido identificar tu perfil, roles y trucos de entre los varios que he presentado.

Ya comenté en el primer cuestionario que no tenemos que cambiar forzosamente nuestro perfil. El primer paso es identificarlo y conocer su grado de pureza. Por regla general, un perfil muy severo tiene más puntos para ser conflictivo con otros perfiles, ya que le resultará difícil mostrarse flexible ante la diversidad y las frustraciones que toda relación tarde o temprano tiene. En estos casos, y si la persona ve muy impedida su autonomía con una exagerada dependencia con su pareja, debería plantearse un trabajo personal más profundo, seguramente con ayuda profesional, que le permita salir del radicalismo de su perfil y hacerlo más Ponderado. Pero al margen de estos casos más severos, TODOS DEBEMOS

REFLEXIONAR sobre hasta qué punto nuestras características como individuos nos dificultan entendernos con el otro, intentar ser conscientes de ellas y moderarlas si es necesario.

En cambio, los roles sí deben desaparecer. DEJA DE VICTIMIZARTE, DE PERSEGUIR Y DE SALVAR A LA PAREJA Y CONCÉNTRATE EN SER MÁS AMIGOS. Conocer qué roles usamos más para pedir atención y afecto y con qué armas lo hacemos es fundamental para evitar conversaciones tóxicas con la pareja o esquivarlas si es ella quien las inicia. Los perfiles y los roles se entrelazan, ya te habrás dado cuenta. Hay perfiles propensos a ejercer unos roles más que otros. Por ejemplo, al Sumiso le gusta hacer de Víctima y de Salvador. En cambio, el Crítico sabe hacer bien de Perseguidor y Salvador. El Antidependiente se victimiza con facilidad cuando no obtiene lo que quiere y sabe perseguir bastante bien si se lo propone. Y el Ponderado puede tender a ser el Salvador de su pareja si se descuida, pero normalmente es un buen Amigo de ella.

Y por último, pero tremendamente necesario, es imprescindible TRATAR BIEN A LA PERSONA QUE AMAMOS. Esto parece una obviedad, pero a efectos prácticos no lo es tanto… Se supone que la queremos, que la deseamos, que queremos formar algo con ella, pero en muchas ocasiones la maltratamos, a veces sutilmente, a veces no tanto… Y sin darnos cuenta resentimos la relación que se supone queremos tener. ¡Desde luego no hay especie más contradictoria que la nuestra! Todos podemos usar trucos de dominio, independientemente de nuestro perfil y de los roles que a veces usemos (a excepción del Ponderado y del Amigo, que no los necesitan). Pues dejemos de hacerlo, total y radicalmente.

Ya lo dije al inicio: si nos lo proponemos, TODOS PODEMOS SER COMPATIBLES con la persona que amamos y deseamos. Esta es mi premisa. Vale, y la gran pregunta: ¿cómo se ama?

- ❑ Amándote, o sea que cuida tu autoestima.
- ❑ Observando cómo te comportas cuando convives con alguien.
- ❑ Reflexionando sobre qué necesitas en pareja.
- ❑ Analizando cómo se lo pides a tu pareja.
- ❑ Descubriendo qué trucos usas para controlar la relación.
- ❑ Deseándola, o sea que haz el amor con ella.

Os deseo a todos una feliz y sana relación.